Inhaltsverzeichnis

Vorwort 5

1. Grundlagen des internationalen Systems — 6

1.1 Welt(Un)ordnung: Wer sind die Akteure, was treibt sie an? 10
Warum ein Abhörskandal für internationale Verwicklungen sorgte 10
Strukturmerkmale und Herausforderungen internationaler Politik 12

1.2 Welt im Wandel: Wie verschieben sich die Machtkonstellationen? 14
Unipolar, bipolar oder multipolar: Wie ist die Welt geordnet? 14
Stehen wir vor einem chinesischen Zeitalter? 16

1.3 Weltstaat oder Staatenwelt? – Die Zukunft des Nationalstaats 18
Der souveräne Nationalstaat als universales Modell 18
WISSEN KOMPAKT 20

2. Frieden und Sicherheit — 22

2.1 Welche Gefahren bedrohen unsere Sicherheit? 24
(Auf)rüstung und neue Waffen: Droht ein neuer Rüstungswettlauf? 24
Terrorismus – die unsichtbare Bedrohung in unserer Mitte? 26
Klimawandel und Ressourcenkonflikte als sicherheitspolitische Herausforderung ... 28
Fragile Staaten als Konflikttreiber von Bürgerkriegen 30
Der erweiterte Sicherheitsbegriff – die adäquate Antwort auf die Risiken? 32

2.2 Wie werden Kriege im 21. Jahrhundert geführt? 34
Das neue Gesicht des Krieges: asymmetrisch, transnational, verstetigt 34
Stell dir vor, es ist Krieg – und keiner merkt es 36

2.3 Welche Erklärungen liefern Theorien der internationalen Beziehungen? 38
Kooperation oder nicht? Ansätze der Spieltheorie 38
Aktuelle Theorien: Realismus – Institutionalismus – Konstruktivismus 40

2.4 Beispiel Nahostkonflikt: (kein) Frieden in Sicht 44
Israelis und Palästinenser: ein Konflikt mit uralten Wurzeln 44
Eine Konfliktanalyse durchführen 44
Die Kernpunkte des Konflikts 48
Lösungsansätze und Perspektiven für einen Frieden 50

2.5 Frieden – eine realistische Perspektive im Nahen Osten? 52
Vom negativen zum positiven Frieden 52
Frieden als Zivilisationsprozess 54
Welchen Beitrag kann zivile Friedensarbeit leisten? 56

2.6 Die NATO – noch immer ein Garant für Frieden und Sicherheit? 58
Das Sicherheitsversprechen auf dem Prüfstand 58
Aufgaben und Strategie der NATO 60
Die NATO – hirntot oder quicklebendig? 62

2.7 Die Vereinten Nationen – reformunfähig und doch ohne Alternative? ... 64
Welche Rolle spielt die UNO bei der Friedenssicherung? ... 64
Grundstruktur und Ziele der Vereinten Nationen ... 70
Die Krise des Multilateralismus: Welche Zukunft hat die UNO? ... 72

2.8 Nachhaltige Entwicklung – der Schlüssel für eine friedlichere Zukunft der Welt? ... 74
Die Agenda 2030 – der Weltzukunftsvertrag der UNO ... 74
Wie erfolgreich ist die UNO bei der Umsetzung der Ziele? – Das Beispiel Armut ... 76

2.9 Menschenrechte weltweit – ein uneingelöstes Versprechen ... 78
Das Humanitäre Völkerrecht – ein Schutzwall gegen Leid in Kriegen? ... 78
Responsibility to protect – ein legitimer Eingriff in die Souveränität von Staaten? ... 82

2.10 Wie können Menschenrechte wirkungsvoll geschützt werden? ... 84
Der Menschenrechtsrat – zur Wirkungslosigkeit verdammt? ... 84
Der Internationale Strafgerichtshof: Weltstrafgericht oder zahnloser Tiger? ... 86
NGOs – die effektiveren Verteidiger der Menschenrechte? ... 90
WISSEN KOMPAKT ... 94

3. Außenpolitik und globales Regieren — 96

3.1 Die Verteidigung deutscher Sicherheitsinteressen – nach dem Hindukusch jetzt auch im Sahel? ... 98
Deutsche Sicherheitsinteressen in Mali ... 98
Der Bundeswehreinsatz in Mali – ein umstrittenes Engagement ... 100

3.2 Deutschland in internationalen Organisationen
Deutschlands Beitrag zur NATO – zu wenig oder angemessen? ... 104
Deutschland und die Vereinten Nationen – Zeit für einen ständigen Sitz im UN-Sicherheitsrat? ... 108

3.3 Deutsche Außen- und Sicherheitspolitik – von der Machtvergessenheit zur Gestaltungsmacht? ... 112
Deutschland als Zivilmacht ... 112
„Ohne uns!" ist vorbei – muss Deutschland international mehr Verantwortung übernehmen? ... 116

3.4 Deutschland im Fadenkreuz des internationalen Terrorismus – Sicherheit auf Kosten der Freiheit?
Der internationale Terrorismus – eine Gefahr für Deutschland? ... 118
Zwischen Freiheit und Sicherheit – die Anti-Terror-Gesetze Deutschlands ... 120

3.5 Globales Regieren – ein realistisches Konzept? ... 124
Global Governance: Konzept – Ebenen – Formen ... 124
Gobales Regieren in Zeiten gegenläufiger Trends der Weltpolitik ... 126
Gobal Governance vor neuen Herausforderungen ... 128
Die UNO als Akteur in der internationalen Politik ... 130

3.6 Beispiel Klimapolitik: Kann die Erderwärmung noch begrenzt werden? – Ein Planspiel ... 132
Der Klimawandel als globale ökologische Herausforderung ... 138
Der lange Weg zum Klimaschutz ... 140
Materialien: Klimapolitische Ziele ... 142
Ausblick: Welche Erfolgsaussichten hat internationale Klimapolitik? ... 148
WISSEN KOMPAKT ... 150
TRAINING Mehr Verantwortung übernehmen – auch militärisch? ... 152

Anhang

Hilfen zu Aufgaben	154
OPERATORENTRAINER Operatoren verstehen	156
METHODEN Die Pro-Kontra-Diskussion – Trainingslager der Argumente	164
Zukunftswerkstatt	166
Konferenz-Planspiel	167
Zehn Arten einen theoretischen Text zu lesen	168
Zitate bei GFS und Hausarbeiten	169
Der Politikzyklus	171
Szenariotechnik	172
Vorbereitung auf die mündliche Prüfung (Abitur 2025)	174
GLOSSAR	175
STICHWORTVERZEICHNIS	181
BILDQUELLENVERZEICHNIS	183

VORWORT

Liebe Schülerin, lieber Schüler,

mit „MENSCH & POLITIK SII" halten Sie ein modernes Arbeitsbuch für den Gemeinschaftskunde-Unterricht in Ihren Händen. Es bietet zuverlässige Informationen, verschafft Grundwissen, hilft Zusammenhänge zu verstehen und Kompetenzen zu schulen. MENSCH & POLITIK ist darauf ausgelegt, die geforderten Kompetenzen im Fach Gemeinschaftskunde auf dem Weg zum Abitur zu gewährleisten.
Wir möchten auf einige Besonderheiten von „MENSCH & POLITIK" hinweisen:

- Der Band gliedert sich in **drei große Hauptkapitel**, die sich an den Semesterthemen des Bildungsplans orientieren.
- Jedes Hauptkapitel beginnt mit einer **Auftaktdoppelseite**. Auf ihr wird durch Bildmaterial ein anschaulicher Zugang zu dem Themengebiet ermöglicht. Hier können Sie erste Eindrücke und Vorwissen zum Thema einbringen.
- Die einzelnen Kapitel sind ebenfalls nach dem **Doppel- bzw. Vierseitenprinzip** aufgebaut. Die Doppelseiten dienen zur Orientierung innerhalb eines Themengebietes und können als unterrichtspraktische Abschnitte genutzt werden.
- Am Rand finden Sie wichtige **Informationen** zu Personen und Begriffen sowie **Web- und QR-Codes** für kurze Erklärfilme, die Sie über **www.westermann.de/webcode** erreichen können, indem Sie den Webcode einfach in das Suchfeld eingeben. Die Webcodes werden darüber hinaus für Recherchen und weitere Tipps verwendet. **Verweise auf das Glossar** zeigen Ihnen, welche Begriffe dort nachgeschlagen werden können. **Querverweise** verdeutlichen thematische Zusammenhänge und zeigen an, wenn eine bestimmte **Methode aus dem Anhang** benötigt wird.
- Als differenzierendes Element sind besonders anspruchsvolle Aufgaben dunkel gekennzeichnet. Hierzu finden Sie Hilfestellungen im Anhang ab S. 150.
- Die jedes Kapitel abschließenden Seiten **Wissen kompakt** fassen das Wichtigste zusammen und helfen Ihnen beim Wiederholen für Leistungskontrollen; sie können und sollen dabei allerdings nicht die Arbeit mit den vorangegangenen Materialseiten ersetzen.
- Anhand der **Trainingsseiten zum** Abschluss des Semesters, können Sie Ihre erworbenen Kompetenzen materialgestützt und in Anlehnung an die Abiturprüfung anwenden.
- Der Anhang enthält neben dem **Operatorentrainer** auf Basis der EPA-Operatoren ein detailliertes **Stichwortverzeichnis** sowie ein ausführliches **Glossar** mit Begriffserklärungen.

Wir hoffen, dass dieser Band Ihr Interesse an Politik und Gesellschaft bestärken und Sie gut bei der Arbeit im Fach Gemeinschaftskunde unterstützen wird. Für Rückmeldungen und Kritik sind wir sehr dankbar. Richten Sie diese bitte an die Westermanngruppe in Braunschweig.

WES- 118355-201
UN-Bericht Agenda 2030

Erörtern Sie…

1.

Grundlagen des internationalen Systems

„Der Nationalstaat ist nicht am Ende. Wer aber glaubt, die Zukunft allein mit ihm meistern zu können, der lebt in einer vergangenen Zeit. Die wichtigsten Aufgaben kann heute keine Nation mehr allein lösen."
Richard von Weizsäcker, 1920 – 2015, ehemaliger deutscher Bundespräsident

„Empires rise and fall."
Paul Kennedy *1945, britischer Historiker

„Wir stehen vor einer großen Zukunft und der Wiedergeburt der großen, chinesischen Nation."
Xi Jinping *1953, seit 2013 chinesischer Staatspräsident

1. Grundlagen des internationalen Systems

M 1 Das Gleichnis der fünf Jäger

INFO

Anarchie
Das griechische Wort „anarchos" bedeutet übersetzt so viel wie „Herrschaftslosigkeit" oder „Gesetzlosigkeit". Eine Gesellschaft, in der Anarchie herrscht, ist eine Gesellschaft, in der niemand das Sagen hat. Hier gibt es keine staatliche Gewalt und keine gewählten Volksvertreter in einem Parlament. Es gibt auch keine Monarchie oder irgendeine sonstige Herrschaftsform.
https://www.bpb.de/nachschlagen/lexika/das-junge-politik-lexikon/160812/anarchie

Das folgende Gleichnis geht auf eine Idee des französischen Staatsphilosophen Jean-Jacques Rousseau (1712–1778) zurück. Es veranschaulicht Triebfedern menschlichen Handelns, die sich auch auf die internationalen Beziehungen übertragen lassen.
Nehmen Sie einmal an, fünf Männer […] kommen zusammen in einer Situation, in der sie alle großen Hunger haben. Um diesen Hunger zu stillen, würde jedem ein Fünftel eines Hirschen ausreichen: also verabreden sie gemeinsam, einen Hirschen zu jagen. Das Projekt hat nur Aussicht auf Erfolg, wenn alle ihre Aufgabe konzentriert erfüllen und sich an die Absprachen halten. Um den Hunger eines Einzelnen zu stillen, würde jedoch auch ein Hase ausreichen. Was passiert also in dem Moment, in dem ein Hase bei einem der Männer auftaucht? Er schießt den Hasen und der Hirsch entkommt. Der Abtrünnige […] hat also seine eigenen kurzfristigen Interessen über die gemeinsame Verabredung, über das gemeinsame Interesse gestellt, das Spannungsverhältnis zwischen den unmittelbaren Interessen des Einzelnen und dem allgemeinen Interesse der Gruppe wird durch das unilaterale [= einseitige] Handeln des Einzelnen aufgelöst.
Die Ursache für sein Verhalten war der Hunger, also handelt er aus einem Gefühl heraus, aus Leidenschaft. Denn die Vernunft hätte ihm gesagt, es sei für ihn langfristig günstiger, wenn er sich bei dieser ersten gemeinsamen Aktion so verhielte, dass sich bei allen die Überzeugung festsetzt, Kooperation lohnt sich. (Wer weiß, ob der Hase beim nächsten Mal wieder bei ihm vorbeikommt!). Die Vernunft sagt ihm aber auch: Wenn ich den Hasen laufen lasse, dann verlässt vielleicht der nächste Jäger seinen Posten, um ihn zu fangen. Und die Moral von der Geschichte: Wenn es in der Anarchie harmonisch zugehen soll, dann muss ich mich nicht nur selbst rational (im Sinne der langfristigen gemeinsamen Interessen) verhalten, ich muss auch davon ausgehen können, dass sich alle anderen an die kollektive Rationalität halten.
Die Probleme, die der Kooperation entgegenstehen, sind also:
(1) […] Woher weiß ich, dass auch die anderen den Hasen ziehen lassen und sich auf den Hirschen konzentrieren?
(2) […] Ist sichergestellt, dass alle den gleichen Anteil vom Hirschen bekommen bzw. dass es keinen Streit darüber gibt?
(3) […] Wenn ich den Hasen schieße, habe ich wenigstens den Hasen, wenn ich aber den Hasen nicht schieße, habe ich möglicherweise gar nichts, denn wenn ein anderer den Hasen schießt, ist der Hirsch auch weg.

Kenneth Waltz, zitiert nach: Gert Krell: Weltbilder und Weltordnung, Einführung in die Theorie der internationalen Beziehungen, Baden-Baden 2000, S. 135 f, S. 5

1. Grundlagen des internationalen Systems

M 2 Internationale Beziehungen zwischen Anarchie und Kooperation

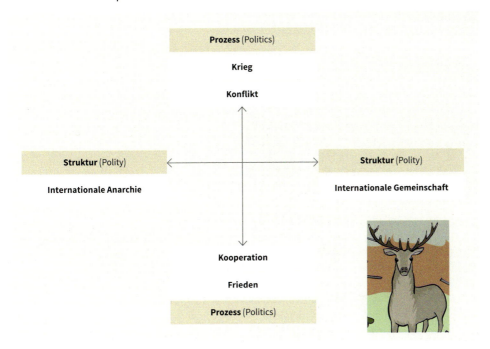

LESEHILFE

Das Schaubild stellt Handlungsmuster in den internationalen Beziehungen dar. Stellt man die Struktur in den Vordergrund, so sind diese zwischen den beiden waagrechten Polen der Internationalen Anarchie und der Internationalen Gemeinschaft anzusiedeln. Betrachtet man den Politikprozess so spielen sich die Handlungen zwischen den beiden Polen Krieg/Konflikt und Frieden ab. Der Hirsch steht als Symbol für Kooperation und internationale Zusammenarbeit zwischen im Quadranten rechts unten.

M 3 Zwei Beispiele aus der Realpolitik

Äthiopiens neu gewählter Regierungschef Abiy Ahmed schließt nach einem langjährigen Grenzkonflikt Frieden mit dem Nachbarstaat Eritrea (Juli 2018). Das Foto zeigt ihn zusammen mit dem eritreischen Regierungchaf Isaias Afwerki bei der Wiedereröffnung der eritreischen Botschaft in Adis Adeba.

Die USA verzeichnete in der Corona-Pandemie weltweit die meisten Todesopfer. Weil der amerikanische Präsident Donald Trump der Weltgesundheitsorganisation (WHO) vorwarf, zu spät auf die Krise reagiert zu haben und von der chinesischen Regierung kontrolliert zu werden, stoppte er im April 2020 alle Zahlungen an die Sonderorganisation der UNO (New York, April 2020).

1. Versetzen Sie sich in die Rolle der Jäger. Beschreiben Sie deren Interessen und Handlungsalternativen (M1).
2. Erläutern Sie die Auswirkungen auf die Handlungsalternativen und Kooperationschancen, wenn sich die Zahl der Jäger auf zehn erhöht.
3. Vergleichen Sie die Hirschjagd mit den Handlungsmustern der internationalen Beziehungen (Was lässt sich grundsätzlich übertragen?).
4. Ordnen Sie das Symbol des Hasen in das Schaubild (M2) ein.
5. Ordnen Sie die Beispiele auf den Fotos in das Schaubild ein.

Macht und Entscheidung

1.1 Welt(Un)ordnung: Wer sind die Akteure, was treibt sie an?

Warum ein Abhörskandal für internationale Verwicklungen sorgte

2013 kam es in der sogenannten NSA-Affäre zum bisher weltweit größten Datenskandal. Dabei stellte sich heraus, dass der amerikanische Geheimdienst (NSA) unter anderem 122 Regierungschefs sowie Millionen von Bürgerinnen und Bürger abgehört und überwacht hatte. Auslöser des Skandals war der ehemalige Geheimdienstmitarbeiter Edward Snowden.

INFO

Edward Snowden
Der Amerikaner Edward Snowden lebt seit 2013 in Moskau im Asyl

M 1 Worum ging es beim NSA-Skandal?

Ab Juni 2013 veröffentlichen mehrere internationale Medien – darunter DER SPIEGEL – umfangreiche Geheimdokumente: Diese belegen, dass die NSA und weitere Geheimdienste die
5 weltweite Kommunikation massiv und anlasslos überwachen. Schwerpunkt des dadurch enthüllten Überwachungsprogramms „Prism" ist die Terrorabwehr.
Die geheimen Unterlagen waren den Journa-
10 listen von Edward Snowden zugespielt worden. Er hatte in verschiedenen Positionen über rund vier Jahre über eine Beratungsfirma für die National Security Agency (NSA) gearbeitet, einen der Auslandsgeheimdienste der USA. Er wolle nicht in einer Welt leben, in der alles 15 aufgezeichnet werde, so Snowden – und deshalb habe er die Dokumente weitergegeben. Um einer Anklage wegen Geheimnisverrats in den USA zu entgehen, setzte er sich, schon bevor der Skandal bekannt wird, ins Ausland ab 20 und fand schließlich in Russland Asyl, wo er sich bis heute aufhält.

Claudia Niesen: Alles Wichtige zur NSA-Affäre, in: Spiegel online, https://www.spiegel.de/politik/deutschland/nsa-affaere-worum-geht-es-a-1134779.html, 16.02.2017 (Zugriff 23.01.2021)

M 2 Der Fall Snowden und seine internationalen Auswirkungen

In Zusammenarbeit mit Journalisten verschiedener Medien machte [Edward Snowden] öffentlich bekannt, in welchem Ausmaß die NSA Kommunikationsdaten von Bürgern aller Län-
5 der sammelte, speicherte und bei konkreten Verdachtsmomenten systematisch auswertete. Er beging bewusst Geheimnisverrat in den USA und floh zunächst nach Hongkong, bevor er nach Russland weiterreiste. In ver-
10 schiedenen Ländern bat er um politisches Asyl. Die meisten Länder, einschließlich westeuropäischer, wiesen seinen Antrag jedoch ab. Bolivien bot Snowden Asyl an. Daraufhin musste der bolivianische Präsident Evo Mora-
15 les, der zu dieser Zeit gerade in Russland weilte, seinen Heimflug von Moskau in Wien unterbrechen. Verschiedene Länder hatten dem Präsidenten die Überflugerlaubnis verweigert. Sie vermuteten, Morales verhelfe Snowden zur Flucht. Darüber hinaus wurde 20 bekannt, dass auch französische und britische Geheimdienste große Datenmengen speicherten. Im weiteren Verlauf der Ereignisse geriet insbesondere die Bundesregierung in Erklärungsnot. Was wusste sie von der Massen- 25 speicherung von Kommunikationsdaten deutscher Bürger durch einen amerikanischen Nachrichtendienst? Arbeiteten deutsche Behörden gar mit amerikanischen in dieser Sache zusammen? Warum kann die Regierung die 30 Daten ihrer Bürger nicht vor unberechtigtem Zugriff schützen?

Viele wesentlichen Aspekte internationaler Beziehungen werden von dieser kurzen Episode um Edward Snowden angesprochen: Die wichtigen Akteure in diesen Beziehungen sind Staaten. Sie können miteinander kooperieren, indem sie Überflugrechte über ihr Territorium verweigern. Viele westeuropäische Staaten sandten damit eine klare Botschaft an Snowden: Versuche nicht über unser Territorium zu fliehen. Sie können aber auch Konflikte riskieren, wie hier Bolivien, das Snowden Asyl anbot und dabei den Unmut der mächtigen USA in Kauf nahm. In Internationalen Beziehungen geht es um Sicherheit. Die USA sahen ihre Sicherheit durch den Geheimnisverrat Snowdens erheblich beeinträchtigt. Es geht aber auch um mehr: Im Fall Snowden stand die Frage im Raum, ob ihm das Menschenrecht auf Asyl zuerkannt werden kann oder aufgrund von Menschenrechtsregeln sogar zugestanden werden muss. Noch ein Aspekt kommt hinzu: Die Spionagetätigkeit der Geheimdienste legt nahe, dass Firmen vieler Länder ein wirtschaftlicher Schaden entstanden sein könnte, weil ihre Firmengeheimnisse möglicherweise ausgespäht wurden. Damit sind Firmen und Einzelpersonen wie Snowden ebenfalls Akteure in internationalen Beziehungen. [...]

Außerdem [wird] deutlich, in welch hohem Maß alle Bürger von internationalen Beziehungen betroffen sind. Damit sind im weitesten Sinne alle Beziehungen gemeint, die nationale Grenzen überschreiten.

Christian Tuschhoff, Internationale Beziehungen, utb 4335, UVK Verlagsgesellschaft 2015, S. 15 ff.

M 3 Akteure und Ebenen von internationalen Beziehungen

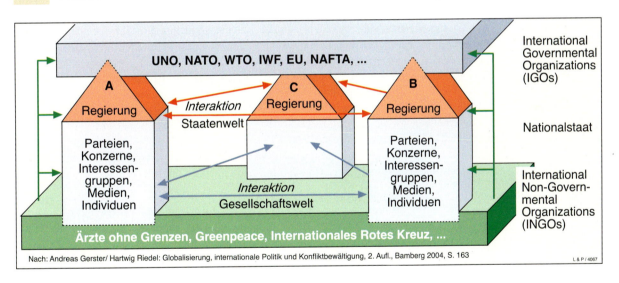

1. Stellen Sie die Akteure im Fall Snowden und ihre jeweiligen Interessen in einer Tabelle dar (M1, M2).
2. Erläutern Sie anhand von M2 den Zusammenhang zwischen dem Fall Snowden und Aspekten internationaler Beziehungen.
3. Erklären Sie, in welcher Hinsicht Bürgerinnen und Bürger von den internationalen Auswirkungen des NSA-Skandals betroffen waren.
4. Analysieren Sie das Schaubild und ordnen Sie die verschiedenen Transaktionen im Fall Snowden ein (M3).
5. Mehrere Bürgerrechtsgruppen fordern, dass Edward Snowden in Deutschland Asyl bekommen soll. Erörtern Sie die Frage besonders im Hinblick auf internationale Auswirkungen.

Strukturmerkmale und Herausforderungen internationaler Politik

M 1 Politikebenen

Bilateral: Bundeskanzlerin Angela Merkel trifft sich regelmäßig zum Austausch mit dem französischen Präsidenten Emanuel Macron (2019).

Multilateral: Im Weltsicherheitsrat sitzen 15 Vertreter von Regierungen und beraten über sicherheitspolitische Probleme (2015).

Transnational: Die Schwedin Greta Thunberg löst weltweit die sogenannten Freitagsdemonstrationen von jungen Menschen aus, die gegen die Klimapolitik ihrer Regierungen demonstrieren (2018).

M 2 Was sind aus Sicht junger Menschen die drängendsten Probleme der Welt?

Das Weltwirtschaftsforum gibt „The Global Shapes Annual Survey" heraus. Darin werden junge Menschen zwischen 18 und 35 Jahren zu ihren Einstellungen zu Politik, Wirtschaft und Gesellschaft befragt. Als wichtigste Weltprobleme schätzten sie 2017 folgende ein (Mehrfachnennungen waren möglich):

1. Klimawandel/Zerstörung der Natur (48,8 %)
2. Großkonflikte/Kriege (38,8 %)
3. Ungleichheit/Einkommen, Diskriminierung (30,8 %)
4. Armut (29,2 %)
5. Religiöse Konflikte (23,9 %)
6. Rechenschaftspflicht und Transparenz der Regierung/Korruption (22,7 %)
7. Ernährungssicherheit und Wasserversorgung (18,2 %)
8. Fehlende Bildung (15,9 %)
9. Sicherheit/Wohlergehen (14,1 %)
10. Mangel an wirtschaftlichen Chancen/Arbeitslosigkeit (12,1 %)

Tanza Loudenback, Abby Jackson: Die 10 schlimmsten Probleme auf der Welt – laut Millennials, in: businessinsider.de, https://www.businessinsider.de/strategy/das-sind-die-10-schlimmsten-probleme-der-welt-sagen-millennials-2018-2/, 22.02.2018 (Zugriff: 23.01.2021)

M 3 Internationale Politik – Internationale Beziehungen

Internationale Politik umfasst nach einem engeren Verständnis außenpolitisches Handeln zwischen zwei staatlichen und sonstigen außenpolitisch relevanten Akteuren. Diese Handlungen sind dadurch als außenpolitisches Handeln definiert, dass sie regelmäßig sind bzw. sich wiederholen, dass sie in der Regel Aktionen darstellen, die eine Reaktion hervorrufen und dass sie sich auf einen politisch relevanten Bereich jenseits des Staates beziehen. [...]

Internationale Beziehungen bezeichnen die Gesamtheit der Transaktionen zwischen mehreren oder allen Staaten, nicht-staatlichen Akteuren und internationalen Organisationen und alle grenzüberschreitenden Handlungen, die ein dauerhaftes Handlungsgeflecht darstellen. [...]

Anja Jetschke, Internationale Beziehungen, Tübingen 2017, S. 116

M 4 Internationale Politik = Internationales Regieren ohne Staat

Internationale Politik ist Politik unter den Bedingungen der Anarchie, insofern sich das internationale System dadurch auszeichnet, dass es keine zentralisierte Instanz mit einem allgemein anerkannten Gewaltmonopol gibt. Es fehlen „allgemein akzeptierte Institutionen mit politischer Vollzugsgewalt" [...]. „Anarchie" beschreibt hier also die Abwesenheit einer solchen Institution, nicht Chaos. Zwar gibt es selbstverständlich Akteure, die den Anspruch erheben, Entscheidungen zu treffen, die dann für alle gelten sollen, aber kein uns bekannter Akteur der internationalen Politik hat die Kompetenz, Entscheidungen verbindlich zu treffen, eine absolute Folgebereitschaft zu erzeugen oder diese notfalls unter Einsatz von Gewalt durchzusetzen.

Internationale Politik ist daher permanent mit dem Problem konfrontiert herauszufinden, wer überhaupt ein Mandat hat, bestimmte Entscheidungen zu treffen, und wie einmal getroffene Entscheidungen Verbindlichkeit in dem Sinne erlangen, dass alle Beteiligten diese befolgen.

Akteure und Interaktionsmuster Internationaler Beziehungen

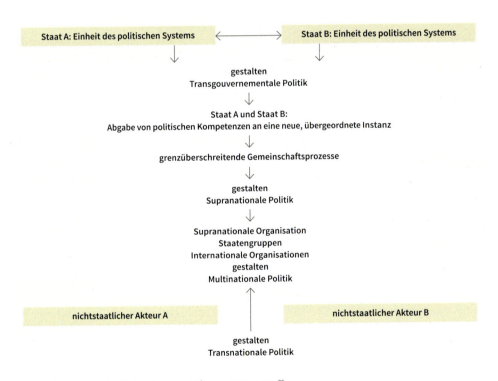

Anja Jetschke, Internationale Beziehungen, Tübingen 2017, S. 118 ff.

1 Erstellen Sie eine persönliche Rangliste der dringendsten Weltprobleme und vergleichen Sie diese mit den Ergebnissen der Umfrage (M2).
2 Erläutern Sie die Definitionen in M3.
3 Wählen Sie ein Weltproblem und analysieren Sie anhand des Schaubildes, welchen Beitrag die verschiedenen Politikebenen zur Lösung des Problems leisten können (M4).
4 Beurteilen Sie die Auswirkungen der anarchischen Struktur der internationalen Politik auf die Handlungsfähigkeit internationaler Organisationen (M4).

1.2 Welt im Wandel: Wie verschieben sich die Machtkonstellationen?

Unipolar, bipolar oder multipolar: Wie ist die Welt geordnet?

INFO

Sicherheitsdilemma
In der Staatenwelt herrscht Anarchie. Das heißt, dass es keine übergeordnete Instanz gibt. Jeder Staat verfolgt seine eigenen Interessen und ist bei seinem Schutz auf sich selbst angewiesen. Das Sicherheitsdilemma besteht darin, dass Rüstungsmaßnahmen eines Staates vom anderen als Bedrohung empfunden werden und mit weiterer Aufrüstung beantwortet werden. Wenn keine Abrüstungsvereinbarungen getroffen werden, führt das Sicherheitsdilemma zu einer Spirale des Wettrüstens.

M 1 Weltordnungsmodelle

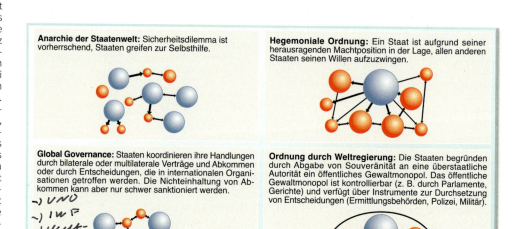

Nach: Andreas Gerster/ Hartwig Riedel: Globalisierung, internationale Politik und Konfliktbewältigung, 2. Aufl., Bamberg 2004, S. 161

M 2 Wohin entwickelt sich unsere Welt?

INFO

Kommuniqué
offizielle amtliche Erklärung, zum Beispiel zum Abschluss von internationalen Verhandlungen

1990/91 hat sich mit dem Ende des Ost-West-Konfliktes und der Auflösung der UdSSR in fünfzehn souveräne Republiken die bipolare Weltordnung der zwei Weltmächte USA und
5 Sowjetunion mit ihren jeweiligen Bündnissystemen Nato und Warschauer Pakt grundlegend verändert. [...] Nach dem Ende des Kalten Krieges galt es, Europa und die Welt neu auszurichten und zu gestalten. [...] Gleichzeitig
10 ging es darum, eine neue und friedliche Weltordnung zu gestalten. Der Zerfall der UdSSR führte in den neunziger Jahren zu einer unipolaren Weltordnung mit den USA als alleinige dominante Weltmacht. Und es gab viele in
15 Washington, die diese internationale Alleinstellung priesen und sichern wollten. [...]
Anlässlich seiner ersten Staatsbesuche in Indien und China unterzeichnete Präsident Putin gemeinsame Kommuniqués mit seinen jeweiligen Partnern, in denen erstmals ge- 20
meinsam die Forderung nach einer multipolaren Welt erhoben wurde. Diese Aussage bekundet die gemeinsame Ablehnung einer unipolaren Weltordnung mit den USA als alleinige Weltmacht sowie den Anspruch, die 25
internationale Politik auf gleicher Augenhöhe mit den USA mitbestimmen und mitgestalten zu wollen.
Und diese Karte spielt Präsident Putin offensiv aus. Unter Verweis auf unilaterale Inter- 30
ventionsentscheidungen der USA wie im Irak, Afghanistan oder gegen Serbien verfolgt er seine Interessen in der Ukraine genauso wie in Transnistrien oder Armenien oder jetzt in Syrien. Das schließt kooperative Vereinbarun- 35
gen mit den USA und anderen westlichen

Partnern nicht aus, wie es die Abkommen über die Vernichtung der chemischen Waffen in Syrien und das Nuklearabkommen mit dem Iran dokumentieren. Die militärische Unterstützung des syrischen Machthabers Assad beweist aber zugleich die Entschlossenheit Russlands, seinen traditionellen Einfluss in Syrien und damit im Mittleren Osten zu sichern. Russland will in einer multipolaren Welt gleichberechtigte Mitspieler sein. Präsident Putin weiß sich mit seiner autoritären Politik nach innen wie außenpolitisch einig mit seinem chinesischen Partner, dem Präsidenten Xi Jinping. In der Regel nutzen sie ihr Vetorecht im Sicherheitsrat der Vereinten Nationen gemeinsam. Auch Xi Jinping ist dabei, den chinesischen Machtbereich vor allem im Südchinesischen Meer systematisch und ohne Rücksicht auf die Interessen seiner Nachbarstaaten auszuweiten. Gleichzeitig geht es ihm darum, die amerikanische Dominanz im Pazifik einzudämmen. […]

[…] Das Spiel um eine neue multipolare Welt ist in vollem Gange. Doch ein Kontinent fehlt dabei: Europa. Es gibt kein Land in Europa, das sich als ein ernstzunehmender und gleichgewichtiger Mitspieler in der sich neu gestaltenden multipolaren Welt allein behaupten kann, auch nicht ein Großbritannien nach dem Brexit.

Horst Teltschick, Russland, China, USA: Ein Blick auf die Weltkarte sollte genügen, um uns aufzurütteln, in: https://www.focus.de/politik/experten/teltschik/gastbeitrag-von-horst-teltschik-russland-china-usa-die-weltordnung-veraendert-sich-doch-europa-hat-das-nachsehen_id_6002324.html, 29.09.2016 (Zugriff 23-01-2021)

M3 Der Abschied vom amerikanischen Zeitalter

Der relative Niedergang der amerikanischen Vormachtrolle hat sich […] seit Längerem abgezeichnet, aber es wäre wohl, wenn die Entwicklung so weitergegangen wäre wie unter Trumps Amtsvorgänger Obama, ein langsamer und vorsichtiger Ausstieg aus der Rolle des Hüters globaler Ordnung geworden […] Soft Power [nach dem Politikwissenschaftler Joseph Nye] ist eine ausgesprochen kostengünstige Ressource bei der Beherrschung eines Großraumes, aber das für die Zentralmacht günstige Kosten-Nutzen-Verhältnis hat den Preis schneller Verflüchtigung. Es beruht nämlich auf dem Vertrauen der Verbündeten, das über Jahrzehnte gewachsen ist und innerhalb von einigen Wochen, wenn nicht Tagen zerstört werden kann. […] Je erfolgreicher Trumps Politik ist, desto nachhaltiger wird sie die Soft Power der USA auflösen und damit zerfällt die amerikanische Weltordnung. Das ist in diesem Fall eine Ordnung der universalen Normen, die in der Vergangenheit zwar immer wieder des facto außer Kraft gesetzt wurde, als Legitimationsgrundlage der Politik aber nicht infrage gestellt wurde. Die Globalität der politischen Ordnung und die Universalität der Normen gehörten zusammen.

INFO

Soft Power besondere Form der Machtausübung, die auf der Vermittlung von Werten und Normen beruht, zum Beispiel des „American Way of Life".

Herfried Münkler, Der Abschied vom amerikanischen Zeitalter, 18.06.2018 in: https://www.zeit.de/2018/25/usa-europa-einfluss-imperium, 18.06.2018 (Zugriff 23.01.2021)

---

1. Charakterisieren Sie die vier Weltordnungsmodelle (M1).
2. Ordnen Sie den aktuellen Zustand der Staatenwelt einem Modell zu und begründen Sie Ihre Einordnung (M1, M2).
3. Stellen Sie die verschiedenen Phasen der Weltentwicklung grafisch dar, zum Beispiel in einem Flussdiagramm (M2).
4. Bewerten Sie die Rolle Europas in der „neuen multipolaren Welt" (M2).
5. Herfried Münkler, der Autor von M3, führt den Niedergang der amerikanischen Vormachtrolle auf den Verfall der Soft Power zurück. Beurteilen Sie diese Begründung. Beziehen Sie dabei auch aktuelle Beispiele amerikanischer Politik mit ein.

BASISKONZEPT

Ordnung und Struktur

INFO

Herfried Münkler ist ein renommierter deutscher Politikwissenschaftler.

Stehen wir vor einem chinesischen Zeitalter?

M1 Die neue Seidenstraße – Chinas Beitrag zu einer neuen Weltordnung?

Am „Seidenstraßen"-Gipfel in Peking [nahmen ...] nehmen Repräsentanten aus mehr als 100 Ländern teil. Sie alle interessieren sich für ein Projekt, mit dem Peking an einer neuen Weltordnung „Made in China" baut: die „Neue Seidenstraße".

China knüpft mit der 2013 verkündeten Initiative an die historische Handelsroute aus der Antike und dem frühen Mittelalter an. Das geostrategische Vorhaben hat mit Kamelkarawanen oder den antiken Handelsrouten zwischen China und Europa aber nur noch wenig zu tun. [...]

Chinas Präsident Xi Jinping träumt von einem weltumspannenden Netz aus Handelsrouten und Wirtschaftskorridoren. Das Schienennetz soll deshalb auch in Afrika ausgebaut werden. Und nicht nur das: Auf dem afrikanischen Kontinent sollen mehrere neue Häfen entstehen, damit die „Neue Seidenstraße" auch per Schiff noch besser befahrbar ist.

Stand: 2019

SZ online, dpa, Reuter, Philipp Sauls: So verläuft die „Neue Seidenstraße, in: https://www.sueddeutsche.de/politik/china-seidenstrasse-handel-1.4422066, 26.04.2019 (Zugriff 23.01.2021)

M2 Aufbruch in das chinesische Zeitalter?

Die Skyline chinesischer Großstädte (hier Shanghai, 2019) unterscheidet sich nicht mehr von der westlichen Welt und ist Ausdruck des neuen Selbstbewusstseins. China wandele sich von der Werkbank der Welt zum Exporteur digitaler Spitzentechnologie.

Pekings Machtanspruch geht über China längst hinaus. Es ist ein globaler Anspruch. Das politische Modell seines Landes, sagte Xi auf dem Parteitag, sei „eine große Schöpfung" und ein Modell für andere Staaten: „Unsere chinesische Zivilisation erstrahlt in dauerhafter Pracht und Herrlichkeit."[...] Die Welt, sagte Xi, stehe am Beginn eines neuen „Zeitalters, in dem China ins Zentrum vorrücken wird".

Das ist mehr als eine Absichtserklärung, es ist die Beschreibung einer Realität: Chinas Aufstieg verändert die Welt. Seine politische und wirtschaftliche Kraft, seine Aufrüstung und sein wissenschaftlicher Fortschritt haben das Land in den Rang einer Weltmacht katapultiert, wie sie der Westen seit dem Führungswettlauf während des Kalten Krieges nicht mehr gesehen hat.

Wie einst die Sowjetunion ist China ein repressiver, leninistisch durchregierter Machtstaat, der Widerspruch nicht duldet und jeden Einzelnen brechen kann, der sich dem Ganzen in den Weg stellt. Aber anders als damals die UdSSR ist die Volksrepublik ökonomisch stark und verfügt über ein hochmodernes Arsenal digitaler Überwachungs- und Kontrollwerkzeuge. Und anders als westliche Politiker regieren Pekings Führer, ohne sich von demokratischen Wahlen aufhalten zu lassen.

Washington, beklagt das US-amerikanische Magazin „Foreign Policy", leide unter einem „Aufmerksamkeitsdefizit", wenn es um China gehe. [...]

Das gilt für den Westen insgesamt. [...] Spätestens 2050, so die staatliche Nachrichtenagentur Xinhua, also „[...] wird China an die Spitze der Welt zurückkehren". Sollte jemand versuchen, diesen weiteren Aufstieg von außen zu stören, so die „Global Times", werde Peking „nicht zögern, mit strategischer Kraft zurückzuschlagen oder sich, wenn nötig, auf eine entscheidende Machtprobe vorzubereiten".

Greift China wirklich nach der Weltherrschaft? Will Peking die Pax Americana, die seit dem Ende des Kalten Krieges gilt, durch eine andere Weltordnung ersetzen, notfalls mit militärischer Gewalt? [...]

China will die Welt nicht chinesisch machen. [...] China hat keine politische Mission, die über seine unmittelbaren wirtschaftlichen und Sicherheitsinteressen hinausginge. Peking vermeidet die politische Parteinahme und unterhält in fast allen großen Konflikten gute Beziehungen zu beiden Seiten – zu Iran und Saudi-Arabien, zu Israel und Palästina, zu Russland und der Ukraine.

Dieses Prinzip der Nichteinmischung bedeutet aber nicht, dass China keinen Einfluss nähme. Er speist sich [...] vor allem aber aus seiner Größe: China hat mehr als doppelt so viele Einwohner wie die Europäische Union (EU), mehr als viermal so viele wie die USA und rund zehnmal so viele wie Russland. Kraft dieser Größe verändert China die Welt schon heute stärker als jedes andere Land, von der sich zurückziehenden Supermacht USA abgesehen.

Wirtschaftlich steuerte China im vergangenen Jahrzehnt ein Drittel zum globalen Wachstum bei. Für 92 Länder der Welt, darunter Deutschland, ist es der größte Handelspartner. China ist der größte Rohstoffimporteur und Automarkt der Welt und produziert mehr Solar- und Windenergie als alle anderen. [...]

„Der Westen hat keine Ahnung, was ihn mit Chinas Aufstieg erwartet", schreibt Australiens ehemaliger Premier Kevin Rudd, Mandarin-Sprecher und Präsident des Asia Society Policy Institute. „Es wäre verwegen anzunehmen, dass China auf seinem Übergang zur globalen Vorherrschaft unter dem Gewicht seiner inneren Widersprüche zusammenbrechen wird." Es sei nicht China, sondern der Westen, der „mit sich selbst beschäftigt, von sich eingenommen und selbstzufrieden" ist.

Und dann zitiert Rudd einen berühmten Europäer. „China ist ein schlafender Riese", hat Napoleon vor 200 Jahren geschrieben. „Lasst ihn schlafen. Denn wenn er aufwacht, wird er die Welt bewegen."

Rafael Buschmann u. a.: Wie China schon heute die Welt beherrscht, in: https://www.spiegel.de/spiegel/warum-china-die-weltmacht-nr-1-ist-a-1177858.html, 16.11.2017 (Zugriff 23.01.2021)

Unterricht an einer chinesischen Highschool, März 2019. Bildung hat einen hohen Stellen-wert in China: Jährlich verlassen rund 6 Millionen Absolventen die Universität mit einem Bachelor- bzw. Masterabschluss.

GLOSSAR

Hegemonie

1 Erläutern Sie das Projekt „neue Seidenstraße" Chinas (M1).
2 Begründen Sie, warum das Seidenstraßenprojekt viele Europäer beunruhigt (M2).
3 Erläutern Sie Chinas Anspruch und Selbstverständnis als Weltmacht (M2).
4 Bewerten Sie den chinesischen Machtanspruch aus der Sicht einer europäischen Politikerin/ eines europäischen Politikers.

1.3 Weltstaat oder Staatenwelt? – Die Zukunft des Nationalstaats

Der souveräne Nationalstaat als universales Modell

GLOSSAR
Souveränität

M 1 Der Nationalstaat im anarchischen System

Internationale Politik ist Politik unter den Bedingungen der Anarchie. Anarchie ist ein Ordnungsprinzip sozialer Systeme; sie ist das Gegenteil von Hierarchie oder Herrschaft. Herrschaft beruht auf einem Verhältnis von Über- und Unterordnung Befehl und Gehorsam, zwischen sozialen Akteuren. In einem anarchischen System stehen die Akteure hingegen in einem formell gleichrangigen Verhältnis zueinander; „keine von ihnen ist berechtigt zu befehlen; keiner ist verpflichtet zu gehorchen" [Kenneth Waltz]. Das internationale System ist ein System territorial differenzierter Herrschaft. Herrschaft besteht im internationalen System innerhalb der Territorien, nicht aber außerhalb. Die Einheiten dieser territorialen Herrschaft sind die Staaten. Staaten besitzen interne und externe Souveränität.

Zum einen verfügen die Staaten auf ihrem Territorium (also innerhalb ihrer Grenzen) über das Herrschafts- und Gewaltmonopol: Allein der Staat ist befugt, innerhalb des Staatsgebiets verbindliche Entscheidungen zu treffen und verbindliche Regeln zu setzen und diese – notfalls mit Gewalt – auch durchzusetzen. [...] Zum anderen gibt es im internationalen System keine Herrschaft außerhalb oder oberhalb der Staaten – geschweige denn ein internationales Gewaltmonopol. Mit anderen Worten, es gibt keinen Weltstaat. [...] Es liegt allein an den einzelnen Staaten, wie sie sich gegenüber anderen Staaten verhalten und welche internationalen Regeln sie vereinbaren und anerkennen. [...] Herrschaftliche Regelsetzung und Regeldurchsetzung durch Zwang sind zwar in einem anarchischen System definitionsgemäß nicht möglich; das gilt aber nicht für die freiwillige Vereinbarung und Befolgung von Regeln.

Das westfälische System

Die territorial differenziert anarchische Ordnung des internationalen Systems mag uns heute als normal und alternativlos erscheinen. Tatsächlich ist das Staatensystem historisch betrachtet durchaus nicht der Regelfall. Es entstand in der frühen Neuzeit zunächst unter den norditalienischen Stadtstaaten und dehnte sich im 16. und 17. Jahrhundert auf ganz Europa aus. Es wird auch als „westfälische Ordnung" bezeichnet, weil grundlegende Prinzipien der externen und internen Souveränität der Staaten im Westfälischen Frieden von 1648 europaweit verankert wurden. In den folgenden Jahrhunderten hat es sich weltweit verbreitet.

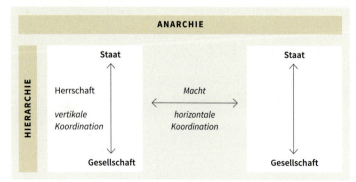

Moderne Nationalstaaten im westfälischen Modell, F. Schimmelfennig

Frank Schimmelfennig: Internationale Politik, Schöningh Verlag 2017, S. 23 f.

M2 Alternative Ordnungsmodelle im Staatensystem

Als präwestfälische (auch prämoderne) Staaten werden Staaten bezeichnet, die nach innen und außen nur noch eingeschränkt souverän sind, etwa infolge eines Krieges. Dazu zählen zum Beispiel afrikanische Staaten wie Somalia, zentralasiatische Staaten wie Afghanistan oder im Nahen Osten, zum Beispiel Syrien (Stand 2021). Ihnen ist gemein: es sind alles Staaten, die vom Staatszerfall bedroht sind und deren Gewaltmonopol schwindet.

Zu den postwestfälischen (postmodernen) Staaten zählen in erster Linie die Staaten der EU. Diese Staaten haben freiwillig einen Teil ihrer Souveränität an übergeordnete supranationale Institutionen der EU abgetreten. So sind diese Staaten zum Beispiel in ihrer nationalen Gesetzgebung der europäischen untergeordnet: europäische Gesetze haben Vorrang vor nationalen. Ob die EU-Mitglieder weitere Kompetenzen an die Gemeinschaft abtreten sollen – etwa im Bereich der Finanzen – ist umstritten.

Autorentext

M3 Ist der Nationalstaat ein Auslaufmodell?

Die Politikwissenschaftlerin Ulrike Guérot setzt sich zusammen mit dem Schriftsteller Robert Menasse für die Abschaffung der Nationalstaaten und die Gründung einer europäischen Republik ein, wie hier in einem Interview mit der österreichischen Zeitschrift „Der Standard":
„Wir brauchen die Nation nicht mehr. Wenn sich Bürger darauf einigen, in einem politischen Projekt zusammen zu sein, dann gründen sie eine Republik. Das ist eine ganz andere Annahme als Vereinigte Staaten von Europa. Wir sehen ja seit einigen Jahren, dass die EU-Staaten immer nationaler werden. Dazu wollte ich mit Robert Menasse zwei Sachen klarstellen: Souveränität, das Recht auf Nichteinmischung, heißt im Grunde letzte Entscheidungsgewalt. Entweder entscheidet die EU, etwa in der Flüchtlingsfrage, dass wir einen Verteilungsschlüssel haben, dann kann aber Orbán [ungarischer Ministerpräsident] nicht sagen, ich bin souverän und mache nicht mit. Die Antwort ist: Keiner ist souverän, weder der ungarische Nationalstaat noch die EU. Souverän sind immer nur die Bürger. Darum muss das europäische Projekt von der Legitimität her zurück in den Schoß der Bürger, die sagen können: Wir gründen eine europäische Republik, in der wir vor dem Recht gleich sind."

Eine europäische Republik ohne Nationalstaaten: Zukunftsvision oder Schreckensszenario?

Lisa Nimmervoll: „Wir brauchen die Nation nicht mehr". Interview mit Ulrike Guérot, in: Der Standard online, https://www.derstandard.at/story/2000056814520/politologin-guerot-wir-brauchen-die-nation-nicht-mehr, 02.05.2017 (Zugriff 23.01.2021)

1. Fühlen Sie sich in erster Linie als Schwabe/Badener, Baden-Württemberger, Deutscher oder Europäer? Ordnen Sie sich im Vier-Ecken-Spiel einer Identität zu und begründen Sie Ihre Entscheidung.
2. Erläutern Sie das westfälische Souveränitäts- und Staatenmodell (M1).
3. Arbeiten Sie aus M1 und M2 Gemeinsamkeiten und Unterschiede der drei Ordnungsmodelle heraus.
4. Vergleichen Sie die Rahmenbedingungen für Politik im Nationalstaat und der internationalen Politik anhand der Kriterien Gewaltmonopol, Gesetzgebung und Durchsetzung von Entscheidungen.
5. Bewerten Sie den Vorschlag einer europäischen Republik (M3).

WISSEN KOMPAKT

Übersicht:
Akteure in den internationalen Beziehungen

Akteure	Aktionsformen und Handlungsmöglichkeiten	Beispiele
Alle Akteure	Pflege und Ausübung *internationaler Beziehungen*	Politische, wirtschaftliche und kulturelle auf Dauer angelegte Transaktionen zwischen staatlichen, nicht-staatlichen Akteuren und internationalen Organisationen
Staatenverbund	*Supranationale Politik* Abtretung von politischen Kompetenzen an übergeordnete Institution	▪ Europäische Union
Staatengruppen Internationale Organisationen Bündnisse	*Internationale Politik* Beziehungen zwischen Staaten und internationalen Organisationen	▪ UNO ▪ NATO ▪ Weltbank ▪ Internationaler Währungsfonds (IWF)
Einzelne Staaten	*Außenpolitik* Wahrnehmung und Vertretung politischer, wirtschaftlicher und kultureller Interessen gegenüber anderen Staaten und innerhalb internationaler Organisationen	Gestaltung der Beziehungen zwischen Deutschland und den USA (Transatlantische Beziehungen) Deutsches Engagement für einen ständigen Sitz im Weltsicherheitsrat
Nationale Zivilgesellschaft/Gesellschaftswelt (Parteien, Unternehmen, Interessengruppen, Medien, Individuen)	*Einflussnahme auf nationale Regierung und Parlament* durch Lobby- und Medienarbeit.	▪ Arbeitgeberverbände ▪ Gewerkschaften ▪ DFB ▪ Ärztekammern ▪ private Medienunternehmen
Internationale Zivilgesellschaft (z. B. NGOs, Kirchen, soziale Bewegungen)	*Transnationale Politik* Grenzüberschreitende Einflussnahme auf internationale Organisationen, Regierungen und Staatengruppen durch Mobilisierung der Weltöffentlichkeit und Erzeugung öffentlichen Drucks	▪ Amnesty International ▪ Greenpeace ▪ Fridays for future ▪ Katholische Kirche

Autorentext

Struktur des internationalen Systems

Als internationale Beziehungen bezeichnet man alle dauerhaften grenzüberschreitenden Transaktionen staatlicher und nichtstaatlicher Akteure. Internationale Politik grenzt die grenzüberschreitenden Beziehungen auf staatliche Akteure ein.

Das internationale System ist gekennzeichnet durch Anarchie, dem Fehlen einer überstaatlichen Instanz mit einem Gewaltmonopol. Alle Staaten sind gleichberechtigt. Aufgabe von internationaler Politik ist es, die gegensätzlichen Interessen von Staaten auszubalancieren und Lösungen für Probleme zu verhandeln, die von den Akteuren akzeptiert werden.

Weltordnungsmodelle

Grundsätzlich können vier Weltordnungsmodelle unterschieden werden: das anarchische Modell, in dem jeder Staat seine eigene Politik und Interessen verfolgt und im Falle einer Aggression anderer Staaten sich selbst schützt. Anarchie hat für alle Staaten stetige Unsicherheit zur Folge: Jeder fühlt sich vom anderen bedroht und rüstet auf (Sicherheitsdilemma). In der hegemonialen Ordnung nimmt ein Staat eine überragende Machtposition ein und herrscht über von ihm abhängige weitere Staaten, die von seiner wirtschaftlichen und politischen Stabilität profitieren. In einer Weltordnung nach dem Konzept von Global Governance koordinieren die Staaten Ihre Politik durch ein umfassendes System von Regeln und Verträgen. Der Weltstaat mit einer Weltregierung als überstaatliche Instanz mit einem von der Weltöffentlichkeit kontrollierten Gewaltmonopol bleibt bis heute eine Utopie.

Mit dem Ende des Kalten Krieges und der Zerfall der Sowjetunion löste sich die bis dato herrschende bipolare Weltordnung mit den beiden Hegemonialmächten USA und UdSSR auf. Für eine kurze Übergangszeit in den neunziger Jahren füllten die USA das entstandene Machtvakuum alleine aus (uni-polare Weltordnung), bevor sich nach der Jahrtausendwende mit dem Aufstieg neuer selbstbewusster Schwellenstaaten, allen voran China, und dem neu erwachten nationalen Selbstbewusstsein Russlands eine multipolare Staatenwelt herausbildete.

Nationalstaat

Der moderne Staat westfälischer Prägung bildete sich im 17. Jahrhundert aus. Kennzeichnend für ihn ist ein Staatsgebiet (Territorium), auf dem er verbindliche Entscheidungen treffen kann. Gegenüber seinem Staatsvolk hat er das Gewaltmonopol. Er ist sowohl intern als auch extern souverän und kann mit anderen Staaten gleichberechtigt Verträge schließen. Weil wesentliche Prinzipien im Westfälischen Friedensvertrag 1648 festgeschrieben wurden, spricht man in diesem Zusammenhang vom westfälisches Staatensystem. Präwestfälisch sind Staaten, die nur eingeschränkt nach innen und außen souverän sind, zum Beispiel wegen eines Krieges. Postwestfälische Staaten haben freiwillig einen Teil ihrer Souveränität an eine supranationale Institution abgetreten, wie das in der EU der Fall ist.

Völkerrecht

Parallel zur Entwicklung des Nationalstaats bildete sich – ebenfalls beginnend mit dem Westfälischen Frieden – das Völkerrecht als ein System von Regeln für den Umgang von Staaten miteinander aus. Es wurde im Laufe von mehreren Jahrhunderten ergänzt und fortgeschrieben. Im Unterschied zum innerstaatlichen Recht gibt es bis heute kaum Möglichkeiten, das Völkerrecht durchzusetzen oder Verstöße zu sanktionieren. Wichtigste Grundsätze sind das Prinzip der Gleichheit von Staaten, das Prinzip der Gegenseitigkeit und das Interventionsverbot. Diese Prinzipien flossen in die UN-Charta mit ein, die die Erhaltung des Weltfriedens zum höchsten Ziel des Völkerrechts erhob.

2.

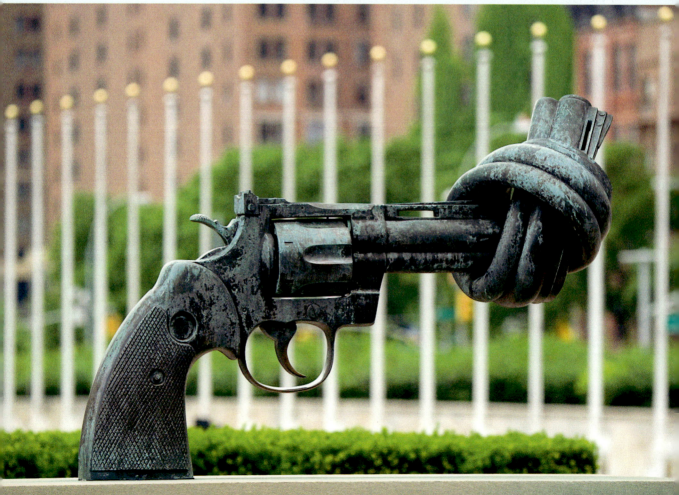

Frieden und Sicherheit

„Was wir Frieden nennen, ist meist nur ein Waffenstillstand, in dem der Schwächere so lange auf seine Ansprüche verzichtet, bis er eine Gelegenheit findet, sie mit Waffengewalt von neuem geltend zu machen."
Luc de Clapiers Vauvenargues, 1715–1747, französischer Philosoph

„Kriege sind nicht unvermeidlich. Sie waren es niemals. Unvermeidlich ist nur die Tatsache, dass der Friede unmöglich ist, wenn man glaubt, dass der Krieg ein unabwendbares Verhängnis ist."
Michael Graf della Torre-Valsassina 1757–1844, italienischer Jesuit

„In einer Gesellschaft, die sich ständig verändert, ist die Fähigkeit, mit Wandel umzugehen, Wandel zu nutzen und zu gestalten, eine der wichtigsten."
Johannes Rau, 1931–2006, dt. Politiker, Bundespräsident 1999–2004

„Der Friede muss gestiftet werden, er kommt nicht von selber."
Immanuel Kant, 1724–1804, dt. Philosoph und Aufklärer

2.1 Welche Gefahren bedrohen unsere Sicherheit?

(Auf)Rüstung und neue Waffen: Droht ein neuer Rüstungswettlauf?

M 1 Massenvernichtungswaffen – unberechenbar, unkontrollierbar?

Unter dem Begriff der Massenvernichtungswaffen werden bestimmte atomare, radiologische, chemische und biologische Kampfmittel bezeichnet, die dazu geeignet sind, sehr viele Menschen zu verwunden oder zu töten sowie ihre Lebensräume zu zerstören und nachhaltig unbewohnbar zu machen. Eine Vielzahl von Staaten auf der Welt verfügt über Massenvernichtungswaffen. Von einigen Waffensystemen wie Atomwaffen liegen relativ sichere Daten und Verbreitungsinformationen vor [...] Bei anderen Massenvernichtungswaffen wie chemischen und biologischen Kampfstoffen ist der Nachweis von Entwicklung und Besitz deutlich schwieriger. Denn für ihre Entwicklung und Lagerung werden keine großen Anlagen benötigt. Biologische Waffen wie Viren oder Bakterien werden in Laboren hergestellt, die überall auf der Welt sein können. Diese Problematik stellt internationale Abkommen und Kontrollmechanismen vor große Herausforderungen. Denn in einer globalisierten Welt, in der sich Menschen, Waren und Dienstleistungen immer schneller und flexibler fortbewegen, sind auch die Waffen und ihre Entwicklung Globalisierungsprozessen unterworfen. Sowohl staatliche Akteure als auch regionale Gruppen und Terroristen können über Massenvernichtungswaffen verfügen.

Stiftung Jugend und Bildung, Frieden und Sicherheit, Schülermagazin 2019, S. 8

INFO

Eskalation
Der Begriff leitet sich von dem französischen Wort „escalier" = Treppe ab. Er bedeutet die Intensivierung und Zuspitzung eines Konflikts.

M 2 Eskalation durch atomares Wettrüsten?

Viel deutet darauf hin, dass die Welt am Beginn eines neuen atomaren Wettrüstens steht. Nuklearwaffen spielen in der russischen Militärstrategie eine bedeutende Rolle; ihr frühzeitiger Einsatz – nach dem Motto „eskalieren, um zu deeskalieren" – ist in Militärübungen bereits durchgespielt worden.
Auch die neue Nuklearstrategie der USA setzt auf kleinere, präzisere Atomwaffen. Für die Modernisierung des amerikanischen Atomarsenals sind über einen Zeitraum von 30 Jahren Haushaltmittel von rund 1,7 Billionen Dollar eingeplant. Das neue Wettrüsten wird sich aber nicht, wie im Kalten Krieg, allein zwischen zwei Supermächten abspielen. Insgesamt neun Länder verfügen heute über Atomwaffen (USA, Russland, China, Frankreich, Großbritannien, Indien, Pakistan, Israel und Nordkorea). Eines davon, die Volksrepublik China, strebt den gleichen Weltmachtstatus an wie die USA. Abrüstungsverhandlungen werden daher künftig in einem gänzlich anderen strategischen Umfeld stattfinden als während des Kalten Krieges. Die alte Strategie des Gleichgewichts funktioniert nicht mehr. Multilaterale Verträge müssten an die Stelle bilateraler Abkommen treten.

Militärausgaben weltweit
in Milliarden US-Dollar[1]

- 2004: 1386
- 2009: 1757
- 2014: 1750
- 2019: 1922

Top 10 der Länder mit den höchsten Militärausgaben[2] 2019
Anteil an den gesamten Ausgaben weltweit in Prozent

- USA: 38,2 %
- China: 13,6[3]
- Indien: 3,7
- Russland: 3,4
- Saudi-Arabien: 3,2[3]
- Frankreich: 2,6
- Deutschland: 2,6
- Großbritannien: 2,5
- Japan: 2,5
- Südkorea: 2,3

[1] zu konstanten Preisen/Wechselkursen von 2018
[2] zu Preisen/Wechselkursen von 2019
[3] Schätzung

Quelle: Sipri

Zeichnung: Horst Haitzinger, Oktober 1981

Aber statt alle Anstrengungen auf den Bau einer neuen Rüstungskontrollarchitektur zu konzentrieren, sind in den Regierungen Zerstörer der alten, bisher leidlich funktionierenden Abkommen am Werk. Sie wollen sich von den Fesseln früherer Vereinbarungen befreien und sträuben sich dagegen, sich neuen vertraglichen Beschränkungen zu unterwerfen. 100 Jahre nach Ende des Ersten Weltkriegs beginnt ein neuer Rüstungswettlauf, und niemand soll sagen, es seien Schlafwandler am Werk gewesen. Diejenigen, die mit der Rüstungskontrolle Schluss machen wollen, sind hellwach. Sie wissen genau, was sie tun.

Matthias Naß, So beginnt ein neues Wettrüsten, 14.11.2018, in: https://www.zeit.de/politik/ausland/2018-11/inf-vertrag-landgestuetze-mittelstreckenraketen-nukleare-ruestungskontrolle-donald-trump

INFO

Schlafwandler
Der Hinweis bezieht sich auf das Sachbuch „The Sleepwalkers" (2012) des australischen Historikers Christopher Clark zur Entstehungsgeschichte des Ersten Weltkriegs.

M3 Neue Waffen – neue Kriege?

Das Internet stellt eine neue Dimension dar, in der Kriege geführt werden können. Dabei richten sich die Angriffe durch Cyberwaffen wie Computerviren und Bots gegen Regierungsnetzwerke, Infrastruktur oder geheime Forschungsanlagen. Sie können aber auch dem Ausspähen von Informationen oder Datenmanipulation sowie der Desinformation dienen. Urheber können Einzelne, Terroristen, nichtstaatliche Gruppen oder Regierungen sein. Für einen Computerangriff werden nur wenige „Kämpfer" benötigt, um einen massiven Schaden anzurichten. Sie operieren im virtuellen Raum und sind damit auch nur selten zurückzuverfolgen, denn sie müssen zur Kriegsführung nicht die Grenzen ihres Landes beziehungsweise ihren Aufenthaltsort verlassen. Umso schwieriger ist die Abwehr derartiger Angriffe. Bisher gibt es kein internationales Abkommen, das die Aufrüstung im virtuellen Raum kontrolliert und reguliert. Neben der neuen Dimension des Cyberangriffs sind durch den technologischen Fortschritt neue Waffensysteme entwickelt worden, die die Massenarmee des 20. Jahrhunderts ergänzen oder zukünftig ablösen werden. Eine zentrale Rolle spielen dabei die Effizienz und Präzision der Waffensysteme, um in einer kriegerischen Auseinandersetzung möglichst große Zerstörung bei minimalem Einsatz zu erreichen. Industriell fortgeschrittene Länder setzen Hightech-Waffen wie Drohnen ein, um mithilfe von Satellitenbildern Ziele zu zerstören. Die Piloten müssen sich hierfür nicht der direkten Konfrontation im Luftraum aussetzen, sondern operieren von eigenem Gebiet aus in den Konflikten. Waffensysteme, die ohne eine menschliche Steuerung agieren, werden bereits getestet, in der Luft und als unbemannte U-Boote. Verluste betreffen dann aufseiten der Angreifer nur noch das Material, das bei kleineren Drohnen leicht mit einem 3D-Drucker neu erstellt werden kann.

Die NATO hat auf das neue Bedrohungspotenzial mit der Einrichtung einer Cyberabwehr-Zentrale im belgischen Mons reagiert (2013).

INFO

Bots
(vom englischen robots = Roboter) werden Computerprogramme bezeichnet, die automatisiert Aufgaben abarbeiten. Hier wird der Begriff in negativen Sinn verwendet und bezeichnet schädliche, illegale Programme.

QUERVERWEIS

Weitere Informationen in Kapitel 2.2, S. 38f.

Stiftung Jugend und Bildung, Frieden und Sicherheit, Schülermagazin 2019, S.8

1 Im syrischen Bürgerkrieg wurden bereits mehrmals chemische Waffen eingesetzt. Erläutern Sie ausgehend von diesem Beispiel die besonderen Bedrohungen durch chemische und biologische Waffen (M1).
2 Vergleichen Sie Cyberwaffen mit herkömmlichen Waffensystemen (M3).
3 Die Karikatur in M2 ist während des Kalten Krieges entstanden. Beurteilen Sie ihre Aktualität vor dem Hintergrund der jüngsten Entwicklungen.
4 Mit neuen Waffensystemen kann man noch präziser als bisher Ziele treffen, ohne eigene Soldaten zu gefährden. Erörtern Sie, ob diese deshalb „humaner" sind (M3).

BASISKONZEPT

Privatheit und Öffentlichkeit

Terrorismus – die unsichtbare Bedrohung in unserer Mitte?

M 1 Terrorismus als weltweite Gefahr (2020)

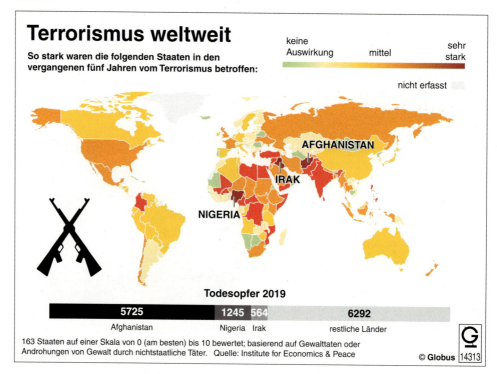

M 2 Merkmale und Ziele von Terrorismus

a) Definition

Als Terrorismus werden in der Regel die Gewalttaten sub- oder nichtstaatlicher Gruppierungen bezeichnet, die Staaten oder gegnerische Organisationen oder Bevölkerungsgruppen bekämpfen, mit einfachen Mordanschlägen auf Einzelpersonen bis hin zu Attentaten auf Flugzeuge, die mit an Bord geschmuggelten Bomben zum Absturz gebracht werden, oder mit Flugzeugen, die – wie am 11. September 2001 – entführt und in vorab bestimmte Ziele gelenkt werden.

Guido Steinberg, Terrorismus, in: Praxis Politik, 05/2017, https://www.westermann.de/anlage/4595760/Terrorismus-Basisbeitrag (Zugriff 23.07.2021)

b) Ziele

Entgegen weitverbreiteter Annahmen stellt nicht allein das Ausmaß der durch entsprechende Anschläge getöteten Menschen oder zerstörten Sachwerte das Hauptziel terroristischen Handelns dar, es besteht vor allem in der [...] psychologischen Wirkung, in der Verbreitung von Furcht und Schrecken. Insofern stellen solche Taten im strategischen Kalkül lediglich den Beginn eines angestrebten längerfristigen Wegs dar. Er soll in der Abschaffung der bestehenden politischen Ordnung und deren Ersetzung durch ein neues politisches System enden. Als einen Schritt auf dem Weg dorthin sehen Terroristen ihre Taten an, die als Botschaften an die Bevölkerung, den Staat oder andere Adressaten gelten können. Damit soll beispielsweise eine lethargische Bevölkerung zum Widerstand motiviert oder der Staat zu Überreaktionen gegen die Gesellschaft genötigt werden.

Armin Pfahl-Traughber: Terrorismus – Merkmale, Formen und Abgrenzungsprobleme, in: APUZ, 10.06.2016, https://www.bpb.de/apuz/228864/terrorismusmerkmale-formen-und-abgrenzungsprobleme (Zugriff 23.07.2021)

M 3 Wie groß ist die Bedrohung durch islamistische Anschläge?

Der Terrorismus-Experte Matthew Henman beurteilt in einem Interview mit der Deutschen Welle weltweite Risiken von Terrorangriffen.

Deutsche Welle: Die Zahl der weltweiten Terror-
anschläge ist 2018 im Vergleich zum Vorjahr um ein
Drittel gesunken. [...]
[Die] rückläufigen Anschlagszahlen in Syrien und Irak haben am meisten dazu beigetragen, dass die Zahl der Terroranschläge in der gesamten Welt gesunken ist. [...] Es geht vor allem auf die Schwächung des IS zurück.
Gibt es im Hinblick auf die Art der Terroranschläge
Veränderungen?
Die überwiegende Mehrheit der Gewalt, die wir beobachten, ist immer noch islamistisch. Aber wir sehen auch ein wachsendes Gewaltpotenzial des Rechtsextremismus. Die Zahlen, die wir da in Westeuropa oder in den USA haben, sind in keinster Weise mit denen islamistischer Gewalt zu vergleichen.
Welches sind die gefährlichsten Terrorgruppen
weltweit?
Es wäre ein schwerer Fehler und ein Irrglaube zu denken, dass der IS besiegt sei. Obwohl der IS den größten Teil seiner Gebiete verloren hat, war er im vergangenen Jahr mit Blick auf die Zahl der Todesopfer noch immer die tödlichste Terrororganisation der Welt. Die Bedrohung besteht nicht nur im Irak und Syrien weiter, sondern auch in Afghanistan, Westafrika, im Jemen, Somalia und in Südostasien bleibt die Gruppe aktiv. [...]
Wie sieht es in Europa aus – hat die Zahl der Anschläge dort zu- oder abgenommen?
Die Geschwindigkeit der Gewalt hat ein Stück weit nachgelassen und die Zahl der Todesopfer ist stark zurückgegangen. Es gab eine Reihe kleinerer Angriffe durch Terroristen, die wir als Einzeltäter einstufen würden, aber es gab im westlichen Europa keine größeren Massenanschläge wie in den Jahren davor. [...] Trotzdem bleibt das generelle Bedrohungslevel hoch, weil es in Westeuropa nicht nur um islamistische Gewalt geht, sondern auch rechter Extremismus auf dem Vormarsch ist – da geht es oft um Sachschäden oder niedrigschwellige Angriffe mit Verletzten. [...]
Was glauben Sie, wie sich die Zahl de Terroranschläge
weltweit entwickeln wird? Werden die noch weiter
zurückgehen oder wieder steigen, vor allem angesichts der aktuellen Entwicklungen im Nahen Osten?
Ich könnte mir vorstellen, dass es ungefähr so bleiben wird, vielleicht wird es einen leichten Anstieg an Anschlägen geben. Der IS [...] wird langsam wieder anfangen, die Zahl der Angriffe zu erhöhen, vor allem in Osten und Süden Syriens und im Nord- und Zentralirak. Die Aktivitäten ihrer Verbündeten an anderen Orten dürften auch weiter steigen.

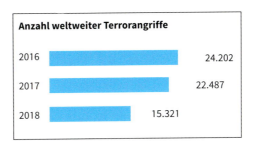

Anzahl weltweiter Terrorangriffe
- 2016: 24.202
- 2017: 22.487
- 2018: 15.321

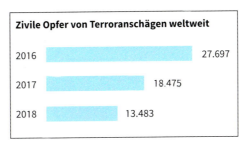

Zivile Opfer von Terroranschägen weltweit
- 2016: 27.697
- 2017: 18.475
- 2018: 13.483

INFO

IS
Abkürzung für Islamischer Staat, eine seit 2003 aktive islamistische Terrorgruppe, die ab 2014 Teile des Irak und Syriens besetzen und dort den sog. „Islamischen Staat" gründeten, der bis 2019 existierte.

GLOSSAR

Extremismus

Rahel Klein, Zahl der Terroranschläge weltweit deutlich gesunken, 28.01.2019 in: https://www.dw.com/de/zahl-der-terroranschl%C3%A4ge-weltweit-deutlich-gesunken/a-47257133-0

1. Beschreiben Sie die weltweite Verteilung terroristischer Anschläge.
2. Obwohl Deutschland nicht zu den besonders stark betroffenen Staaten gehört, äußerten 2018 in einer Umfrage der R+V-Versicherung 59 % der Befragten große Ängste vor terroristischen Anschlägen. Erklären Sie diesen Widerspruch.
3. Beurteilen Sie ausgehend von M3 die Bedrohungslage in Europa. Beziehen Sie dazu auch aktuelle Informationen aus dem Internet über terroristische Anschläge und Prävention von Anschlägen auf dem Kontinent mit ein.

Klimawandel und Ressourcenkonflikte als sicherheitspolitische Herausforderung

M1 Auswirkungen des Klimawandels – zwei Beispiele

a) Ein walisisches Dorf vor dem Aus

Fairbourne – ein kleines Dorf an der walisischen Küste, malerisch gelegen zwischen Strand und seichten Hügeln. Etwa 1.000 Menschen leben hier – aber mit der Idylle ist es vorbei. Denn inzwischen ist klar: Dieses Zuhause besteht nur noch auf Zeit.

Fairboune liegt nur knapp über Meereshöhe und die zuständigen Behörden wollen nicht mehr in den Hochwasserschutz investieren. Bei einem erwarteten Anstieg des Meeresspiegels um etwa einen Meter in den kommenden Jahrzehnten wäre das zu teuer – und für die Bewohner trotzdem zu gefährlich, wie Catrin Wager vom Gwynedd Council betont. [...] 2045, also in 26 Jahren, soll die Räumung beginnen und zehn Jahre später abgeschlossen sein. Sollte sich der Klimawandel beschleunigen, werden aber auch die Räumungspläne vorgezogen. Das Dorf wäre die erste Gemeinde in Großbritannien, die wegen des Klimawandels aufgegeben wird. [...] Das Dorf wird an anderer Stelle nicht wieder aufgebaut.

Die Barmouth Bridge verbindet Barmouth mit dem Nachbardorf Fairbourne, 2013

Imke Köhler, Ein walisisches Dorf vor dem Aus, in: Deutschlandfunk, 13.07.2019, https://www.deutschland-funk.de/klimawandel-ein-walisisches-dorf-vor-dem-aus.1773.de.html?dram:article_id=453806

b) Ressourcenkonflikt in Nigeria

Im nigerianischen Bundesstaat Benue treffen die nomadischen Viehzüchter des Stammes der Fulani, die in den trockenen Sommermonaten ihre Tiere auf die Wiesen der wasserreicheren Region treiben, die dort sesshaften Bauern. Doch durch höhere Bevölkerungszahlen und die Folgen des Klimawandels sind die überlebenswichtigen Ressourcen der Region knapp geworden – zu knapp, um sowohl die Bauern als auch die Viehzüchter zu versorgen. Der daraus resultierende Kampf um Wasser und Land wird mit zunehmender Brutalität geführt. Allein 80 Morde zählte man im Januar 2018 in Benue, die zumeist von verfeindeten Bauern und Viehzüchtern, die sich um den Zugang zu Wasser und Futtermitteln stritten, an Mitgliedern der jeweils anderen Gruppe verübt wurden. Konflikte dieser Art finden sich in der gesamten Sahelregion im Westen Afrikas. Gekämpft wird hier nicht um Territorium oder aufgrund religiöser Konflikte, sondern um den Zugang zu Ressourcen.

Wetterextreme häufen sich schon jetzt, wie hier die extreme Dürre in der Sahelzone, 2007

Stiftung Jugend und Bildung, Frieden und Sicherheit, Schülermagazin 2019, S. 12

M2 Klimawandel und Sicherheit: In welchem Zusammenhang stehen sie?

Der folgende Text entstammt dem fünften Sachstandsbericht des Zwischenstaatlichen Ausschusses für Klimaänderungen (IPCC) der UN von 2015. Der Bericht fasst den aktuellen Forschungsstand zusammen:

Der Klimawandel bedroht die gegenwärtige und künftige Sicherheit von Menschen. Fast nie ist es so, dass Sicherheitsprobleme nur eine Ursache haben – vielmehr resultieren sie meist aus der Wechselwirkung vieler Faktoren. Künftig wird der Klimawandel eine wichtigere Bedrohung werden, weil er Existenzgrundlagen, Kultur und Identität von Menschen gefährdet, Massenmigration verstärkt und es den Staaten zunehmend schwer macht, die Voraussetzungen für eine stabile Gesellschaft zu schaffen. Klimabedingte Spannungen können die nationale Sicherheit beeinträchtigen. [...] Erste Auswirkungen des Klimawandels zeigen sich bereits. Beispielsweise verändern sich landwirtschaftliche Erträge und Küstengebiete werden häufiger überflutet. [...] In den vergangenen Jahren sind viele Konflikte in relativ armen tropischen und/oder ariden Ländern ausgebrochen, in denen die Gesellschaften wenig robust sind. Sie werden wahrscheinlich zu jenen gehören, die künftig die Folgen des Klimawandels am stärksten zu spüren bekommen. Der Klimawandel könnte das Risiko gewaltsamer Konflikte in Form von Bürgerkriegen, Gewalt zwischen Gruppen und gewaltsamen Protesten erhöhen, indem er Triebkräfte solcher Konflikte wie Armut und wirtschaftliche Not verstärkt.

Manche Menschen können durch Wasser- und Nahrungsmittelknappheit, Krankheiten, Fluten, Dürren oder Konflikte in großer Zahl zur Flucht gezwungen werden. [...] Jede Erwärmung um ein Grad Celsius wird voraussichtlich die erneuerbaren Wasserressourcen für weitere sieben Prozent der Weltbevölkerung um mindestens 20 Prozent senken. [...] Die Nahrungsmittelproduktion wird in vielen Regionen wahrscheinlich leiden, bei wichtigen Nutzpflanzen wie Weizen, Mais und Reis wird mit Ernteeinbußen gerechnet. [...] Die Konkurrenz von Staaten um den Zugang zu Fanggründen könnte sich verschärfen. Und Gesellschaften, die besonders vom Fischfang abhängen, werden wahrscheinlich besonders getroffen.

Zeichnung: Gerhard Mester, 2015

Klimawandel: Was er für die Sicherheit bedeutet, Kernergebnisse aus dem Fünften Sachstandsbericht des IPCC, 2015, S. 7, www.klimafakten.de/sites/default/files/images/reports/printversion/branchenberichtsicherheit.pdf

M3 Gibt es tatsächlich schon Klimakriege?

Es ist bislang nicht möglich, einen eindeutigen Zusammenhang von Ursache und Wirkung nach dem Schema „Wenn Klimawandel, dann Gewaltkonflikt" nachzuweisen. Das ist allerdings nicht verwunderlich, gibt es doch im Prozess menschlichen Zusammenlebens niemals einfache Kausalitäten. [...] Indirekte Zusammenhänge stellen sich etwa so dar: In Gesellschaften mit stabiler Ordnung auf rechtsstaatlicher Grundlage wirken sich extreme Umweltereignisse – wie die Oderflut 1997 – keinesfalls so aus, dass die Leute, die Haus und Hof verloren haben, aufeinander losgehen. Denn zwischendurch waren Technisches Hilfswerk, Bundeswehr und besorgte Ministerpräsidenten da, die Betroffenen waren versichert, und aus politischen Gründen wurde auch „unbürokratisch und schnell" staatliche Hilfe mobilisiert. In Gesellschaften mit schwacher oder gar keiner Ordnung, [...] ist dies alles nicht der Fall. Wenn hier durch Dürren Land verloren geht, um das beispielsweise Kleinbauern und Nomaden konkurrieren, entstehen schnell Gewaltkonflikte, und nicht selten eskalieren sie und werden dauerhaft, weil es Milizen, Warlords und andere private Gewaltunternehmer gibt, für die Gewaltkonflikte eine fantastische Geschäftsgrundlage bilden.

So war es in der Region Darfur im Sudan, in der das Umweltprogramm der Vereinten Nationen schon 2007 so etwas wie den ersten Klimakrieg identifizierte. So eindeutig ist es selten. Aber auch der Krieg in Syrien hat für viele seine Ursache in der Dürreperiode, die dem Kriegsausbruch vorausging. Sie führte dazu, dass viele Menschen vom Land in die Städte gehen mussten. Statt das mit Hilfeleistungen vor Ort zu verhindern, reagierte das Assad-Regime mit Kürzungen der Unterstützungsleistungen, was die Rebellionsbereitschaft – wir befinden uns in der Zeit der um sich greifenden „Arabellion" – heftig schürte. Also auch hier: eine indirekte Folge, aber eine Folge.

> **INFO**
>
> **Arabellion**
> (auch „arabischer Frühling" genannt) bezeichnet eine Serie von Aufständen und Protesten (2011) im arabischen Raum.

Harald Welzer, Wer vom Klimawandel spricht, darf vom Kapitalismus nicht schweigen, 08.06.2018, in: https://www.sueddeutsche.de/kultur/naturgewalt-mensch-wer-vom-klimawandel-spricht-darf-vom-kapitalismus-nicht-schweigen-1.4001415

1. Erläutern Sie die Auswirkungen des Klimawandels (M1).
2. Analysieren Sie die Karikatur (M2).
3. Erklären Sie, warum ein eindeutiger Zusammenhang zwischen Klimawandel und Konflikten bisher noch nicht nachgewiesen werden konnte (M2, M3).
4. Entwickeln Sie Vorschläge zur Bekämpfung sicherheitsrelevanter Folgen des Klimawandels.

BASISKONZEPT

Interesse und Gemeinwohl

Fragile Staaten als Konflikttreiber von Bürgerkriegen

M1 Der Südsudan – ein Staat vor dem Abgrund

Noch immer kann sich ein Großteil der Bevölkerung im Südsudan nicht selbst versorgen und ist auf Lebensmittelspenden und die Unterstützung von Hilfsorganisationen angewiesen (2019).

Bereits die Gründung im Juli 2011 stand für den jüngsten Staat der Welt unter schlechten Vorzeichen: Der ostafrikanische Staat gehörte nach mehreren Bürgerkriegen hinsichtlich seiner wirtschaftlichen und sozialen Indikatoren zu den ärmsten der Welt. Es existierten keine funktionierende Verwaltung, Polizei und Justiz; das Gesundheitswesen war mangelhaft, die Armee überdimensioniert und illoyal. Die ethnischen Gruppen im Norden und Süden des Landes verband wenig. Sie rivalisierten von Beginn an um Macht, Land, Vieh und die Ölfelder – zusammengefasst: keine guten Voraussetzungen für eine gelungene Entwicklung des jungen Staates.

2013 brach erneut ein fünfjähriger Bürgerkrieg aus, der die gesamte Region destabilisierte. Mehr als eine Million Menschen flüchteten in die Nachbarstaaten Uganda, Äthiopien und Sudan. 2016/2017 konnte auch die UNO nicht den Ausbruch einer Hungersnot verhindern. Die ständigen Kämpfe beschleunigten den wirtschaftlichen Niedergang des Landes. Auf internationalen Druck schlossen die Konfliktparteien im September 2018 einen Friedensvertrag. Ob damit der Weg in eine hoffnungsvollere Zukunft geebnet wurde, bleibt abzuwarten.

Autorentext

M2 Fragile Staaten – eine Bedrohung auch für unsere Sicherheit?

GLOSSAR

NGO

Ob in Afghanistan, Südsudan, Irak oder Syrien – als Hauptursache für innerstaatliche Konflikte gilt die Schwäche des Staates. Staaten, die ihre Aufgaben nicht mehr wahrnehmen können, werden „fragil", „zerfallen" oder „kollabiert" genannt. Hier setzt die Politik der internationalen Gemeinschaft an. [...]

In der Regel entstehen innerstaatliche Konflikte [...] nicht dort, wo der Staat zu stark, sondern wo er zu schwach ist. Diese Staaten werden als „fragil" (oder als „zerfallen", „kollabiert") bezeichnet, da sie zentrale staatliche Aufgaben nicht (mehr) erfüllen können. Das bedeutet, dass in weiten Teilen oder im gesamten Staatsgebiet die öffentliche Sicherheit nicht gewährleistet, kaum Dienstleistungen (z. B. in den Bereichen Bildung oder Gesundheit) angeboten und die Verordnungen der Regierung unzureichend oder überhaupt nicht durchgesetzt werden können. Gleichwohl bedeutet fragile Staatlichkeit nicht, dass diese Gesellschaften in eine schrankenlose Anarchie abrutschen, in denen keinerlei Ordnung mehr besteht und jeder Mensch ums nackte Überleben kämpfen muss. Stattdessen treten alternative Akteure und Strukturen in den Vordergrund, die das gesellschaftliche Leben organisieren. Wo der Staat unfähig ist, die Sicherheit und Versorgung seiner Bürger zu garantieren, treten traditionelle Autoritäten und Herrschaftsstrukturen sowie zivilgesellschaftliche Gruppen an seine Stelle. Stammesfürsten, religiöse Autoritäten oder Dorfälteste sorgen für Sicherheit, erlassen Gesetze, erheben Steuern und sitzen zu Gericht. Und nationale und internationale NGOs nehmen wichtige soziale und Entwicklungsaufgaben wahr. [...] Diese Strukturen weisen sowohl Licht- als auch Schattenseiten auf. Einerseits verfügen traditionelle Autoritäten über beträchtlichen Einfluss und sind mit der Situation vor Ort gut vertraut. Andererseits sind auch Chiefs, Älteste und Kirchenvertreter nicht gegen Korruption und Machtmissbrauch gefeit – und da sie keine öffentlichen Ämter bekleiden, gibt es auch keine Prozedu-

2.1 Welche Gefahren bedrohen unsere Sicherheit? **31**

ren für Beschwerden oder ihre Abwahl. Besonders problematisch ist das Wirken sogenannter Warlords, die sich durch Waffengewalt lokale Kriegsfürstentümer angeeignet haben und meist nur an deren Erhalt und an wirtschaftlichem Gewinn interessiert sind. Die Politik zur Überwindung fragiler Staatlichkeit wird als Staatsbildung bezeichnet (englisch: „state-building", oft missverständlich auch „nation-building"). Ganz oben auf der Agenda steht der Aufbau bzw. die Stärkung der zentralen staatlichen Institutionen, z. B. Polizei, Justiz, Verwaltung und Militär. Der (Wieder-)Aufbau von Staaten ist in den vergangenen Jahren zu einem wichtigen Feld der humanitären Nothilfe, der Entwicklungszusammenarbeit und der Friedensförderung geworden. Die bisherigen Erfahrungen mit von außen unterstützter Staatsbildung sind gemischt – entsprechende Maßnahmen erreichen oft nur Teilziele und schüren neue politische Konflikte.

Daniel Lambach, Fragile Staatlichkeit als Konfliktursache und Möglichkeiten der Bearbeitung, 2.5.2016, in: http://www.bpb.de/internationales/weltweit/innerstaatliche-konflikte/54545/fragile-staatlichkeit

> **INFO**
>
> **Fragile Staaten**
> In vielen Staaten der Welt ist ein Kreislauf aus Armut, Unterdrückung und Gewalt zu beobachten, der nur schwer zu durchbrechen ist. Früher nannten Experten diese Länder „Failed States", also gescheiterte Staaten. Heute benutzen sie vorwiegend den Begriff „Fragile States", schwache, zerbrechliche Staaten. Geprägt hat ihn die NGO „Fund for Peace".

M 3 Der Fragile-Staaten-Index

Fragile und stabile Staaten

Der „Fragile States Index 2021" bewertet die Gefahr von 179 Ländern zu kollabieren anhand von zwölf Bereichen wie z. B. wirtschaftliche Entwicklung, Abwanderung von Fachkräften und Menschenrechte.

◀ fragil/sehr schwach   **Anzahl der Länder**   zukunftsfähig/sehr stabil ▶

| 3 | 27 | 59 | 28 | 45 | 17 |

fragilste Staaten
Rang 1 Jemen
2 Somalia
3 Syrien

stabilste Staaten
179 Finnland
178 Norwegen
177 Island
176 Neuseeland
175 Dänemark
...
167 Deutschland

Quelle: The Fund for Peace

Der NGO „Fund for Peace" veröffentlicht jährlich in Zusammenarbeit mit der Zeitschrift Foreign Policy den Fragile-Staaten-Index. Anhand von zwölf sozialen, wirtschaftlichen, politischen und militärischen Kategorien wird ein Wert ermittelt und in einem Ranking erfasst. Je höher der Wert, desto geringer die staatliche Stabilität. 2021 waren die Länder mit den höchsten Indexwerten der Reihenfolge nach Jemen, Somalia, Syrien, Südsudan, Demokratische Republik Kongo, Zentralafrikanische Republik, der Tschad, Sudan und Afghanistan.

Autorentext

1. Erklären Sie anhand der in M2 genannten Merkmale, warum der Südsudan ein fragiler Staat ist (M1).
2. Begründen Sie, warum fehlende „Staatlichkeit" eine Bedrohung für den inneren Frieden eines Staates sein kann (M2, M3).
3. Überprüfen Sie, ob ein funktionierender Staat eine unabdingbare Voraussetzung für Sicherheit und Frieden ist (M3). Beziehen Sie dazu auch die Grafik auf S. 34 mit ein.
4. In der deutschen Bevölkerung begegnet man manchmal der Einstellung, dass fragile Staaten und Bürgerkrieg Deutschland nichts angingen. Bewerten Sie diese Einstellung.

Der erweiterte Sicherheitsbegriff – die adäquate Antwort auf die Risiken?

M1 Was ist Sicherheit

Sicherheit ...

... ist die Abwesenheit von Bedrohung der erreichten wirtschaftlichen, kulturellen und moralischen Werte. (Arnold Wolfers 1952) [...]

... bezeichnet im Völkerrecht den Zustand eines Staates, in dem dieser einen wirksamen Schutz gegen von außen drohende Gefahren für seine Existenz, seine Unabhängigkeit und seine territoriale Integrität genießt (Dieter Deisenroth 2000) [...]

... ist ein Zustand, in dem sich Individuen, Gruppen und Staaten nicht von ernsten Gefahren bedroht fühlen bzw. sich wirksam von ihnen geschützt sehen und ihre Zukunft nach eigenen Vorstellungen gestalten können. (Ernst-Christoph Meier u. a. 2012)

... beinhaltet viel mehr als nur die Abwesenheit gewaltsamer Konflikte. Sie umfasst Menschenrechte, verantwortungsvolle Regierungsführung (good governance), Zugang zu Bildung und Gesundheit sowie eine Gewährleistung, dass jedes Individuum die Freiheiten und Möglichkeiten hat, sein Potenzial zu entfalten. (Commission on Human Security 2003)

Thomas Nielebock, Frieden und Sicherheit – Ziele und Mittel der Politikgestaltung, in Deutschland & Europa, 71/2016, S. 71. Online unter: http://www.deutschlandundeuropa.de/71_16/herausforderung_sicherheitspolitik.pdf, S. 71

M2 Von der nationalen zur erweiterten Sicherheit

Bis Ende der achtziger Jahre des letzten Jahrhunderts standen Aspekte militärischer Sicherheit im Vordergrund. Nach der Auflösung der Militärblöcke und im Zuge der Globalisierung wurde der Begriff um weitere Dimensionen ergänzt.

Die Referenzdimension

Zunächst stellt sich die Frage, auf wen sich Sicherheitspolitik – sei es die eines Staates oder einer internationalen Organisation – eigentlich bezieht, oder besser: Wessen Sicherheit soll gewährleistet werden? Historisch ist der Sicherheitsbegriff eng mit der Konsolidierung des Staates als Akteur der internationalen Politik verbunden. In der frühen Neuzeit etablierte sich der Nationalstaat als Garantiemacht für die Sicherheit seiner Untertanen. [...]

Einen Schritt weiter geht das Konzept der „menschlichen Sicherheit" (human security), das seit den 1990er Jahren diskutiert wird. Hier ist nicht der Staat oder Gesellschaft als Kollektiv das Referenzobjekt, sondern das menschliche Individuum. [...]

Menschliche Sicherheit bedeutet deshalb nicht nur den Schutz des Individuums vor Krieg und Gewalt, sondern auch die Gewährleistung derjenigen Funktionen, die ein individuelles Leben in Freiheit und Würde ermöglichen. Mit diesem Perspektivwechsel geraten neue Gefahren für Sicherheit in den Blick: Kriminalität, soziale Not, Krankheit, Armut, Arbeitslosigkeit, Migration, illegaler Drogen- und Waffenhandel und vieles mehr.[...] Die Konsequenz ist eine diffuse Forderung, nicht nur den zwischenstaatlichen Frieden zu erhalten, sondern darüber hinaus die Menschen von den Folgen von Kriegen, Bürgerkriegen, Terroranschlägen und

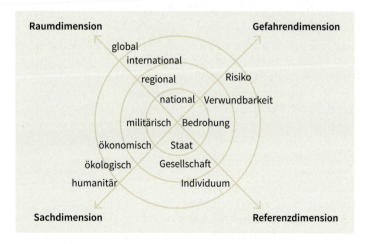

Daase, a. a. O., S. 10

zerfallender Staatlichkeit, vor Naturkatastrophen, Hungersnöten und Krankheiten, vor den Folgen der Umweltzerstörung und Ressourcenknappheit zu schützen. [...]

Die Sachdimension
Traditionell sind Sicherheitsprobleme als militärische wahrgenommen worden. [...] Die Ölkrisen der Jahre 1973 und 1979 machten den Menschen klar, dass ihr Wohlergehen nicht nur von militärischen Bedrohungen, sondern auch durch wirtschaftliche Verwundbarkeit gefährdet war. Der Sicherheitsbegriff wurde folglich erweitert und umfasste fortan auch den Zugang zu Öl oder anderen strategischen Ressourcen. [...] Eine weitere Ausdehnung erfuhr der Sicherheitsbegriff durch die Einbeziehung ökologischer Aspekte. 1987 betonte der Brundtland-Report", dass die Zerstörung der Umwelt dazu führe, „die Sicherheit im globalen Maßstab zu bedrohen". Seither werden unter dem Begriff „Ökologische Sicherheit" (environmental security) Umweltprobleme als Sicherheitsprobleme diskutiert. [...] Humanitäre Sicherheit bezieht sich nicht nur auf die Sicherung von Schutzzonen und Katastrophenhilfe, sondern auch auf die Gewährleistung elementarer Menschenrechte im Rahmen einer allgemeinen Schutzverantwortung (responsibility zu protect). [...]

Die Raumdimension
Traditionell bezieht sich Sicherheit auf das nationale Territorium eines Staates.][...] Der Begriff internationale Sicherheit" bezieht sich auf zwischenstaatliche Kooperationsanstrengungen mit dem Ziel internationaler Stabilität. Der Begriff der „globalen Sicherheit" bezieht sich [...] auf die Menschheit als Ganzes und die Aussicht auf eine globale Weltgesellschaft freier Individuen.

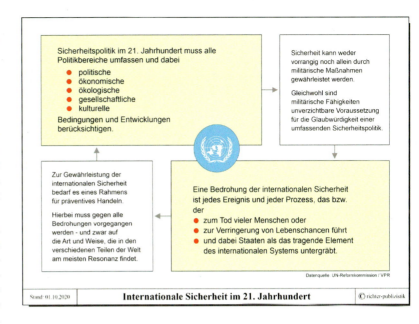

Die Gefahrendimension
Traditionell werden Sicherheitsprobleme als Bedrohungen wahrgenommen und auf der Grundlage relativ sicheren Wissens über feindliche Akteure, ihre Absichten und ihre Militärpotenziale eingeschätzt. So war es paradigmatisch während des Kalten Krieges. [...] Ein weiterer Schritt zur Ausweitung des Gefahrenspektrums – und folglich des Sicherheitsbegriffs – ist die Bezeichnung von Sicherheitsproblemen als Risiken nach dem Ende des Kalten Krieges. [...] Die Verbreitung von Massenvernichtungswaffen, transnationaler Terrorismus, organisierte Kriminalität, Umweltzerstörung und viele andere Probleme werden als nationale, internationale und globale Sicherheitsrisiken diskutiert. Was sie eint, ist ihre relative Unbestimmtheit. [...] Wenn Sicherheitspolitik Risiken begegnen soll, kann sie nicht länger reaktiv bleiben wie während des kalten Kriegs, sondern muss proaktiv werden und Gefahren identifizieren, bevor sie sich zu Bedrohungen auswachsen.

Christopher Daase, Wandel der Sicherheitskultur, in: Aus Politik und Zeitgeschichte 50/2010, S. 10 ff.

1 Welche der in M1 aufgeführten Definitionen entspricht am ehesten ihren eigenen Vorstellungen von Sicherheit? Tauschen Sie sich dazu in Kleingruppen aus.
2 Vergleichen Sie die vier Dimensionen des erweiterten Sicherheitsbegriffs und grenzen Sie ihn gegenüber dem traditionellen Sicherheitsbegriff ab (M2).
3 Begründen Sie die Notwendigkeit internationaler Kooperation als Konsequenz der Erweiterung des Sicherheitsbegriff (M2).

2.2 Wie werden Kriege im 21. Jahrhundert geführt?

Das neue Gesicht des Krieges: asymmetrisch, transnational, verstetigt

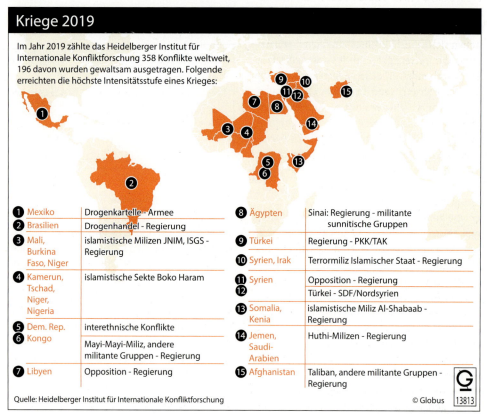

M1 Regionale Verteilung von Kriegen

Kriege 2019

Im Jahr 2019 zählte das Heidelberger Institut für Internationale Konfliktforschung 358 Konflikte weltweit, 196 davon wurden gewaltsam ausgetragen. Folgende erreichten die höchste Intensitätsstufe eines Krieges:

❶	Mexiko	Drogenkartelle - Armee	❽ Ägypten	Sinai: Regierung - militante sunnitische Gruppen
❷	Brasilien	Drogenhandel - Regierung	❾ Türkei	Regierung - PKK/TAK
❸	Mali, Burkina Faso, Niger	islamistische Milizen JNIM, ISGS - Regierung	❿ Syrien, Irak	Terrormiliz Islamischer Staat - Regierung
❹	Kamerun, Tschad, Niger, Nigeria	islamistische Sekte Boko Haram	⓫ Syrien ⓬	Opposition - Regierung / Türkei - SDF/Nordsyrien
❺ ❻	Dem. Rep. Kongo	interethnische Konflikte / Mayi-Mayi-Miliz, andere militante Gruppen - Regierung	⓭ Somalia, Kenia	islamistische Miliz Al-Shabaab - Regierung
			⓮ Jemen, Saudi-Arabien	Huthi-Milizen - Regierung
❼	Libyen	Opposition - Regierung	⓯ Afghanistan	Taliban, andere militante Gruppen - Regierung

Quelle: Heidelberger Institut für Internationale Konfliktforschung

Als bewaffneten Konflikt bezeichnet man eine Auseinandersetzung zwischen den Streitkräften verschiedener Staaten (internationaler Konflikt) oder zwischen Militär und/oder Aufständischen innerhalb eines Staates (nichtinternationaler Konflikt). Dabei wenden die Beteiligten in ausgedehnter Form und über einige Zeit Waffengewalt an. Krieg gilt als die höchste Intensitätsstufe eines Konflikts mit über 1000 Toten pro Jahr. Eine einheitliche Definition der Begriffe existiert allerdings nicht.

Autorentext

M2 Vom klassischen Staatenkrieg zum neuen Krieg

Der **Staatenkrieg**, wie er für das moderne Europa bis 1945 charakteristisch war, zeichnete sich dadurch aus, dass die beteiligten Akteure allesamt Staaten waren oder genauer: von der Regierung zentral organisierte, ausgerüstete und befehligte Streitkräfte. Das sorgte für eine grundlegende Symmetrie der Kriegsführung, bei der die Streitkräfte der beteiligten Staaten in zumeist offenen Schlachten direkt aufeinandertrafen. Entsprechend waren die Opfer des Krieges in erster Linie Soldaten (Kombattanten). Die unmittelbaren Ziele der Kriegsführung waren überwiegend territorial. [...] Der Staatenkrieg [...] hatte einen formellen Beginn (die Kriegserklärung) und ein formelles Ende (den – zumeist vertraglichen – Friedensschluss), und es bestanden zunächst informelle, später auch zunehmend formalisierte Regeln für das Verhalten im Krieg – zum Beispiel über den Umgang mit Kriegsgefangenen oder mit der Zivilbevölkerung und das Verbot bestimmter Waffen. Krieg war ein zeitlich begrenzter Ausnahmezustand.

Beim **klassischen („alten") Bürgerkrieg** stehen sich innerhalb eines staatlichen Territoriums die Verteidiger und die Herausforderer der bestehenden Staatsgewalt gegenüber. Die Herausforderer [...] wollen die alte Herrschaftsordnung durch eine neue (z. B. demokratische oder sozialistische) ersetzen. Beim „nationalen" Befreiungskrieg" geht es hingegen um die Beseitigung (z. B. von kolonialer) Fremdherrschaft. In jedem Fall ist die Motivation [...] darauf gerichtet, gewaltsam an die Macht zu gelangen, also die staatlichen Herrschaftspositionen zu besetzen. [...] Bürgerkriege können durchaus symmetrisch sein – etwa wenn eine nach dem Vorbild staatlicher Streitkräfte aufgestellte „Befreiungsarmee" den Regierungstruppen gegenübertritt. Weil die Herausforderer der Staatsgewalt aber oft über schwächere militärische Ressourcen verfügen als deren Verteidiger wählen sie Guerilla- oder Partisanentaktiken, um den materiellen Vorteil der Gegenseite wettzumachen. Daraus ergibt sich eine asymmetrische Kriegsführung. [...]

[Die Akteure] des **neuen Krieges** [...] wenden sich gegen jegliche Staatsgewalt und richten sich in einem Zustand der Abwesenheit staatlicher Ordnung ein. Es handelt sich um Kriegsbanden, die vom und für den Krieg leben. Ihre Motive mögen unterschiedlicher Art sein: ethnische Milizen, Gotteskrieger oder schlicht Kriegsunternehmer mit kommerziellen Interessen. In jedem Fall wird der Krieg für sie zur Hauptbeschäftigung, zum Lebensin- und -unterhalt. Damit gibt es im neuen Krieg auch keine klare Trennung von Kriegs- und Friedenszeiten [...] Zivilisten sind direktes Ziel und Hauptleidtragende in den neuen Kriegen – durch Zwangsabgaben an die Kriegsbanden, durch Zwangsrekrutierung (auch von Kindersoldaten) oder als Opfer (z. B. von „ethnischen Säuberungen"). Der neue Krieg ist nicht nur regellos, sondern zeichnet sich durch besondere Brutalität aus, wie sie sich in der Brandschatzung ganzer Dörfer, Massentötungen und systematischen Vergewaltigungen zeigt. Partisanenkrieg und Terrorismus sowie Gewaltformen wie Geiselnahmen und Raub, die von kriminellen Handlungen kaum noch zu unterscheiden sind, treten an die Stelle direkter militärischer Konfrontation. Die Abwesenheit staatlicher Ordnung zeigt sich im neuen Krieg auch daran, dass er auf staatliche Grenzen keine Rücksicht nimmt. Vielmehr zeichnet er sich durch grenzüberschreitende Kampfhandlungen und Verflechtung der Kriegsbanden aus. In der Realität findet man den Typus des neuen Krieges selten in reiner Form vor, sondern in Mischformen mit klassischen Bürgerkriegen oder auch Staatenkriegen.

Frank Schimmelfennig, Internationale Politik, Paderborn 2017, S. 196 ff.

	Alte Kriege	Klassische Bürgerkriege	Neue Kriege
Akteure	???	Staaten gegen politische Opposition	???
Struktur	zwischenstaatlich	???	Transnational
Ziele	???	Ideologisch, national	Ethnisch, religiös, kommerziell
Opfer	Kombattanten	Kombattanten, Zivilbevölkerung	???
Art der Kriegsführung	???	???	Asymmetrisch
Regulierung	Diplomatie Völkerrecht	erfolgt nicht	???
Zeitstruktur	???	Informell, Ende nach Erreichen der Ziele oder Niederlage	???

INFO

Kombattant
Der Begriff kommt aus dem Völkerrecht und bezeichnet Gruppen, die allein zu Kampfhandlungen berechtigt sind – unabhängig von der Rechtmäßigkeit eines Krieges. Dazu zählen reguläre Streitkräfte und nach einer neueren Auffassung auch Milizen. Sie haben nach der Genfer Konvention im Falle einer Gefangennahme besondere Rechte.

1 Beschreiben Sie anhand von M1 die regionale Verteilung von Kriegen im Jahr 2019.
2 Vervollständigen Sie das Schaubild, indem Sie die Fragezeichen durch geeignete Stichwörter auf der Grundlage des Textes von M 2 ersetzen.
3 Charakterisieren Sie anhand der Übersicht den Wandel von klassischen Kriegen zu neuen Kriegen.
4 Wählen Sie drei Beispiele aus M1 und ordnen Sie diese den jeweiligen Kriegstypen zu.

Ordnung und Struktur

Stell dir vor, es ist Krieg – und keiner merkt es …

M 1 Hybride Kriege – die unsichtbaren Kriege

Zeichnung: Heiko Sakurai, 2014

INFO

binär
zweiteilig

Lisa aus Marzahn
Ein Vermisstenfall einer 13-jährigen Schülerin aus Berlin Marzahn, die 2016 auf dem Schulweg verschwand, am nächsten Tag wieder auftauchte und von einer Vergewaltigung durch zwei „südländisch aussehende Männer" berichtete. Im Zuge der Flüchtlingskrise von 2015 wurde dieser Fall in deutsch-russischen Kreisen und durch v.a. russische Medien gestützt zu Propaganda-Zwecken ausgenutzt. Die Behauptung der Vergewaltigung erwies sich später als falsch.

Schon seit einiger Zeit sind die klassischen Kriege zwischen zwei Staaten nicht mehr die Norm. Die Grenze zwischen Krieg und Frieden verwischt immer stärker, und sie wird aus strategischen Gründen absichtlich vernebelt. Nach der Krim-Krise wurde diese Tatsache zum ersten Mal in aller Schärfe offenbar. Bis die Staaten des Westens tatsächlich begriffen, dass Moskau die zur Ukraine gehörende Halbinsel dem eigenen Herrschaftsbereich wieder einverleiben will, war die Krim schon annektiert. […] Die Art der „Eroberungen" war nebulös.
Heute wird nicht mehr bezweifelt, dass Russlands Präsident Wladimir Putin seinerzeit erstmals konsequent Prinzipien der so genannten hybriden Kriegsführung angewandt hat. Diese ist seither zu einer der primären Herausforderungen westlicher Sicherheitspolitik avanciert.

Was bedeutet hybride Kriegsführung eigentlich?
Der Begriff beschreibt eine „flexible Mischform der offen und verdeckt zur Anwendung gebrachten, regulären und irregulären, symmetrischen und asymmetrischen, militärischen und nichtmilitärischen Konfliktmittel mit dem Zweck, die Schwelle zwischen den insbesondere völkerrechtlich so angelegten binären Zuständen Krieg und Frieden zu verwischen". So hat es der Politikwissenschaftler Florian Schaurer vom Zentrum Informationsarbeit der Bundeswehr definiert. Dabei werden nicht in erster Linie militärische Mittel – also Armeen und Waffen – eingesetzt, um die eigenen politischen Ziele zu erreichen. Ein zentrales Element ist „die Verschleierung eigener Absichten, Fähigkeiten und Handlungen" mit Hilfe von Propaganda und Desinformation. „Hybride Kriegsführung operiert auf höchst kreative Weise größtenteils unterhalb juristisch bestimmbarer Intensitätsschwellen", erklärte Schaurer. Das macht die Abwehr so schwierig, denn es „nimmt dem Verteidiger die Eindeutigkeit eines Reaktionsgrundes".

Kann man überhaupt von Krieg sprechen?
[…] Tatsächlich waren hybride Taktiken und Kriegslisten schon immer Bestandteil der Kriegsführung, wie Claudia Major und Christian Mölling von der Stiftung Wissenschaft und Politik erläutern. Neu ist aber die konsequente Orchestrierung der Aktionen und die Tatsache, dass Streitkräfte in den hybriden Auseinandersetzungen unserer Tage „nicht primär Mittel der Gewaltanwendung sind, sondern als Drohkulisse dienen". Irreguläre Maßnahmen – etwa Propagandaoffensiven zur Aufwiegelung von Minderheiten oder das Abstreiten verdeckter Militäroperationen – „sollen den Konflikt in Bereiche tragen, in denen die (militärischen) Fähigkeiten des Gegners weniger entscheidend sind". Deshalb müssen Nato und EU nach Auffassung von Claudia Major und Christian Mölling eine Lehre aus der Ukraine-Krise ziehen: „Dass der Beginn einer Eskalation derzeit wohl nicht in der Invasion einer Panzerdivision aus dem Osten bestehen würde, sondern darin, dass Staaten von innen destabilisiert werden, etwa indem man Minderheiten aufwiegelt."

Welche Belege gibt es jenseits der Ukraine-Krise?
Die baltischen Staaten befürchten seit Langem, dass Russland ihre russischsprachigen Minderheiten in Estland, Lettland und Litauen ins Visier nimmt und Unzufriedenheit schürt. Die Bundesrepublik hat bei dem mit Hilfe russischer Propaganda-TV-Sendungen in deutscher Sprache hochgespielten Beispiel der vermeintlich vergewaltigten Lisa aus Marzahn eine Ahnung davon bekommen, was das heißen kann. Trotz erwiese-

ner Unwahrheit des Vorwurfs, gingen tausende Russlanddeutsche in verschiedenen deutschen Städten und vor dem Kanzleramt auf die Straße, weil die Behörden einer der Ihren angeblich jeden Beistand verweigerten. [...]
Im Internet finden die absurdesten Thesen einen weiten Echoraum. Neben den Gerüchteverbreitern im Netz haben die klassischen Medien, die Nachrichten vor der Veröffentlichung auf ihren Wahrheitsgehalt prüfen, ihre Torwächterrolle verloren. Tatsächlich können Propagandisten Soziale Medien als Brandbeschleuniger der Desinformation nutzen.

Soldaten im Ukraine-Konflikt, 2014

Bärbel Krauß, Der Krieg, den keiner sieht, in: https://www.stuttgarter-zeitung.de/inhalt.hybride-kriegsfuehrung-der-krieg-den-keiner-sieht.4cc4e7ee-2cd3-4179-9aeb-509478eece05.html, 10.02.2016, (Zugriff: 01.02.2021)

M2 Soll Deutschland eine Führungsrolle bei der Verteidigung gegen hybride Kriegsführung übernehmen?

Deutschlands Verbündete fordern seit Jahren, die Ausgaben für Verteidigung auf die im Rahmen der NATO vereinbarten 2 Prozent des Bruttoinlandsproduktes zu steigern. Von großen Teilen der deutschen Bevölkerung werden höhere Ausgaben für die Bundeswehr abgelehnt. Wäre der Aufbau hybrider Verteidigungskapazitäten ein Ausweg aus dem Dilemma?
Im militärischen Bereich sind die NATO-Staaten und ihre Verbündeten zumeist gut aufgestellt: Gegen Panzer und Marschflugkörper wappnet sich die Allianz seit Jahrzehnten. [...] Der Westen braucht aber auch dringend Konzepte und Übungen gegen nichtmilitärische Angriffe auf Unternehmen und die Bevölkerung. Sie sind billig und effektiv. Es ist kaum möglich, die Angreifer zu identifizieren, geschweige denn ihnen etwas entgegenzusetzen. Und das obwohl solche Grauzonenangriffe schlimmsten Schäden anrichten können. Vor zwei Jahren wurde Maersk, der größte Reeder der Welt, mehrere Tage lang vom vermutlich russischen NotPetya-Virus lahmgelegt. An Verteidigung gegen hybride Kriegsführung müssen sich daher auch Unternehmen, Lokalpolitiker und Wohlfahrtsverbände beteiligen. Sie sollten eingeladen werden, mit Regierungen und Streitkräften gemeinsam Sicherheitspläne zu entwickeln und die Verteidigung gegen nichtmilitärische Angriffe üben. Da hybride Kriegsführung keine geographischen Grenzen kennt, kann und sollte über eine entsprechende Verteidigung auch nationenübergreifend Einvernehmen erzielt und geübt werden. [...] Hier könnte Deutschland die Führung übernehmen. Das neue Unterstützungskommando der NATO in Ulm (JSEC) wäre dafür bestens geeignet.
[...] Auch bei der Forschung und Entwicklung bietet sich eine Möglichkeit für Deutschland. [...]
Die wenigsten würden sich mit Verteidigungsausgaben für Forschung und Verteidigung gegen Viren und Desinformationskampagnen schwertun, zumal sie im Vergleich zur Entwicklung und Produktion von militärischem Großgerät äußerst günstig sind. Gleichzeitig ist hybride Verteidigung heute unentbehrlich. Die Investitionen in sie könnten sich für Deutschland und seine Verbündeten gleichermaßen auszahlen: Sie wären eine klassische Win-Win-Situation.

Elisabeth Braw: Eine Schlüsselrolle für Deutschland, in: https://www.faz.net/aktuell/politik/ausland/hybride-kriegsfuehrung-deutschlands-schluesselrolle-16050524.html, 26.02.2019 (Zugriff: 03.02.2021)

1. Analysieren Sie die Karikatur (M1).
2. Erläutern Sie Ziele, Strategie und Methoden der hybriden Kriegsführung (M1)
3. Begründen Sie, warum hybride Kriegsformen so schwierig zu bekämpfen sind (M1)
4. Erörtern Sie ausgehend von M2, ob sich Deutschland in seinen Verteidigungsanstrengungen auf hybride Bedrohungen konzentrieren sollte.

2.3 Welche Erklärungen liefern Theorien der internationalen Beziehungen?

Kooperation oder nicht? Ansätze der Spieltheorie

M 1 Das Gefangenendilemma

Schema des Gefangenendilemmas

		B	
		reden (D)	schweigen (C)
A	reden (D)	5 : 5	0 : 10
	schweigen (C)	10 : 0	1 : 1

Zwei Menschen sind von der Polizei gefasst worden; sie stehen unter dem Verdacht, gemeinsam einen Bankraub begangen zu haben. Sie werden in getrennten Zellen untergebracht und vor die Alternative gestellt, entweder die Tat zu gestehen oder zu leugnen, wobei ihnen die Konsequenzen ihrer Handlungen offen mitgeteilt werden. Wenn die Partei A gesteht und die Partei B nicht, so wird die Partei A, weil sie gestanden hat, als Zeuge oder Zeugin der Anklage freigelassen, und Partei B wandert für zehn Jahre ins Gefängnis (wegen Bankraubs und wegen Leugnens). Wenn beide gestehen, müssen beide für fünf Jahre ins Gefängnis. Wenn beide schweigen, kann ihnen der Bankraub nicht nachgewiesen werden; beide Täter werden dann wegen unerlaubten Waffenbesitzes angeklagt und zu einem Jahr Gefängnis ohne Bewährung verurteilt. Wer das Spiel ausprobieren will, beachte bitte, dass sich die beiden Parteien vor der Bekanntgabe ihrer Entscheidung definitiv nicht verständigen dürfen. Das beste Ergebnis für jeden oder jede ist jeweils das, das er oder sie nicht bereut, nachdem sie oder er die Antwort der Gegenseite kennengelernt hat. Das Dilemma besteht offenkundig darin, dass das Geständnis für beide die bessere Option zu sein scheint; zu schweigen ist in jedem Fall riskanter. Denn gesteht der Partner auch, dann gibt es nur fünf Jahre statt der zehn für den Fall, dass sie gesteht, während man selbst geschwiegen hat. Sollte aber der Partner schweigen, dann käme man bei einem Geständnis sogar frei, während das eigene Schweigen in diesem Falle ein Jahr Gefängnis bringen würde […] Da diese Rechnung für beide stimmt, werden also beide gestehen und beide für fünf Jahre ins Gefängnis wandern, während sie doch bei gemeinsamem Schweigen beide nur für ein Jahr eingesperrt würden.

Gert Krell/Peter Schlotter, Weltbilder und Weltordnung, Baden-Baden 2018, S. 230 f.

Warum handeln die Staaten nicht – obwohl die Zeit drängt? (Demo in München, 2020)

M 2 Beispiel Klimapolitik: Wie lässt sich das Verhalten der Akteure spieltheoretisch erklären?

Theorien der internationalen Beziehungen untersuchen die Interaktionen von Akteuren und versuchen zu erklären, wie Konflikte entstehen bzw. unter welchen Bedingungen Kooperation gelingen kann. Dabei bedienen sie sich auch der Theorien aus Nachbarwissenschaften. Die Spieltheorie wurde ursprünglich in der Wirtschaftswissenschaft entwickelt. Das berühmt gewordene Gedankenexperiment des Gefangenendilemmas spiegelt die Grundsituation internationaler Politik in einer anarchischen Staatenwelt wider.

Das Gefangenendilemma gilt als eine weitverbreitete Abstraktion der internationalen Politik. Nehmen wir das Beispiel des Klimaschutzes: Die fehlende Kooperation für den Klimaschutz ist mit dem Gefangenendilemma klar nachvollziehbar. Der Klimaschutz erfordert vor allem die Kooperation der großen CO_2-Produzenten, also der USA, China, Indien und Brasilien, die sich aber gleichzeitig in einem globalen Wettbewerb um Rohstoffe, natürliche Ressourcen und Markanteile befinden. Ergreift nur ein Staat Klimaschutzmaßnahmen auf Kosten seiner wirtschaftlichen Produktivität, aber die anderen nicht (CD), dann gewinnen die anderen Staaten. Während ein Staat kooperiert, sichern sich die anderen den Zugriff auf wichtige Ressourcen und gefährden damit auch langfristig das Wachstum des kooperierenden Staates. Klimaschutz mag wichtig sein, aber Zugriff auf natürliche Ressourcen zu haben, um Wirtschaftswachstum zu sichern, ist auch wichtig. Umgekehrt kann ein Staat, der nichts zum Klimaschutz beiträgt, von den Anstrengungen anderer Klimaschützer profitieren.

Kümmern sich diese auch nicht um das Klima, besteht das Problem zwar weiterhin, aber immerhin hatte der Staat keine Ausgaben. Unabhängig von den Handlungen anderer Staaten hat ein Staat also in jedem Fall Anreize nicht zu kooperieren: kooperieren die anderen, kann er Trittbrett fahren: Kooperieren die anderen nicht, ist nichts verloren. Da die Situation für alle Staaten gleich ist, landen alle Staaten beim ungünstigen Ergebnis (DD). Dieses Verhalten geht zu Lasten des Klimaschutzes. Effektiver Klimaschutz könnte nur erreicht werden, wenn alle Spielerinnen und Spieler kooperieren, das heißt, der Kollektivschutz wäre am größten, wenn alle CC wählten.

INFO

defektieren
hier: die Zusammenarbeit ablehnen

Gefangenendilemma			
		\multicolumn{2}{c}{Spieler 2}	
		kooperiert (C)	defektiert (D)
Spieler 1	kooperiert (C)	CC 3,3	CD 1,4
	defektiert (D)	DC 4,1	DD 2,2
Schematische Darstellung des Gefangenendilemmas nach Gewinn (1 = niedrigster; 4 = höchster)			

Anja Jetschke, Internationale Beziehungen, Tübingen 2017, S. 167 f.

M 3 Beispiel Rüstungswettlauf

Häufig wird die Problematik von Rüstungswettläufen mit dem Gefangenendilemma verglichen. Wirksame Rüstungskontrolle wäre für beide Seiten ein gutes Ergebnis, da sie dann viel Geld sparen könnten. Aus Angst vor Unterlegenheit rüsten jedoch beide weiter. Das Ergebnis ist dann zwar nicht die schlechteste Variante, die Unterlegenheit, und auch nicht die beste, nämlich Überlegenheit; aber es ist auch nicht die zweitbeste – kein Rüstungswettlauf und Geld gespart –, sondern nur die drittbeste bzw. zweitschlechteste: Gleichgewicht, aber Rüstungswettlauf und viel Geld zum Fenster rausgeworfen. Also, was tun?

Warum entscheiden sich Staaten für die drittbeste Lösung? (Motiv: US-Soldaten in El-Paso, Texas, 2019)

Gert Krell/Peter Schlotter, Weltbilder und Weltordnung, Baden-Baden 2018, S. 232

1. Beschreiben Sie die verschiedenen Optionen im Gefangenendilemma (M1).
2. Erklären Sie das Dilemma, in dem sich die Spieler befinden (M1).
3. Erklären Sie mithilfe der Spieltheorie das Verhalten der Akteure in der Klimapolitik (M2).
4. Erstellen Sie zu M3 eine Hierarchie der Lösungen für das Problem von Rüstungswettläufen.
5. Entwickeln Sie Antworten auf die Schlussfrage in M3.

Aktuelle Theorien: Realismus – Institutionalismus – Konstruktivismus

M 1 Welche Aussagen passen zusammen?

A Kooperation zwischen verfeindeten Staaten beginnt mit dem Abbau von Feindbildern.
B Jeder Staat strebt vordringlich nach Sicherheit, jederzeit kann es zu einem Krieg kommen.
C Internationale Organisationen müssen die Einhaltung von Regeln überwachen.
D Langfristige Kooperation von Staaten sind unwahrscheinlich.
E Das Handeln von Staaten wird vor allem durch Ideen und Einstellungen gesteuert.
F Kooperation zwischen Staaten funktioniert dann ohne Betrug, wenn Staaten regelmäßig in verschiedenen Politikfeldern zusammenarbeiten.

Autorentext

M 2 Struktureller Realismus

Einer der geistigen Urväter des Realismus ist Thomas Hobbes (1588–1679). Er ging in seinem Leviathan von einer anarchischen Staatenwelt aus, in der jeder im Kampf aller gegen alle versucht, mehr Macht zu erringen.

Das Streben nach Macht zählt den Vertretern dieser Denkschule zufolge als zentrale Kategorie der Internationalen Beziehungen. Realistische Theorien zählen zu den ältesten Theorien der Internationalen Beziehungen. Entwickelt wurden sie bereits in den 1930er-Jahren. Seit den 1970er-Jahren spricht man von Neorealismus oder Strukturellem Realismus.

Kernannahmen des Strukturellen Realismus:
1. Anarchie, definiert als Abwesenheit einer zentralen Ordnungsinstanz – ist das Kennzeichen der Internationalen Systems.
2. Staaten sind rationale und einheitliche Akteure, die unabhängig von ihrer innerstaatlichen Verfasstheit agieren.
3. Das prägende Strukturmerkmal der internationalen Beziehungen ist die Machtverteilung zwischen Staaten; es entscheidet, in welcher Position sich ein Staat befindet und wie das System strukturiert ist.
4. Aggressionen anderer Staaten und Krieg sind jederzeit möglich. Daraus folgt, dass die Überlebenssicherung oberste Priorität für Staaten hat.
5. Internationale Anarchie schränkt das Verhalten von Staaten stark ein und zwingt sie, sich zuerst um ihre Sicherheit zu kümmern. Dazu sind sie auf Selbsthilfe angewiesen.

Aus den theoretischen Annahmen des Strukturellen Realismus lassen sich bestimmte Verhaltensweisen und Dynamiken für Staaten und internationale Politik ableiten.

1. Alle Staaten streben nach Sicherheit und rüsten militärisch auf, um ihr Sicherheitsbedürfnis zu befriedigen. Dies führt zur wechselseitigen Bedrohung und mündet schließlich in einem Sicherheitsdilemma.
2. Staaten müssen verhindern, dass andere Staaten mehr Macht haben als sie. Folglich ist eine Außenpolitik, die auf den Ausgleich von Machtungleichgewichten abzielt, eine rationale Strategie. Staaten werden zunächst versuchen, ein Machtungleichgewicht durch eigene Aufrüstung, also durch eine Strategie des internen Ausbalancierens auszugleichen. Reicht dies nicht aus, bilden sie als Strategie des externen Ausbalancierens Allianzen mit anderen Staaten gegen Dritte.
3. Langfristige Kooperation ist allerdings unwahrscheinlich, da Staaten immer um ihre relativen Gewinne fürchten müssen. Das heißt, sie müssen befürchten, dass andere Staaten von der Kooperation mehr profitieren als sie selbst. [...]
4. Aus der Sorge um relative Gewinne ergibt sich auch, dass Staaten sich nicht langfristig innerhalb von Institutionen binden, oder nur, solange sie relative Gewinner sind. Institutionen oder internationale Organisationen können folglich als wenig einflussreiche Randphänomene der internationalen Beziehungen betrachtet werden [...] Entsprechend werden Realisten und Neorealisten nicht müßig zu betonen, dass die tatsächlich durchsetzungsfähigen Organisationen wie die NATO oder die WTO diese Qualität nur aufweisen, weil sie von

den mächtigsten Staaten der Welt gestützt werden bzw. die Ziele der Organisationen mit den Interessen dieser Staaten deckungsgleich sind. Wo dies nicht der Fall ist, sind Organisationen letztlich bedeutungslos.

Anja Jetschke, Internationale Beziehungen, Tübingen 2017, S. 142 f.

Sicherheitsdilemma nach John Herz (1950)

1. Jeweils zwei Aussagen gehören zu einer Theorie. Ordnen Sie diese einander zu (M1).
2. Beschreiben Sie, welche Auswirkungen die Kernannahmen des Strukturellen Realismus auf das Verhalten von Staaten haben (M2).
3. Erklären Sie, warum nach Ansicht von Neorealisten die Wahrscheinlichkeit einer dauerhaften Kooperation gering ist.
4. Für Neorealisten spiegelt das Gefangenendilemma die Grundsituation in der internationalen Politik wider. Begründen sie, inwiefern das zutrifft.
5. China hat in den letzten Jahren erheblich an wirtschaftlicher und militärischer Macht hinzugewonnen. Es versucht, seinen Einfluss in Afrika und Asien auszubauen. Der bisherige Hegemon USA fühlt sich herausgefordert. Erklären Sie das Sicherheitsdilemma anhand dieses Beispiels.

M3 Institutionalismus

Institutionalisten stimmen mit den Neorealisten überein, dass Staaten die wichtigsten Akteure in internationalen Beziehungen sind und dass Anarchie ein wesentliches Merkmal des Internationalen Systems ist. […] Neben dem Streben nach Sicherheit vereint Staaten aus der Sicht der Institutionalisten das Interesse an Wohlstandsvermehrung. Es kann vor allem dann erreicht werden, wenn sie miteinander kooperieren. Internationale Beziehungen werden also nicht vorrangig von Konflikten beherrscht, wie Neorealisten behaupten, sondern von einer Mischung aus gemeinsamen und trennenden Interessen. […] Betrug, Übervorteilung und Sorglosigkeit sind die Haupthindernisse, die Staaten davon abhalten, Vereinbarungen zu treffen und/oder einzuhalten.

Wie können Kooperationshindernisse überwunden werden?

Mit Hilfe der Spieltheorie haben Institutionalisten herausgefunden, dass Akteure nur unter bestimmten Voraussetzungen versuchen, sich gegenseitig zu betrügen oder zu übervorteilen. […]

Der Schatten der Zukunft. Eine dieser Voraussetzungen ist, dass Kooperation nur einmalig stattfindet. Wenn Staaten aber mehrfach miteinander kooperieren, sinkt der Anreiz für einen Betrug, weil man damit rechnen muss, auch die andere Seite könnte die Kooperationsbeziehungen zum eigenen Vorteil ausnutzen oder sogar ganz beenden. Über einer unbefristet angelegten Kooperationsbeziehung liegt also der „Schatten der Zukunft". […]
Linkage. Eine weitere Kooperation fördernde Voraussetzung ist, dass Staaten nicht nur in einem Politikfeld zusammenarbeiten, sondern auf vielen. Je vielfältiger und dichter die wechselnden Beziehungen werden, d. h. je höher der Verflechtungsgrad steigt, desto schädlicher ist es, einen Betrugsversuch zu unternehmen. […]
Selbstregulierung. In ihren bahnbrechenden Studien fand Elinor Ostrom heraus, dass Individuen tatsächlich in der Lage sind, ohne staatliche Hilfe Lösungen zur Überwindung der Kooperationshindernisse zu finden. Bergbauern in der Schweiz verständigten sich beispielsweise gemeinsam auf Regeln, mit denen

> **INFO**
>
> **Linkage**
> hier Vernetzung, Beziehungspflege

die Überweidung gemeinschaftlich genutzter Wiesen dadurch wirksam verhindert werden. [...] Wenn dies gelingt, so die institutionalistische Denkschule, stellt Anarchie kein unüberwindliches Hindernis für Kooperation in den internationalen Beziehungen dar. [...] Dies kann am besten dadurch erreicht werden, dass gemeinsame Regeln vereinbart und eingehalten werden. Solche Regeln werden Institutionen genannt. [...] In internationalen Beziehungen wird die Überwachung der Regeleinhaltung oftmals in die Hände von internationalen Organisationen gelegt. Sie überwachen, ob Staaten vereinbarte Regeln einhalten oder nicht [...] die Europäische Kommission ist beauftragt, die Einhaltung der Verträge durch die Mitgliedstaaten zu überwachen. Dadurch, dass internationale Organisationen mit der Überwachung betraut sind, werden Transaktionskosten erheblich gesenkt, denn andernfalls müssen alle Vertragsstaaten jeden anderen Vertragsstaat selbst überwachen – eine sehr teure Angelegenheit.

Christian Tuschhoff, Internationale Beziehungen, utb 4335, UVK Verlagsgesellschaft 2015, S. 33 ff.

M4 Institutionen in der Staatengemeinschaft

Primär- (oder Makro-)Institutionen		Sekundär- (oder Mikro-)Institutionen
Hauptinstitutionen	davon abgeleitet	Beispiele
Souveränität	Interventionsverbot, Völkerrecht	UN-Generalversammlung, die meisten Regime
Territorialität	Grenzen	einige Peacekeeping-Operationen
Diplomatie	Bilateralismus, Multilateralismus	Botschaften, UNO-Konferenzen, die meisten IGOs, Regime
Management der Großen Mächte	Allianzen, Krieg, *Balance of Power*	NATO
Gleichheit der Menschen	Menschenrechte, humanitäre Intervention	UNHCR
Markt	Handelsliberalismus, Finanzmarktliberalismus	GATT, WTO, IWF
Nationalismus	Selbstbestimmung, Volkssouveränität	einige Peacekeeping-Operationen
Bewahrung der Schöpfung	Erhaltung der Artenvielfalt, Klimastabilität	Pariser Klimaschutz-Abkommen

Gert Krell, : Weltbilder und Weltunordnung. Einführung in die Theorie der internationalen Beziehungen, Baden-Baden 2000, S. 242

1 Beschreiben Sie die Kernidee des Institutionalismus (M3, M4).
2 Erläutern Sie, wie nach der Theorie des Institutionalismus Kooperationshindernisse überwunden werden können.
3 Entwickeln Sie Vorschläge, wie das Szenario der Gefangenendilemmas verändert werden muss, damit beide Spieler bereit sind, miteinander zu kooperieren.

M5 Konstruktivismus: Ideen bestimmen das Handeln der Akteure

Der Konstruktivismus entstand als jüngste der Theorien in den 1990er-Jahren. Auslöser für den Aufschwung war die Erkenntnis, dass keine der großen Theorien das Ende des Ost-West-Konfliktes zufriedenstellend erklären, geschweige denn vorhersagen konnte.
Der Konstruktivismus [...] geht von der empirischen Beobachtung aus, dass die Welt den Akteuren nur durch Wahrnehmung und Deutung zugänglich ist und dass sie diese Welt auf der Grundlage von Ideen und Interpretationen gestalten. Ideen [...] ermöglichen und rechtfertigen Handlungen, Handlungsspielräume und Strategien. [...] Der Konstruktivismus, jedenfalls der moderate Konstruktivismus, mit dem wir uns hier beschäftigen, leugnet nicht, dass es eine eigenständige materielle Realität gibt. Dazu gehören grundlegende biologische Funktionen und Bedürfnisse, physikalische Gesetze, Bodenschätze [...]. Wer diese materielle Realität ignoriert, wird

sie zu spüren bekommen. Aber zentral für den Konstruktivismus ist, dass diese materielle Realität nur einen geringen Teil der gesamten Wirklichkeit ausmacht; wichtiger ist für ihn die ideelle Wirklichkeit. Oder mit den Worten von Alexander Wendt: die Natur sagt uns eben nicht, ob die Menschen gut oder böse sind, aggressiv oder friedfertig, nach Macht streben oder anderen Macht zuschreiben, ob sie selbstsüchtig oder altruistisch sind. Alle diese Eigenschaften sind variabel, sie sind nicht in einem materiellen Sinne essentiell. [...]

Der Konstruktivismus behauptet, dass die äußeren Zwänge der Welt, also z. B. die Logik der Anarchie, zu einem großen Teil nicht materielle, sondern soziale, also von Menschen gemachte Bedingungen sind; sie sind sozial „konstruiert" im Sinne von hergestellt und damit grundsätzlich auch veränderbar. [...]

Eine Gewehrkugel ist eine Gewehrkugel, und wenn wir von ihr richtig getroffen werden, sind wir sehr wahrscheinlich biologisch tot. [...] Aber ob Raketen eines Landes A eine Bedrohung für Land B sind, das ist ohne den sozialen Kontext nicht entscheidbar. Jedenfalls machen sich [...] die USA über eine nuklear bestückte nordkoreanische Langstreckenrakete mehr Sorgen als über 200 französische und probieren alles Mögliche (und Unmögliche), um die nordkoreanische Führung von weiteren Raketen- oder Nukleartests abzuhalten. Die Struktur der internationalen Systems sagt uns nicht, wer Freund und wer Feind ist; darüber und wie wir damit umgehen, entscheiden unsere Vorstellungen und Interpretationen, also „Ideen", die immer nur mehr oder weniger „realitätsgerecht" sind und auf doppelte Weise (über die Reaktionen der Gegenseite) Realität selbst herstellen.

Hier knüpfen auch diejenigen konstruktivistischen Ansätze an, die sich mit sog. Sicherheitsgemeinschaften beschäftigen, in den Staaten und Gesellschaften im Prozess der Entfeindung (in dem sie sich nicht mehr als Konkurrenten oder Gegner in einem Sicherheitsdilemma ansehen) eine so dichte Kooperation eingehen, dass kriegerische Auseinandersetzungen immer unwahrscheinlicher werden. Sicherheitsgemeinschaften werden vor allem in Demokratien gebildet. Damit lassen sich Verbindungen zu einer konstruktivistisch inspirierten Theorie des demokratischen Friedens herstellen – und zu konstruktivistischen Theorien der Europäischen Integration.

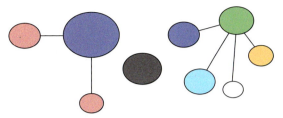

- Staaten als autonome Einheiten
- Differenzierung nur nach Macht und Kapazitäten, keine funktionale Differenzierung
- begrenzte Rollen (z.B. Großmächte, Mittelmächte, Kleinstaaten)

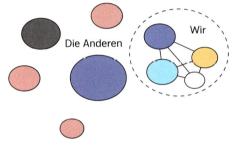

- Staaten als in eine Sozialstruktur eingebettete Einheiten
- Differenzierung nach sozialen Rollen/Identitäten
- positive oder negative Identifikation mit „den Anderen"

Internationale Beziehungen, Tübingen 2017, S. 231

INFO
essentiell
wesentlich

Gert Krell, Peter Schlotter, Weltbilder und Weltordnung, Baden-Baden 2018, S. 338 ff.

1 Arbeiten Sie aus dem Text und Schaubild die Kerngedanken des Konstruktivismus heraus (M5).

2 Begründen Sie, warum stabile Sicherheitsgemeinschaften vor allem in Demokratien gebildet werden.

3 Erklären Sie, wie ein Vertreter des Konstruktivismus das Ende des Ost-West-Konflikts erklären würde.

2.4 Beispiel Nahostkonflikt: (kein) Frieden in Sicht

Israelis und Palästinenser: Ausgangslage und Verlauf

Eine Konfliktanalyse durchführen

Seit über 100 Jahren lässt der komplexe Konflikt die Region im Nahen Osten nicht zur Ruhe kommen. Zahlreiche Akteure mit den unterschiedlichsten Interessen mischen im Krisenherd Naher Osten mit. In dieser Region potenzieren sich die Bedrohungen für den Frieden in einer immer wieder explosiven Mischung.
Möglicherweise haben Sie sich schon in der Mittelstufe mit diesem Konflikt beschäftigt. Mithilfe der Materialien in diesem Unterkapitel können Sie ihre Kenntnisse auffrischen, vertiefen und erweitern. Sie sind so angelegt, dass Sie diese auch eigenständig – und möglicherweise arbeitsteilig – erarbeiten und die Ergebnisse zum Beispiel in Form eines Referats in Ihrem Kurs präsentieren können.

M1 Wie Karikaturisten den Konflikt sehen …

Zeichnung: Schwarwel, 2015

Zeichnung: Fritz Berendt, 1995

Zeichnung: Waldemar Mandzel, ohne Jahr

Zeichnung: Kostas Koufogiorgos, 2012

1. Entscheiden Sie sich für eine Karikatur und analysieren Sie diese (M1).
2. Informieren Sie sich in Kleingruppen über Ihre Ergebnisse und tauschen Sie sich zu Ihrem Hintergrundwissen aus.

M2 Palästina und Israel

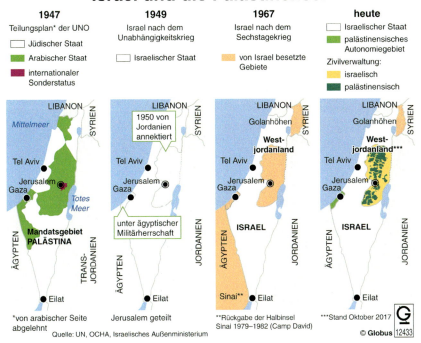

M3 Ausgangslage und Verlauf des Konflikts

Vertreibung und Diaspora

Im Jahr 70 n. Chr. eroberten die Römer Jerusalem und zerstörten auch den Tempel, von dem nur ein Mauerteil erhalten blieb: die heutige Klagemauer, eine Stätte mit hohem religiösem Wert für die Juden. Viele flüchteten in der Folge aus ihrer Heimat Palästina und lebten fortan auf der ganzen Welt verteilt als Minderheiten in anderen Staaten. Dieser Zustand wird Diaspora genannt, was „Versteuung" bedeutet. Unterdrückung und Verfolgung war jahrhundertelang in vielen Ländern Realität für die jüdischen Minderheiten und gipfelten im Holocaust, bei dem circa 6 Millionen den Nationalsozialisten zum Opfer fielen.

Palästina unter britischer Herrschaft

Bereits seit dem Ende des 19. Jahrhunderts siedelten Juden wieder in Palästina, wo nun seit dem 7. Jahrhundert palästinensische Araber lebten. Obwohl das Gebiet noch zum Osmanischen Reich gehörte, unterstützte Großbritannien mit der Balfour-Deklaration die Errichtung einer „nationalen Heimstätte" für Juden in Palästina. Der jüdische Schriftsteller Arthur Koestler spottete später, hier habe eine Nation einer zweiten feierlich das Territorium einer dritten versprochen. Als 1920 die Briten das Gebiet endgültig übernahmen, wehrten sich die ansässigen Araber sowohl gegen die britische Besatzung als auch gegen die jüdische Immigration, die mit immer mehr Landkäufen verbunden war.

Nach dem Zweiten Weltkrieg verstärkte sich der Wunsch vieler Juden, im Land ihrer Vorväter in einem eigenen sicheren Staat zu leben. Großbritannien war mit der Verwaltung des aufständischen Palästinas überfordert und bat die Vereinten Nationen um Hilfe. Die UN beschloss das britische Mandat zu beenden und Palästina in einen arabischen und jüdischen Staat zu teilen.

1948

Die Gründung Israels – der erste Nahostkrieg
Mit Unterstützung Großbritanniens wurde daraufhin der einzige nichtarabische Staat in der Region gegründet: David Ben Gurion, der spätere erste Premierminister, verlas im Mai die Unabhängigkeitserklärung Israels. Noch in der ersten Nacht marschierten alle Nachbarstaaten in Palästina ein, um die Proklamation rückgängig zu machen. Dieser erste große Nahostkrieg endete acht Monate später mit dem Sieg und einer Landflächenvergrößerung Israels. Hunderttausende Palästinenser verloren ihre Heimat und leben teilweise auch heute noch in Flüchtlingslagern der Nachbarländer.

1950er/60er

Weitere Kriege in und um Palästina
Seither ist die Region Schauplatz vieler bewaffneter Auseinandersetzungen. 1959 gründete der Palästinenser Jassir Arafat die Fatah, die „Bewegung zu nationalen Befreiung Palästinas", welche Anschläge auf israelisches Gebiet verübte. Im Sechstagekrieg gewann Israel 1967 in einem Überraschungsangriff gegen Ägypten, Jordanien und Syrien und besetzte weitere Landstriche. Im Jom-Kippur-Krieg griffen 1973 Ägypten und Syrien an, nach kaum drei Wochen konnte die UNO einen Waffenstillstand erreichen. Trotzdem hatte dieser Krieg weitreichende Folgen: Neben hohen Verlusten auf beiden Seiten stärkte der Angriff das Selbstbewusstsein der arabischen Welt, die das Existenzrecht Israels nicht anerkannten. Gleichzeitig lebte die israelische Bevölkerung in permanenter Angst vor Angriffen und sah sich in hohem Maße durch die arabischen Staaten bedroht – ein Zustand, an dem sich bis heute nicht viel geändert hat.

1970er

Erste Intifada
Die Palästinensische Befreiungsorganisation PLO als Dachorganisation verschiedener palästinensischer Widerstandsbewegungen wurde 1964 gegründet. Ziel war die Errichtung eines eigenen palästinensischen Staates. Seit 1974 war die PLO offizieller Repräsentant des palästinensischen Volkes; sie wurde bis 2004 von Jassir Arafat geführt. Vor allem vom Libanon aus führte die PLO terroristische Anschläge gegen die als Besetzung empfunden Israelis aus. Daraufhin marschierte Israel in das nördliche Nachbarland Libanon ein – mit dem Erfolg, dass die PLO zunächst vertrieben wurde. 1987 begann die erste Intifada (arabisch für „sich erheben, abschütteln"), in der vor allem junge Palästinenser mit Gewalt gegen die israelische Besatzung protestierten. Die wirtschaftlichen Verhältnisse in den Palästinensergebieten waren katastrophal, die Menschen lebten auf engstem Raum und waren auf internationale Hilfe angewiesen. Zeitgleich zogen immer mehr jüdische Siedler in die ohnehin schon beengten palästinensischen Gebiete. Eine Spirale der Gewalt entstand, die bis heute nicht endet. Ende der 1980er-Jahre gründete sich eine weitere, wesentlich radikalere Widerstandsgruppe, die Hamas. Ihr Ziel ist die Vernichtung Israels und die Errichtung eines islamistisch-sunnitischen Staates. Sie hat seit 2007 die Kontrolle über den Gaza-Streifen.

1990er

Osloer Abkommen: Frieden in Sicht?
Das Abkommen von Oslo (1993) beendet die erste Intifada: Der damalige israelische Ministerpräsident Jitzchak Rabin und Jassir Arafat, der Präsident des 1988 ausgerufenen Staates Palästina (anerkannt von der Mehrheit der Staaten mit Ausnahme der westlichen Welt) bestärkten mit den Vereinbarungen die Hoffnungen auf einen baldigen Frieden zwischen den verfeindeten Nationen. Auch die vom sog. Nahostquartett erarbeitete Roadmap (2003) nährte die Hoffnungen auf Frieden – scheiterte aber daran, dass wesentliche Probleme, wie zum Beispiel die Rückkehr der Flüchtlinge und die Hauptstadtfrage, nicht gelöst werden konnten.

Die Sperrmauer soll die israelische Bevölkerung vor Anschlägen schützen (2004).

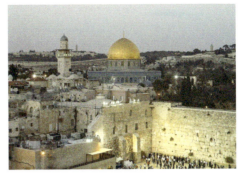
Jerusalem: Im Vordergrund ist die Klagemauer, eine der heiligsten Stätten des Judentums abgebildet, im Hintergrund ist der Felsendom zu sehen, Heiligtum der Muslime (2013).

Zweite Intifada

Die folgenden rechtskonservativen Ministerpräsidenten Benjamin Netanjahu und Ariel Sharon leiteten einen Politikwechsel ein: Sie hatten kein Interesse an der Umsetzung des Friedensabkommens und wollten auch keinen palästinensischen Staat. Für sie standen die nationalen Sicherheitsinteressen Israels im Vordergrund. Als Ariel Sharon 2000 demonstrativ den auch für Muslime heiligen Tempelberg besuchte, empfand dies die arabische Bevölkerung als Provokation. Dieser Besuch galt unter anderem als Auslöser für die zweite, fünf Jahre anhaltende Intifada. Auf die Anschläge reagierte Israel mit dem Bau einer Sperrmauer, die auf 750 Kilometern große Teile des Westjordanlandes umgibt und nach dem Internationalen Gerichtshof gegen Völkerrecht verstößt.

2000er

Seit 2014 Stillstand: Abbruch der bilateralen Verhandlungen

Die Chancen für eine Fortsetzung des Friedensprozesses sanken weiter, als 2014 Verhandlungen unter amerikanischer Vermittlung erfolglos abgebrochen wurden. Erschwerend für Verhandlungen wirkte sich außerdem aus, dass die palästinensische Führung in grundsätzlichen Fragen uneins war: Die Hamas ist bis heute nicht bereit, Israel Zugeständnisse zu machen, die gemäßigtere Fatah wurde von der Bevölkerung wegen ihrer ineffizienten Verwaltung und Korruptionsvorwürfen nicht akzeptiert. Hinzu kamen der Syrienkrieg und das Aufkommen des IS. Mit dem Beginn der Präsidentschaft von Donald Trump stellten sich die USA offen auf die Seite Israels. Sie werden deshalb von palästinensischer Seite nicht mehr in ihrer Vermittlerrolle akzeptiert. 2018 anerkannten die USA Jerusalem als offizielle Hauptstadt Israels und verlegten die amerikanische Botschaft von Tel Aviv nach Jerusalem. Anfang 2020 legten sie gemeinsam mit der israelischen Regierung einen neuen Plan für eine Lösung des Konflikts vor: Er sieht einen nichtsouveränen, entmilitarisierten Palästinenserstaat im Westjordanland und Gazastreifen vor.

Auf der palästinensischen Seite, die an der Entwicklung des Planes nicht beteiligt worden war, wird dieser Vorschlag entschieden abgelehnt. Auch die meisten arabischen Staaten – außer dem engsten amerikanischen Verbündeten Saudi-Arabien – lehnen den Plan ab. Mahmud Abbas, der Palästinenserpräsident, kündigte im Februar 2020 an, alle Kontakte zu Israel und den USA abzubrechen.

2014

Christina Schatz, Der Nahostkonflikt – Ausgangslage und Konfliktverlauf, in: Politik im Focus, Kursstufe 2, S. 66 f.

1. Beschreiben Sie die Ausgangssituation des Konflikts (M2, M3)
2. Stellen Sie den Ausbruch und Verlauf des Konflikts grafisch dar.
3. Bewerten Sie die Entwicklung seit 2014 aus israelischer und palästinensischer Sicht (M3).

BASISKONZEPT

Interessen und Gemeinwohl

Die Kernpunkte des Konflikts

M 1 Hindernisse auf dem Weg zum Frieden

Grenzfragen

Zum einen handelt es sich um eine Auseinandersetzung um Land: Beide Seiten erheben grundsätzlich Anspruch auf dasselbe zwischen Mittelmeer und dem Jordan gelegene Land. Schon der UN-Teilungsplan von 1947, dem die Zionisten zustimmten und die Araber nicht, sah eine Teilung dieses Gebietes vor. Die palästinensische Führung in Ramallah verzichtete erst im Rahmen der Oslo-Verträge in den 1990er-Jahren auf den größten Teil ihres Anspruchs, in dem sie das heutige Kern-Israel anerkannte. Ramallah leitet aus den Oslo-Verträgen indes gleichzeitig ab, dass das durch die Waffenstillstandslinie von 1967 demarkierte Westjordanland sowie der Gazastreifen grundsätzlich das Gebiet des Staates Palästina bilden sollen. Insbesondere die religiöse israelische Rechte jedoch sieht das Westjordanland als biblisches Herzstück Israels an. Dort sind über die vergangenen Jahrzehnte mit Unterstützung sämtlicher israelischer Regierungen mittlerweile mehr als 130 Siedlungen entstanden, in denen Hunderttausende Israelis leben, die andere Rechte genießen als Palästinenser. [...]

Siedlungsbau

Große Teile der Siedlerbewegung jedoch [...] lehnen jegliche palästinensische Staatlichkeit ab. Essentiell ist die Frage nach dem Status der mehr als 130 Siedlungen, die mitsamt ihren israelisch kontrollierten Verbindungswegen das Westjordanland gleichsam zerschneiden und aus palästinensischer Sicht ein zusammenhängendes palästinensisches Staatswesen weitgehend unmöglich machen. Mehrere Hunderttausend Siedler leben im Westjordanland, dessen Gebiet bereits jetzt zu rund sechzig Prozent direkt von Israel kontrolliert wird. [...] Aus israelischer Sicht spielen hier Sicherheitsfragen eine entscheidende Rolle: Israel besteht auf der Kontrolle des Jordantals und damit auf der Kontrolle des fruchtbaren palästinensischen Hinterlands und der Grenze nach Jordanien, außerdem auf vollständiger Lufthoheit und Kontrolle der (digitalen) Kommunikationswege.

Israelischer Siedlungsbau

Der israelische Siedlungsbau im Westjordanland verstößt laut UN-Resolution gegen internationales Recht.

Gebiete unter ziviler Kontrolle von
- Palästinensern
- Israel • israelische Siedlungen

Stand: israelische Siedlungen Jan. 2020; restl. Gebiete Jan. 2019

Quelle: Ocha, PeaceNow, dpa

Rückkehr der palästinensischen Flüchtlinge

[...] Die Flüchtlingsfrage ist ein Kernpunkt des Konflikts. Im Zuge des Krieges in den Jahren um die israelische Staatsgründung 1948 wurden wohl etwa siebenhunderttausend Palästinenser vertrieben, oder sie flohen aus Orten im Gebiet des heutigen Staates Israel. Sie flohen nicht nur in den Gazastreifen und das heutige Westjordanland, sondern auch in die Nachbarstaaten, insbesondere nach Jordanien, aber auch in den Libanon und nach Syrien. Diese Vertriebenen und ihre Nachkommen, die sich weiterhin – und auch nach Ansicht der UN – als Palästinaflüchtlinge sehen, haben mittlerweile eine Gesamtzahl von mehreren Millionen erreicht. Eine etwaige Rückkehr ins Westjordanland würde die demografische, soziale Situation und die Sicherheitslage dort erheblich verändern. Israel lehnt das von Ramallah proklamierte „Recht auf Rückkehr" ab.

INFO

Flucht und Vertreibung von Juden
Nach 1948 wurden Schätzungen zufolge auch rund 850.000 Juden aus arabischen Staaten und dem Iran vertrieben. Außerhalb Israels wurde ihr Schicksal weitgehend ignoriert und spielte in den Debatte um die Zukunft des Nahen Ostens keine Rolle.

Der Status Jerusalems

Gleichzeitig spielt der religiöse Aspekt eine gewichtige, möglicherweise zunehmend wichtige Rolle in dem Konflikt. Die Zahl von Ultraorthodoxen und der Siedlerbewegung nahestehenden nationalreligiösen Juden wächst überproportional, während auf palästinensischer Seite Islamisten [Hamas] etwa den Gazastreifen beherrschen. Der religiöse Konflikt lässt sich unter anderem auch am Status Jerusalems festmachen, das größte Bedeutung für die drei monotheistischen Religionen hat.

In Jerusalem befindet sich die Klagemauer am Tempelberg, dessen Plateau von Muslimen Al Aqsa genannt wird. Der Teilungsbeschluss der Vereinten Nationen von 1947 sah Jerusalem als UN-verwaltetes neutrales „Corpus Separatum" vor. Araber und Israelis lehnten eine Internationalisierung ab, nach dem Sechstagekrieg nahm Israel ganz Jerusalem ein, dehnte die israelische Gesetzgebung auf die ganze Stadt aus und annektierte die Stadt 1980 schließlich auch formal, als die Knesset [das israelische Parlament] 1980 das sogenannte Jerusalemgesetz beschloss – gegen den Willen der internationalen Staatengemeinschaft, die diesen Schritt im UN-Sicherheitsrat auch mit der Stimme der Vereinigten Staaten verurteilte. Für Israel ist Jerusalem unteilbare israelische Hauptstadt, während die palästinensische Führung in Ramallah den bis heute vornehmlich palästinensisch bevölkerten Ostteil als eigene Hauptstadt beansprucht. [...]

Jochen Stahnke, Das sind die Hindernisse auf dem Weg zum Frieden, in: https://www.faz.net/aktuell/politik/ausland/naher-osten-das-sind-die-hindernisse-fuer-einen-frieden-16604976.html, 28.01.2020 (Zugriff 23.01.2021)

M2 Konfliktlinien und Akteure

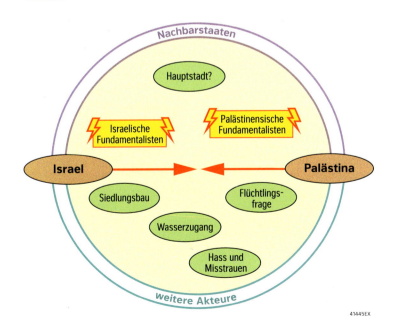

1. Stellen Sie in einer Tabelle die Streitfragen und die jeweiligen Forderungen auf israelischer und palästinensischer Seite dar (M1).
2. Erläutern Sie Konfliktlinien und Akteure anhand des Schaubilds (M2).
3. Bewerten Sie für einen oder zwei Konfliktpunkte die Chancen auf Kompromisslösungen (M1, M2).

Lösungsansätze und Perspektiven für einen Frieden

M 1 Hat die Zwei-Staaten-Lösung noch eine Chance?

Trumps Nahost-Plan: Zwei-Staaten-Lösung

Der ehemalige US-Präsident Donald Trump schlug diese Lösung im Jahr 2020 vor.

Ein Plakat der Nahost-Friedensbewegung: Die israelische und die palästinensische Flagge.

Bereits der UN-Friedensplan von 1947 sah neben dem Staat Israel die Gründung eines palästinensischen Staates vor. Der UN-Sicherheitsrat hat dieses Ziel zuletzt 2016 mit der Stimme der USA bestätigt. Seither wurden viele Anläufe unternommen, um die Zwei-Staaten-Lösung zu realisieren. Doch alle Pläne scheiterten an den überbrückbaren Differenzen in Kernfragen bzw. an dem mangelnden Willen der Beteiligten zur Umsetzung. Im Januar 2020 legte der damalige amerikanische Präsident Donald Trump und der israelische Chef einer Übergangsregierung einen neuen Plan vor, an dessen Entwicklung die palästinensische Seite nicht beteiligt war.

Was beinhaltet der Plan?

Grundsätzlich sieht der Plan die Gründung eines palästinensischen Staates vor. Zum palästinensischen Staatsgebiet soll der komplette Gazastreifen und Teile der besetzten palästinensischen Gebiete in der Westbank gehören. Die dann von Israel umschlossenen Staatsteile Palästinas sollen verbunden werden, zum Beispiel durch einen Tunnel.

Staatsgrenzen: Jüdisch besetzte Gebiete im Westjordanland sollen zum israelischen Staatsgebiet gehören. Palästina werden verschiedene, benachbarte Gebiete zugesprochen, die teilweise durch Brücken und Tunnel verbunden sind. Die Palästinenser sollen im Westjordanland allerdings keine eigene Außengrenze bekommen.

Jerusalem: Ostjerusalem, ein Vorort außerhalb der Sperranlage, soll dabei die Hauptstadt von Palästina werden; die Kernstadt Jerusalem soll die ungeteilte, alleinige Hauptstadt von Israel werden.

Besetzung und Siedlungen: Der Siedlungsbau Israels in den besetzten Gebieten soll für vier Jahre ausgesetzt werden. Konkret bedeutet das: Die Israelis werden keine weiteren Siedlungen auf palästinensischem Gebiet bauen, dürfen in bereits gebauten Siedlungen jedoch weiterhin leben. Auch kleine und isolierte Siedlungen tief im Westjordanland soll Israel behalten.
Der **Gazastreifen** soll auf Territorium, das aktuell noch zu Israel gehört, deutlich erweitert werden.

Demilitarisierung: Um die Sicherheit von Israel zu gewährleisten, sollen der zukünftige Staat Palästina sowie Nachbarländer demilitarisiert werden, das heißt Militär und Waffenlager verkleinert werden.

Wirtschaftshilfe: Donald Trump verspricht den Palästinensern und benachbarten Staaten 50 Milliarden Dollar für den Aufbau ihrer Wirtschaft.

lpb-bw.de: Der Nahostkonflikt, https://www.lpb-bw.de/nahostkonflikt, o. Autor, Zugriff: 02.02.2020

M2 Ein gemeinsamer Staat Israel-Palästina?

Wenn man durch die seit 1967 besetzten palästinensischen Gebiete fährt und die vielen jüdischen Siedlungen oben auf den Bergen sieht, wird einem klar: Dieses Land kann man nicht mehr teilen. [...]

Stattdessen sollte die Gründung eines einheitlichen demokratischen Staates Israel-Palästina, mit gleichen Rechten für alle seine Bürger, vorangetrieben werden. Nur ein gemeinsamer jüdisch-palästinensischer Staat zwischen Mittelmeer und Jordan kann die wesentlichen Konfliktpunkte – Siedlungen, Flüchtlinge, Grenzen, Jerusalem, natürliche Ressourcen, Sicherheit und politische Gefangene – für beide Seiten maximal zufriedenstellend lösen und dadurch zu einem gerechten und dauerhaften Frieden in der Region führen. [...]

Als Theodor Herzl Ende des neunzehnten Jahrhunderts sein Buch „Der Judenstaat" schrieb, belächelten ihn viele, das sei eine Utopie. Er antwortete: „Wenn ihr es wollt, dann ist es keine Utopie". Auch die Idee eines einheitlichen demokratischen Staates Israel-Palästina mutet heute an wie eine Utopie.

Fuad Hamdan, Sabine Matthes, Wenn ihr wollt, ist es keine Utopie, in: https://www.cicero.de/aussenpolitik/einstaatenloesung-nahost-wenn-ihr-wollt-ist-es-keine-utopie/59250, Mai 2015, Zugriff: 01.02.2020

M3 Perspektiven für den Friedensprozess

In einem Interview mit dem Nahostexperten der Bertelsmann-Stiftung nahmen 2018 der Israeli Yossi Alpher, Berater/Autor, und der Palästinenser Ghassan Khatib, Dozent und ehemaliger Mitarbeiter der Palästinensischen Autonomiebehörde, Stellung zu den kurz- und mittelfristen Friedensperspektiven im Nahost-Konflikt.

FRAGE: [...] *Was ist das realistischste Szenario, wohin entwickelt sich der israelisch-palästinensischen Konflikt [...]?*

Ghassan Khatib: Realistisch gesehen ist das einzige zu erwartende Szenario [...] das Fortbestehen der aktuellen Situation ohne größere Entwicklungen. Grund dafür ist, dass dieser Status quo für Israel sehr bequem ist und Israel in der Lage ist, diesen aufrechtzuerhalten. Erstens, weil Israel militärisch gesehen zu stark ist, und zweitens, weil die USA und Europa es zulassen, dass Israel sein Handeln fortsetzt.

Yossi Alpher: Die Ära des Oslo-Friedensprozesses ist vorbei. Traurigerweise rutschen Israelis und Palästinenser immer weiter ab auf dem gefährlichen Weg hin zu einer hässlichen, konfliktreichen bi-nationalen Ein-Staaten-Realität. Der israelische Ultranationalismus, der Islamismus der Hamas und die im Westjordanland ansässige PLO haben alle dazu beigetragen, dass der Aufbau eines palästinensischen Staates gescheitert ist. Unter sonst unveränderten Bedingungen wird dieser Ablauf der Geschehnisse im kommenden Jahrzehnt zu einer Realität führen, die sich weitaus verschlimmern wird. Nur eine große regionale Katastrophe kann „die Karten neu mischen" und dies ändern. Irgendwann wird es soweit kommen.

Christian Hanelt: Erkenntnisse aus 25 Jahren israelisch-palästinensischer Friedensprozess. Interview mit Yossi Alpher und Ghassan Khatib, in: bertelsmann-stiftung.de, https://www.bertelsmann-stiftung.de/de/unsere-projekte/strategien-fuer-die-eu-nachbarschaft/projektnachrichten/erkenntnisse-aus-25-jahren-israelisch-palaestinensischer-friedensprozess/, Zugriff: 01.02.2021

1. Arbeiten Sie aus M1 und M2 die jeweiligen Lösungsvorschläge zu den Konflikt-Streitpunkten heraus.
2. Überprüfen Sie die Realisierungschancen beider Pläne vor dem Hintergrund der Forderungen der verfeindeten Parteien.
3. Bewerten Sie die Pläne aus der Sicht a) eines israelischen Siedlers im Westjordanland b) eines palästinensischen Flüchtlings.

2.5 Frieden – eine realistische Perspektive im Nahen Osten?

Vom negativen zum positiven Frieden

M 1 „Kampf" um den Frieden

Comicreihe Hägar der Schreckliche, Dik Browne, ab 1973

M 2 Friedensbegriffe

1. „Wenn du Frieden willst, bereite (den) Krieg vor."

Lateinisches Sprichwort, Autor unbekannt

2. „Es gibt keinen Weg zum Frieden, denn Frieden ist der Weg."

Mahatma Gandhi (1869–1948), indischer Freiheitskämpfer und Begründer des gewaltlosen Widerstands

3. „Gewalt bringt vergängliche Siege; Gewalt hat mehr soziale Probleme zur Folge, als sie löst, und schafft niemals einen dauerhaften Frieden."

Lateinisches Sprichwort, Autor unbekannt

4. „Wer auf den Krieg vorbereitet ist, kann den Frieden am besten wahren."

George Washington (1732–1799), ehemaliger Präsident der USA

5. „Da Kriege in den Köpfen der Menschen beginnen, muss in den Köpfen der Menschen Vorsorge für den Frieden getroffen werden."

Präambel der Verfassung der UNESCO von 1945

6. „Wirklicher Friede bedeutet auch wirtschaftliche Entwicklung und soziale Gerechtigkeit, bedeutet Schutz der Umwelt, bedeutet Demokratie, Vielfalt und Würde und vieles, vieles mehr."

Kofi Annan (1938–2018), ehemaliger Generalsekretär der UNO und Friedensnobelpreisträger

M 3 Vom negativen zum positiven Frieden

Die Friedensforschung ist ein Teilgebiet der Konfliktforschung, das nach dem Zweiten Weltkrieg einen raschen Aufschwung erlebte. Sie analysiert Ursachen von Kriegen und entwickelt Konzepte für einen dauerhaften stabilen Frieden. Als einer der Begründer gilt der norwegische Friedensforscher Johan Galtung (*1930), der erstmals Frieden als Prozess definierte, an dessen Ende ein positiver Frieden steht.

Die Vorstellung, dass Frieden einfach ein Zustand des „Nicht-Krieges" ist, hat der norwegische Friedensforscher Johan Galtung im 20. Jahrhundert mit dem Begriff „negativer Frieden" bezeichnet. Ein solcher negativer Frieden herrscht demnach, wenn es zu keiner „direkten, personalen Gewalt" kommt. Von direkter Gewalt spricht man nach Galtung, wenn es einen eindeutig identifizierbaren Sender gibt, der die Folgen der Gewaltanwendung gezielt beabsichtigt. Dies kann beispielsweise durch eine offizielle Kriegserklärung dokumentiert werden. Negativer Frieden kann demnach durch einen Waffenstillstand oder jegliche andere Form der Beendigung einer gewaltförmigen Konfliktaustragung hergestellt werden.

Wesentlich schwieriger zu erreichen ist der Zustand des „positiven Friedens". Voraussetzung dafür ist, dass es zu keiner „indirekten, strukturellen" Gewalt kommt. Diese Form von Gewalt herrscht überall dort, wo Menschen unterdrückt, diskriminiert oder ungerecht behandelt werden, zum Beispiel weil sie keinen Zugang zu Bildung, einer angemessenen Gesundheitsvorsorge oder überlebenswichtigen Ressourcen erhalten. Hierbei muss es auch keinen bewussten „Täter" geben, der diese Form der Gewalt gezielt anwendet. Eine Tatsache, die den Opfern struktureller Gewalt kaum Trost spendet. Positiver Frieden herrscht in der Folge dann, wenn es in allen Gesellschaftsbereichen keine personale und keine strukturelle Gewalt gibt. Schnell wird deutlich, wie schwierig ein solcher Zustand zu erreichen ist.

https://www.frieden-und-sicherheit.de/frieden-sicherheit/grundbegriffe, Zugriff: 20.02.2020

Johan Galtung (*1930), norwegischer Friedensforscher

Nach: ISB (Hrsg.), Handreichung für den Sozialkundeunterricht am Gymnasium, Donauwörth 1993, S. 147

1 Analysieren Sie die Comic-Zeichnung (M1).
2 Wählen Sie aus M2 ein Zitat, das Ihren persönlichen Vorstellungen entspricht, und begründen Sie Ihre Entscheidung.
3 Beschreiben Sie den Friedensprozess nach Johan Galtung mithilfe des Schaubildes (M3).
4 Erklären Sie anhand von Beispielen aus dem Nahostkonflikt den Begriff der strukturellen Gewalt (M3).
5 Überprüfen Sie, in welchem Stadium sich der Nahost-Friedensprozess befindet.

QUERVERWEIS

Zu Aufgabe 4
Berücksichtigen Sie vor allem die Materialien der Seiten 44-47.

Frieden als Zivilisationsprozess

M 1 Das zivilisatorische Hexagon

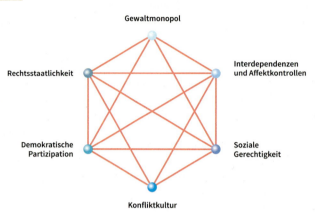

Rechtsstaatlichkeit: Begrenzung der Staatsgewalt durch Prinzipien wie Gewaltenteilung und richterliche Unabhängigkeit

Demokratische Partizipation: Beteiligung der Bürger am politischen Willensbildungs- und Entscheidungsprozess, z. B. durch Wahlen

Konfliktkultur: Bereitschaft und Fähigkeit zur gewaltfreien konstruktiven Konfliktbewältigung

Staatliches Gewaltmonopol: Vorherrschaft des Rechts, nicht Durchsetzung des jeweils Stärkeren

Interdependenzen/Affektkontrolle: Wissen um „wechselseitige Abhängigkeiten" fordert Identitätsausbildung; ist Voraussetzung für Toleranz und Kompromissbereitschaft

Soziale Gerechtigkeit: gerechte Verteilung von Rechten und Chancen in der Gesellschaft ist Voraussetzung für konstruktive Konfliktbearbeitung

Nach: Dieter Senghaas, Die Kultur des Friedens in: Aus Politik und Zeitgeschichte B43/1995, S. 3 © Westermann

Dieter Senghaas (*1940)

INFO
Zivilisation
Als Zivilisation bezeichnet man die politische, kulturelle und soziale Entwicklung einer Gesellschaft. „zivilsatorisch" bedeutet „zur Zivilisation gehörend", sie fördernd.

Der Friedensforscher Dieter Senghaas versteht Frieden als einen Zivilisierungsprozess. Ziel dieser Entwicklung ist das friedliche Zusammenleben von Staaten durch konstruk-
5 tive, also aufbauende, Konfliktbearbeitung. Es herrscht dann Frieden, wenn bestimmte, sich gegenseitig stützenden Bedingungen vorhanden sind.
Die Elemente des zivilisatorischen Hexagons
10 bedingen sich gegenseitig. Die zivilisierte, nachhaltig gewaltfreie Bearbeitung von unvermeidlichen Konflikten setzt sechs Bedingungen [...]:
**1. Entprivatisierung von Gewalt (Gewalt-
15 monopol):** Die Herausbildung eines legitimen staatlichen Gewaltmonopols ist für den Zivilisierungsprozess im Sinne Dieter Senghaas unerlässlich. Gewalt darf – außer in Fällen von Notwehr und Nothilfe – ausschließlich von
20 den dafür zuständigen staatlichen Organen ausgeübt werden. Die BürgerInnen sollen zur Verhinderung eines Wiederausbruchs von Gewalt entwaffnet werden.
Senghaas: „Wesentlich für jeden Zivilisie-
25 rungsprozess ist die Entprivatisierung der Gewalt bzw. die Herausbildung eines legitimen, in aller Regel staatlichen Gewaltmonopols, dem die einzelnen untergeordnet sind (‚Entwaffnung der Bürger'). Wo das Gewaltmono-
30 pol zusammenbricht, also die Wiederaufrüstung und Wiederbewaffnung der einzelnen Bürger eine Chance bekommen, kann es zu einer ‚Renaissance von Bürgerkriegssituationen' kommen."
2. Herausbildung von Rechtsstaatlichkeit: 35
Jede/r BürgerIn hat das Recht, die Institutionen des Rechtsstaates für die legitime Durchsetzung eigener Interessen und die Lösung von Konflikten zu nutzen. Institutionalisierte Formen des Konfliktmanagements bilden sich 40 heraus.
Senghaas: „Ein Gewaltmonopol, das nicht durch Rechtsstaatlichkeit eingehegt wird, wäre im Grenzfall nichts mehr als eine beschönigende Umschreibung von Diktatur [...] Soll demge- 45 genüber das Gewaltmonopol als legitim akzeptiert werden, bedarf es der Institutionalisierung rechtsstaatlicher Prinzipien und öffentlicher demokratischer Kontrolle, auf deren Grundlage sich Konflikte in einem institutionellen Rah- 50 men fair austragen lassen."
3. Interdependenzen: Alle Mitglieder einer Gemeinschaft stehen in gegenseitiger Abhängigkeit zueinander. Nachhaltiger Friede ist nur möglich durch die Anerkennung von Unter- 55 schieden bei gleichzeitigem Gewaltverzicht. Der Einzelne lernt, seine Affekte zu kontrollieren und auf Gewalt zu verzichten.
Senghaas: „[...] Affektkontrolle ist Grundlage nicht nur von Aggressionshemmung und Ge- 60 waltverzicht, sondern darauf aufbauend von Toleranz und Kompromissfähigkeit."
4. Demokratische Partizipation: Demokratisierung bedeutet die gleichberechtigte Einbeziehung möglichst aller Beteiligten in Prozesse 65 der Entscheidungsfindung.

Senghaas: „In aller Regel werden in fortgeschrittenen sozial mobilen Gesellschaften Unterordnungsverhältnisse aufgrund von Geschlecht, Rasse, Klasse oder anderen Merkmalen von den Betroffenen nicht mehr hingenommen. In demokratisierten Rechtsstaaten mit einem hohen Politisierungspotential untergräbt solche Diskriminierung die politische Stabilität.

5. Soziale Gerechtigkeit: Die Gesellschaft schützt ihre Mitglieder ausnahmslos vor Armut und Diskriminierung jeglicher Art und beschäftigt sich mit Fragen der Gerechtigkeit.

Senghaas: „In Gesellschaften mit einem erheblichen Politisierungspotential ist eine aktive Politik der Chancen- und Verteilungsgerechtigkeit, letztlich ergänzt um Maßnahmen der Bedürfnisgerechtigkeit (Sicherung der Grundbedürfnisse), unerlässlich [...]."

6. Konfliktkultur: Die Mitglieder einer Gesellschaft sind fähig, Konflikte produktiv und kompromissorientiert auszutragen.

Senghaas: „Gibt es in einer aufgegliederten, aber deshalb auch zerklüfteten Gesellschaft faire Chancen für die Artikulation und den Ausgleich von unterschiedlichen Interessen, kann unterstellt werden, dass ein solches Arrangement verlässlich verinnerlicht wird, eine Bereitschaft zur produktiven Auseinandersetzung mit Konflikten vorliegt und kompromissorientierte Konfliktfähigkeit einschließlich der hierfür erforderlichen Toleranz zu einer selbstverständlichen Orientierung politischen Handelns wird." [...] Das Konzept des Zivilisatorischen Hexagons entstand aufgrund historischer Erfahrungen aus der neuzeitlichen europäischen Geschichte und ist abstrakt analytisch. Aus diesem Grund wird auch immer wieder die Frage gestellt, ob dieses Deutungsinstrument vorwiegend für europäisch-westliche Zusammenhänge geeignet ist oder auch auf anderen Weltregionen übertragbar sei.

Text: whywar.at: Zivilisatorisches Hexagon, http://www.whywar.at/folgen/mensch-politik-und-gesellschaft/gesellschaft-und-zivilisation/zivilisatorisches-hexagon/ (Zugriff: 20.08.2021)

Grafik: Dieter Senghaas, Die Kultur des Friedens, in: Aus Politik und Zeitgeschichte B43/1995, S. 3

M2 Frieden – eine Utopie?

1994 skizzierte der Friedensforscher Dieter Senghaas in dem Band „Wohin driftet die Welt?" ein zivilisatorisches Hexagon aus staatlichem Gewaltmonopol, Rechtsstaatlichkeit, demokratischer Partizipation, sozialer Gerechtigkeit, konstruktiver Konfliktkultur und Affektkontrolle. Noch unter dem Eindruck des säkularen Umbruchs der Jahre 1989/90 lautete die idealistische Botschaft, dass die Probleme dieser Welt lösbar sind, dass im Rahmen der von US-Präsident George Bush sen. verkündeten „Neuen Weltordnung" die friedliche Koexistenz der Nationen, eine Kultur des Friedens, möglich ist, sofern die zivilisatorischen Eckpunkte des Hexagons sich erfüllen. Senghaas versäumte nicht den Hinweis, dass die Kultur des Friedens brüchig ist, sobald es zu neuen Konfliktlagen kommt.

Heute [...] erweist sich die Warnung leider als gerechtfertigt. Die ernüchternde Botschaft lautet: In einer wachsenden Zahl von Ländern ist kein zivilisatorischer Fortschritt, sondern ein schleichender, in manchen sogar ein dramatischer Rückschritt in jeder der Hexagon-Dimensionen zu verzeichnen. [...] Von einer neuen, auf Kooperation beruhenden Weltordnung unter dem Dach der Vereinten Nationen kann keine Rede sein.

Ulrich Menzel, Wohin treibt die die Welt? In: Aus Politik und Zeitgeschichte, 43-45/2016, S. 4

---

1. Beschreiben Sie mithilfe des Schaubildes das zivilisatorische Hexagon (M1).
2. Überprüfen Sie, ob die Friedensbedingungen des Hexagons in Deutschland erfüllt sind.
3. Wählen Sie einen Aspekt des Hexagons und entwickeln Sie Vorschläge, wie in diesem Bereich der Friedensprozess vorangetrieben werden könnte (M1, M2).
4. Beurteilen Sie ausgehend von M2 die Realisierbarkeit von Galtungs und Senghaas´ Friedensbegriffen.

QUERVERWEIS

Johan Galtung
S. 53, M3

Welchen Beitrag kann zivile Friedensarbeit leisten?

M 1 Ein Beispiel: Combatants for Peace

Auch die Frauengruppe „Women Wage Peace" setzt sich für eine Aussöhnung zwischen Israelis und Palästinensern ein (Jerusalem, 2018).

Mitten im Krieg legen Feinde ihre Waffen nieder und treten gemeinsam für Frieden ein. Nicht nur das macht die Combatants for Peace weltweit einzigartig. Sie schaffen Raum für Begegnungen zwischen Menschen, die sich eigentlich abgrundtief hassen. Das macht Frieden wieder möglich und beugt weiterer Gewalt vor. […]

Die Combatants for Peace sind eine bi-nationale Friedensbewegung, die 2006 von ehemaligen israelischen Soldatinnen und Soldaten und palästinensischen Widerstandskämpferinnen und -kämpfern ins Leben gerufen wurde. Sie ist heute die größte bi-nationale Organisation in Israel und den Palästinensischen Gebieten – mit neun regionalen Gruppen, die alle mit israelischen und palästinensischen Menschen besetzt sind. Die Combatants for Peace treten konstruktiv für ein Ende der israelischen Besatzung, für Gewaltfreiheit, für Gerechtigkeit und Dialog zwischen israelischer und palästinensischer Bevölkerung ein. Es ist die einzige Organisation weltweit, in der bewaffnete Kämpferinnen und Kämpfer in einem anhaltenden Konflikt die Waffen niedergelegt haben, um sich gemeinsam für Frieden einzusetzen.

Die Wirkung der persönlichen Begegnung

Die Combatants for Peace bauen auf die persönliche Begegnung. Bei sogenannten „In-House Meetings" treffen sich ehemalige Kämpferinnen und Kämpfer beider Seiten in privaten Wohnungen und erzählen sich ihre Geschichte. Zur alljährlichen Memorial Day Ceremony der Combatants for Peace kommen inzwischen mehrere tausend Menschen, um gemeinsam der Opfer des Konflikts zu gedenken. Die Erfahrung zeigt: Wer sich darauf einlässt, die andere Seite kennenzulernen, hinterfragt die eigene Sicht auf die Situation. Wer in einen echten Dialog tritt, entdeckt das Verbindende und sucht nach gemeinsamen Lösungen.

Mit gemeinsamen Aktionen, darunter Theateraufführungen, Lesungen, Infoabende und Führungen durch die besetzten Gebiete, bringen die Combatants for Peace Menschen in Kontakt, die sich sonst nur an Militärcheckpoints kennenlernen. Mit Protestmärschen machen sie auf ihre Anliegen aufmerksam. Seit ihrer Gründung haben die Combatants for Peace viele hundert Aktionen durchgeführt. Dabei sind sie aus tiefer Überzeugung der Gewaltfreiheit verpflichtet.

Krieg ist kein Schicksal, sondern eine Entscheidung

Jedes Mitglied bei CFP hat eine eigene Geschichte der inneren Wandlung zu erzählen. Jede ist Zeugnis dafür, dass die Spirale aus Hass und Gewalt durchbrochen werden kann. Krieg ist kein Schicksal, sondern eine Entscheidung – es gibt einen Ausweg, so festgefahren die Situation auch scheinen mag, das ist die feste Überzeugung der Combatants for Peace. So ist auch die Zusammenarbeit in gemischten Teams gelebtes Beispiel dafür, dass ein friedliches Zusammenleben möglich ist.

ziviler-friedensdienst.org: Combatants for Peace. Frieden in Sicht, https://www.ziviler-friedensdienst.org/de/partnerorganisation-cfp, (Zugriff: 20.01.2021)

M2 Was kann zivile Konfliktbearbeitung leisten?

Eine großangelegte Studie über die sozialen Bewegungen und Umbrüche der vergangenen einhundert Jahre kommt zu dem Schluss, dass friedliche Bewegungen des sozialen Wandels doppelt so erfolgreich gewesen sind wie gewaltsame Proteste (Chenoweth/Stephan 2011). Ausschlaggebend für den Erfolg war, dass es gewaltfreien Bewegungen viel besser gelungen ist, eine kritische Masse der Gesellschaft zu erreichen. So konnten sich größere Teile der Bevölkerung auf unterschiedliche Weise einbringen und beteiligen. Deshalb waren gewaltfreie Bewegung in ihrem Engagement für Frieden und Gerechtigkeit, beim Sturz von Diktatoren, bei der Beendigung von Besatzungsregimen oder im Kampf für Unabhängigkeit auch langfristig erfolgreich. [...]

Zivile Konfliktbearbeitung = Frieden mit friedlichen Mitteln

Die Schlussfolgerung ist eindeutig: Der Beitrag externer Parteien zur Beilegung innerstaatlicher Konflikte muss in erster Linie darin bestehen, die lokalen zivilgesellschaftlichen Bewegungen in ihrem Einsatz für gerechten Frieden zu unterstützen. Unter dem Stichwort „zivile Konfliktbearbeitung" werden verschiedene Ansätze zusammengefasst, die Konflikte angehen, ohne dabei Gewalt anzuwenden – egal ob auf zwischenmenschlicher, gesellschaftlicher oder weltpolitischer Ebene. [...]

Der Zivile Friedensdienst (ZFD) als Programm der zivilen Konfliktbearbeitung

Die Idee der zivilen Konfliktbearbeitung erhielt in Deutschland erst spät Einzug in die öffentliche Debatte und staatliche Politik. Auslöser waren die Jugoslawien-Kriege in den 1990er Jahren. Angesichts des weitgehenden Versagens der staatlich gesteuerten Lösungsbemühungen der westlichen Regierungen und internationalen Organisationen, die sich auf militärische Sicherheitspolitik und Eliten konzentrierten, waren Alternativen dringend notwendig. Angehörige der Friedensbewegung und Wissenschaftler/innen aus der neu entstehenden Friedens- und Konfliktforschung entwickelten alternative Konzepte und Verfahren, um die Tragfähigkeit ziviler, gewaltfreier Verfahren und Methoden der Konfliktbearbeitung auch auf der internationalen Ebene unter Beweis zu stellen.

Die Vielfalt der Akteure und Ansätze im ZFD

Als ein Ergebnis des Suchprozesses entstand Ende der 1990er Jahren der Zivile Friedensdienst (ZFD). Aus einer friedenspolitischen Vision entwickelte sich ein Programm der deutschen Außen und Entwicklungspolitik, in dessen Rahmen seit 1999 mehr als 1.300 ZFD-Fachkräfte in mehr als 60 Länder vermittelt wurden. Aktuell arbeiten rund 300 internationale ZFD-Fachkräfte mit 400 Partnerorganisationen in 42 Ländern. Das Ziel ist, lokale Akteure in Konfliktregionen in ihrem Engagement für Frieden und Menschenrechte zu unterstützen, um so die Eskalation von Gewalt zu verhindern bzw. zu stoppen, Hilfe bei der Konfliktnachsorge zu leisten und zur Friedensförderung beizutragen.

Eine Kampagne des Zivilen Friedensdienstes, 2016

Daniela Pastoors, Der zivile Friedensdienst als Beispiel ziviler Konfliktbearbeitung, in: https://www.bpb.de/internationales/weltweit/innerstaatliche-konflikte/290360/ziviler-friedensdienst, 02.05.2019 (Zugriff: 19.01.2021)

---

1. Beschreiben Sie die Ziele und Arbeitsweise von Combatants for Peace (M1).
2. Ordnen Sie den Beitrag ziviler Konfliktbearbeitung in die Friedenskonzepte von Johan Galtung und Dieter Senghaas ein (M2).
3. Beurteilen Sie die Bedeutung von Combatants for Peace für den Nahost-Friedensprozess.

QUERVERWEIS

Ein weiteres Beispiel für die Arbeit von NGOs für Frieden und Menschenrechte finden Sie im Kapitel 3.2.

2.6 Die NATO – noch immer ein Garant für Frieden und Sicherheit?

Das Sicherheitsversprechen auf dem Prüfstand

M 1 Säbelrasseln auf dem Baltikum

Zeichnung: Martin Erl, 2018

INFO

Exklave
Hierbei handelt es sich um einen räumlich isolierten Teil eines Staatsgebiets, der nur über fremdes Gebiet zu erreichen ist. Beispiele sind Alaska oder das Gebiet um Kaliningrad, das zu Russland gehört.

Seit 2012, als Wladimir Putin wieder zum Präsidenten gewählt wurde, droht die russische Regierung den Nachbarländern und den Staaten der NATO. Russland veranstaltet regelmäßig Manöver an der Grenze der baltischen Staaten und Polens. 2014 hat die russische Armee unter dem Vorwand von Militärübungen an seiner Westgrenze Soldaten und Panzer in die Ukraine geschickt und die Krim annektiert. Seither provozieren russische Kampfflugzeuge immer wieder einen Zwischenfall, indem sie NATO-Territorium überfliegen. Im Baltikum geschieht es besonders häufig, auch weil es der kürzeste Weg zwischen Russland und der Exklave Kaliningrad ist. [...]
Die NATO ihrerseits hat um Kaliningrad multinationale Kampfgruppen positioniert: in den drei baltischen Ländern und in Polen jeweils rund 1000 Soldaten. In Litauen wird die Gruppe von der Bundeswehr geleitet. Eine große Mehrheit der Bevölkerung begrüßt die Präsenz der NATO-Soldaten. [...]

Der litauische Verteidigungsminister Raimundas Karoblis warnt: Die in Kaliningrad stationierten Raketen bedrohten nicht nur das Baltikum. „Sie können auch Deutschland und den Süden von Schweden erreichen." Nicht nur die von Putin vorgestellten neuen Raketen seien gefährlich, Litauen werde auch von konventionellen Streitkräften bedroht. „Russland hat mehr als 100.000 Soldaten an der Grenze zu Estland und Lettland stationiert. Russland hat seine Erste Garde-Panzer-Armee reaktiviert, sie ist stark und gen Westen ausgerichtet. Es geht um uns."
Russland testet derzeit, wie weit es gehen kann, ohne eine Reaktion der NATO und EU zu provozieren. Die baltischen Staaten befürchten, dass Russland zum Beispiel die Grenzen verschieben könnte. Für die NATO wäre das der Bündnisfall. Die große Frage ist jedoch: Riskiert das Bündnis einen Dritten Weltkrieg für ein paar Quadratkilometer irgendwo im Baltikum? Es geht um Glaubwürdigkeit und Konsequenz. [...]
Justin Bronk, der Sicherheitsexperte aus London, meint, die NATO habe nach dem Ende des Kalten Krieges zu stark abgerüstet. Russland sei zwar nicht so stark, wie es vorgibt; ernst nehmen müsse der Westen das Militär trotzdem.
„Meiner Ansicht nach will Russland in der Lage sein, einen Krieg anzudrohen, um Zugeständnisse zu erzielen. Russland weiß sehr wohl, dass es sich eine militärische Auseinandersetzung mit der NATO nicht leisten kann. Das ist das Letzte, was die Russen wollen. Sie wollen den Tisch der Mächtigen nicht abbrennen, sie wollen mit dransitzen, gleichberechtigt mit den Amerikanern."

Gesine Dornblüth, Kriegsszenarien und kleiner Grenzverkehr, in: https://www.deutschlandfunk.de/russland-und-das-baltikum-kriegsszenarien-und-kleiner.724.de.html?dram:article_id=417620, 10.05.2018, Zugriff: 06.03.2020

M 2 Artikel 5 des Nordatlantikvertrags vom 4. April 1949

Die Parteien vereinbaren, dass ein bewaffneter Angriff gegen eine oder mehrere von ihnen in Europa oder Nordamerika als ein Angriff gegen sie alle angesehen werden wird; sie vereinbaren daher, dass im Falle eines solchen bewaffneten Angriffs jede von ihnen in Ausübung des in Artikel 51 der Satzung der Vereinten Nationen anerkannten Rechts der individuellen oder kollektiven Selbstverteidigung der Partei oder den Parteien, die angegriffen werden, Beistand leistet, indem jede von ihnen unverzüglich für sich und im Zusammenwirken mit den anderen Parteien die Maßnahmen, einschließlich der Anwendung von Waffengewalt, trifft, die sie für erforderlich erachtet, um die Sicherheit des nordatlantischen Gebiets wiederherzustellen und zu erhalten.

Von jedem bewaffneten Angriff und allen daraufhin getroffenen Gegenmaßnahmen ist unverzüglich dem Sicherheitsrat Mitteilung zu machen. Die Maßnahmen sind einzustellen, sobald der Sicherheitsrat diejenigen Schritte unternommen hat, die notwendig sind, um den internationalen Frieden und die internationale Sicherheit wiederherzustellen und zu erhalten.

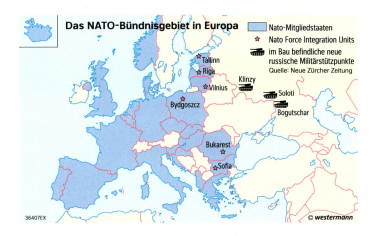

Zit. nach: https://www.nato.int/cps/en/natohq/official_texts_17120.htm?selectedLocale=de, 25.03.2019 (Zugriff: 21.01.2021)

M 3 Wann tritt der Bündnisfall ein?

Der wichtigste Aspekt findet Ausdruck in Artikel 5, wonach der bewaffnete Angriff auf ein NATO-Mitglied den Bündnisfall auslöst, also alle NATO-Mitglieder zur individuellen und kollektiven Selbstverteidigung ermächtigt werden. Geographisch beschränkt Artikel 6 den Bündnisfall auf bewaffnete Angriffe auf alliiertes Territorium oder alliierte Truppen im nordatlantischen Raum, das heißt in Europa und Nordamerika „nördlich des Wendekreises des Krebses". Artikel 3 verpflichtet die Mitgliedstaaten, ihre (militärischen) Fähigkeiten zum Widerstand gegen solch einen Angriff weiterzuentwickeln. Bemerkenswert ist, dass der Vertrag die genaue Ausgestaltung des Beistands im Bündnisfall offenlässt. Weil die USA auf ihrer souveränen Entscheidungsgewalt über den Einsatz ihrer Streitkräfte bestanden, gibt es keinen militärischen Automatismus […] theoretisch ist der Beistandsverpflichtung auch mit einer dipolomatischen Protestnote genüge getan. […]

Patrick Keller, NATO, in: Wichard Woyke, Johannes Varwick (Hg.), Handwörterbuch Internationale Politik, Bonn 2016, S. 330 f.

---

1 Analysieren Sie die Karikatur und tauschen Sie in Kleingruppen Ihr Vorwissen zu Aktivitäten, Zielen und Aufgaben der NATO aus (M1).
2 Beschreiben Sie die sicherheitspolitische Situation der baltischen Staaten (M1).
3 Stellen Sie dar, welche Reaktionen die baltischen Staaten im Falle eines russischen Einmarsches von ihren NATO-Partnern verlangen können (M2, M3).
4 Anfang 2020 kämpften türkische Truppen zusammen mit islamistischen Rebellen in Syrien gegen syrische Regierungstruppen, die mit Russland und dem Iran verbündet sind. Bei einem Angriff wurden zahlreiche türkische Soldaten getötet. Der türkische Präsident Erdogan verlangte daraufhin Beistand der NATO. Überprüfen Sie, ob damit der Bündnisfall ausgelöst werden konnte.

QUERVERWEIS

Aufgaben und Strategie der NATO, S. 60 f.

BASISKONZEPT

Privatheit und Öffentlichkeit

Aufgaben und Strategie der NATO

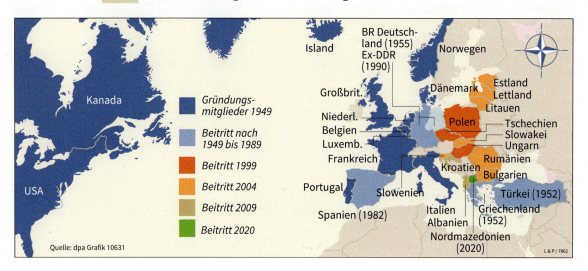

M1 Entwicklung der NATO-Mitgliedsstaaten

Quelle: dpa Grafik 10631

QUERVERWEIS

Weitere Informationen zu Deutschlands Rolle in der NATO finden Sie auf Seite 102 ff.

Am 4. April 1949 gründeten zwölf Staaten den Nordatlantik-Pakt (North Atlantic Treaty Organization NATO). Die Bundesrepublik Deutschland trat dem Verteidigungsbündnis im Jahr 1955 bei. In den ersten 40 Jahren bestand die Aufgabe der NATO vor allem in der Abschreckung des politischen Gegners durch militärische (und nukleare) Stärke. Als Gegner galten im Kalten Krieg die sozialistisch bzw. kommunistisch geprägten Länder des Ostblocks unter Führung der Sowjetunion. Sie gründeten 1955 den Warschauer Pakt als Militärbündnis.

Mittlerweile gehören auch ehemalige Ostblock-Staaten der NATO an. [...] Das Bündnis definiert sich nicht nur als militärische Partnerschaft und System kollektiver Sicherheit, sondern als ein Zusammenschluss, der auf gemeinsamen demokratischen Werten basiert. Die NATO verlangt von neuen Mitgliedern militärische Reformen (u. a. zivile Kontrolle der Armee), aber auch den Aufbau tragfähiger Marktwirtschaften und stabiler demokratischer Institutionen. [...]

Strategiewechsel nach 1991 und 2001

Seit ihrer Gründung hat sich die Rolle der NATO stark verändert. Nachdem sie mit dem Ende der Block-Konfrontation 1991 einen grundlegenden Strategiewechsel vollzogen hatte – von der klassischen Bündnisverteidigung hin zur Krisenbewältigung im euroatlantischen Raum –, veränderte sich die Bedrohungslage nach den Anschlägen des 11. September 2001 erneut. In der Folge wurde erstmals der Bündnisfall ausgerufen und NATO-Truppen marschierten unter US-Führung in Afghanistan ein. Die stets sichtbare, territorial gebundene Bedrohung im Ost-West-Konflikt war nun einer globalen und in der Regel nicht-staatlichen Aggression gewichen. Zugleich wurde deutlich, dass sich der Sicherheitsanspruch der NATO zunehmend auch über das eigene Territorium ihrer Mitgliedstaaten hinaus erstreckt.

Auf diese Weise hat sich die Rolle der NATO von einem Bündnis vorrangig zur (Landes-)Verteidigung immer mehr hin zu einer global eingreifenden Ordnungsmacht verschoben – ein Wandel, der unter den Mitgliedstaaten umstritten ist. Seit den 1990er Jahren haben NATO-Truppen in mehreren Konflikten und Katastrophenregionen der Welt eingegriffen: unter anderem in Bosnien-Herzegowina (1995–2004), in Serbien und dem Kosovo (seit 1999), in Mazedonien (heute: Nordmazedonien, 2001–2003) und im Irak (2004–2011, erneut seit 2018). Außerdem erfolgten humanitäre Hilfseinsätze nach einem Erdbeben in Pakistan und dem Wirbelsturm Katrina im Süden der

USA (beides 2005). 2011 beeinflusste die Nato mit Luftschlägen entscheidend den Verlauf des Bürgerkriegs in Libyen und unterstützte die libysche Opposition beim Sturz des Diktators Muammar al-Gaddafi.

Beispiele aktueller Einsätze

Aktuell laufen NATO-Einsätze u. a. zur Ausbildung und Unterstützung von Sicherheitskräften in Afghanistan und im Irak sowie als Partner von Friedensmissionen der Afrikanischen Union. Auch in Europa ist die NATO im Einsatz: im Kosovo (KFOR), im Mittelmeerraum und seit 2014 zur Überwachung des Luftraums in der Ukraine. Ebenfalls seit 2014 betreibt die NATO eine Mission zur Luftraumüberwachung des Baltikums („Baltic Air Policing"). Ziel ist es, Estland, Lettland und Litauen besser vor Verletzungen ihrer Grenzen durch russische Militärflugzeuge zu schützen.

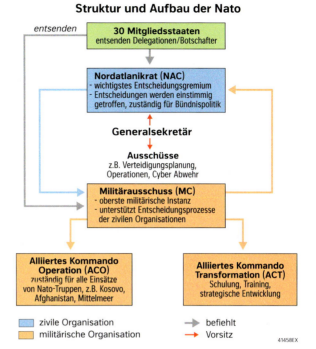

Vor 70 Jahren: Gründung der NATO, 03.04.2019, in: https://www.bpb.de/politik/hintergrund-aktuell/288560/70-jahre-nato, Zugriff: 08.03.2020

M2 Kernaufgaben nach dem aktuellen Strategischen Konzept

Kollektive Verteidigung, Krisenmanagement und kooperative Sicherheit sind die drei Kernaufgaben der NATO. Auf dem Gipfel in Lissabon 2010 haben die NATO-Staaten diese drei Aufgaben im Strategischen Konzept der Allianz festgeschrieben.

Das Herzstück der Allianz ist die kollektive Verteidigung: Bei einem Angriff von außen unterstützen sich die NATO-Mitglieder gegenseitig. Entscheidend ist, dass potentielle Angreifer abgeschreckt werden, sodass es gar nicht erst zu einem Verteidigungsfall kommt. Im Rahmen des Krisenmanagements setzen sich die NATO-Alliierten für Sicherheit und Stabilität ein, wo die Sicherheit von NATO-Staaten betroffen ist. Dabei handelt es sich zum einen um Krisenprävention, also das Bemühen, Krisen und ihrer Eskalation vorzubeugen. Zum anderen geht es um Krisenmanagement und Stabilisierung nach Konflikten, wie zum Beispiel in Afghanistan oder in Kosovo. Die dritte Aufgabe, kooperative Sicherheit, beschreibt den Willen der Allianz, durch Zusammenarbeit mit Nicht-NATO-Staaten internationale Sicherheit und Stabilität zu gewährleisten. Diese Zusammenarbeit kann verschiedene Formen annehmen, zum Beispiel indem Möglichkeiten des Dialogs zur Transparenz und Vertrauensbildung geschaffen werden.

auswaertiges-amt.de: Die Nordatlantische Allianz (NATO), https://www.auswaertiges-amt.de/de/aussenpolitik/internationale-organisationen/nato/nato/207410, 01.02.2020, (Zugriff: 25.01.2021)

INFO

Abwehr von hybriden Bedrohungen und Cyberattacken

Seit dem NATO-Gipfeltreffen in Warschau (2016) ist im Rahmen der kollektiven Verteidigung die Abwehr hybrider Bedrohungen und Cyberattacken verstärkt in den Fokus der Allianz gerückt. Die NATO-Partner wollen ihre Fähigkeiten auf diesen Gebieten in den kommenden Jahren beträchtlich erweitern. Weitere Informationen finden Sie unter:

https://nato.diplo.de/blob/2203104/4026ac9587ebb387bd578a9b74fd91f2/erklaerung-der-staats--und-regierungschefs-2016-

---

1 Beschreiben Sie die Entwicklung der NATO (M1).
2 Charakterisieren Sie den Wandel der Strategien von 1949 bis 2010 (M2).
3 Erläutern Sie den Doppelcharakter des Bündnisses anhand des Schaubilds auf dieser Seite.
4 Beurteilen Sie die Kernaufgaben nach dem Strategischen Konzept vor dem Hintergrund neuer sicherheitspolitischer Herausforderungen (zum Beispiel Cyberwar, hybride Kriegsformen).

Die NATO – hirntot oder quicklebendig?

M 1 Die NATO – reif für den Nachruf?

Wenige Wochen vor dem Nato-Gipfel zum 70-jährigen Jubiläum der Allianz hat Frankreichs Präsident Emmanuel Macron das Verteidigungsbündnis in Frage gestellt. „Was wir derzeit erleben, ist der Hirntod der NATO", sagte er in einem Interview mit dem britischen Wirtschaftsmagazin Economist [...].
Anlass für die Einschätzung ist zum einen die Offensive der Türkei in Nordsyrien, die von NATO-Verbündeten kritisiert wird. Die Regierung in Ankara zeige ein „unkoordiniertes, aggressives" Vorgehen in einem Bereich, in dem die Sicherheitsinteressen aller berührt seien, sagte Macron und bezweifelte, dass die Grundidee der NATO noch Bestand hat: Es sei fraglich, ob ein Angriff auf ein NATO-Mitglied auch heute noch als Angriff auf alle betrachtet würde.
[...] Europa könne sich nicht mehr auf die USA verlassen. So funktioniere die Zusammenarbeit auf der operativen Ebene zwar gut. Aber es gebe „keinerlei Koordination bei strategischen Entscheidungen zwischen den USA und ihren NATO-Verbündeten".

Zeichnung: Klaus Stuttmann, 2009

Ich fühl mich immer noch fit wie ein Turnschuh!!

60 Jahre Natosaurus ...

Zeit online, AP, AFP, dpa, Karin Geil: Emmanuel Macron beklagt Hirntod der NATO, https://www.zeit.de/politik/ausland/2019-11/frankreich-emmanuel-macron-nato-kritik, 07.11.2019 (Zugriff: 25.01.2021)

M 2 Die NATO gut in Schuss

Ihr achtes Jahrzehnt beginnt die NATO in ziemlich guter Gesundheit, da sie die gemeinsamen Interessen ihrer Mitglieder auf bewundernswerte Weise vertritt. Durch die russische Aggression in der Ukraine wurde die traditionelle Mission der NATO als territoriales Verteidigungsbündnis wieder stärker ins Bewusstsein gerückt. Die Vereinigten Staaten haben ihre Präsenz an der Ostflanke verstärkt, und die US-Regierung willigte ein, [...] zusätzliche US-Truppen auf den Kontinent zu verlegen. [...]
Weiterhin hat die NATO dazu beigetragen, die ethnischen Konflikte auf dem Balkan der 1990er Jahre zu beenden. Bis heute verfügt sie dort über Truppen, um den Frieden zu schützen. Trotz der Schwierigkeiten und Gefahren der Mission in Afghanistan ist die NATO seit 2003 auch dort auf Kurs geblieben. Sie steht weiterhin zu ihrer ersten und einzigen Aktivierung des Artikel 5 – der Verpflichtung zur gemeinsamen Verteidigung – nach den Terroranschlägen vom 11. September 2001. Auch hat das Bündnis entscheidend zum Kampf gegen den Islamischen Staat (IS) beigetragen, indem es Überwachungsflugzeuge zur Verfügung stellte und dabei half, die irakischen Streitkräfte auszubilden. Und schließlich hat die NATO Schiffe in die Ägäis und ins Mittelmeer gesandt, um dort Sicherheit zu schaffen und zur Lösung der Migrationskrise beizutragen.
Zusätzlich zu diesen Missionen arbeitet die NATO ständig daran, ihre vielen Partner zu stärken. Mit ihrer „Partnerschaft für den Frieden" bietet sie den Nichtmitgliedstaaten im euro-atlantischen Raum Training und Ausbildung an. [...] Ein Europäisches Kompetenzzentrum zur Bewältigung hybrider Bedrohungen wurde eröffnet, und das Bündnis ist dabei, ein neues Cyberspace-Operationszentrum zu gründen.

Charles A. Kupchan, Nato gut in Schuss, in: https://www.ipg-journal.de/rubriken/aussen-und-sicherheitspolitik/artikel/nato-gut-in-schuss-3367/, 02.04.2019, Zugriff: 25.05.2020

M 3 Herausforderungen für die Zukunft

Die NATO ist gegenwärtig von einer Vielzahl von Spannungen gekennzeichnet: Die meisten davon begleiten das Bündnis seit Jahren, wenn nicht schon seit seiner Gründung [...] An erster Stelle steht die Spannung zwischen Artikel 5 und globalem Krisenmanagement. Jüngste Entwicklungen führen zu einer Neubetonung der klassischen Landesverteidigung in Europa. Zugleich bleibt die Analyse [...] richtig, wonach Sicherheit im Zeitalter der Globalisierung umfassend verstanden werden muss und mitunter Stabilitätsprojektion out of area erfordert. Beides gleichermaßen zu leisten, wird die finanziellen und politischen Ressourcen der Mitgliedstaaten vermutlich überfordern; die Prioritätensetzung bleibt allerdings umstritten.

Zweitens wird der Zusammenhalt zwischen Europäern und Amerikanern eine Herausforderung der NATO bleiben. Strategische Prioritäten sowie militärische Fähigkeiten beider Seiten drohen insbesondere seit Ende des Ost-West-Konflikts immer weiter auseinanderzudriften. Dazu gehört seit jeher die Debatte über eine faire Lastenteilung (burden sharing) im Bündnis. Amerikanische Verantwortliche klagen, dass die USA einen übermäßig großen Anteil der Kosten in der NATO tragen, vor allem die Investitionen in militärische Mittel betreffend. [...] Spaltungen [...] – etwa in die „kriegführenden" USA und die „zivilen Wiederaufbau leistenden" Europäer – bleiben eine ständige Gefahr für die Einigkeit und Belastbarkeit des Bündnisses.

Drittens ist die Frage nach den militärischen Fähigkeiten des Bündnisses akut. Seit der Finanz- und Wirtschaftskrise 2008 schrumpfen die Verteidigungshaushalte in fast allen NATO-Staaten, obwohl sie in den meisten europäischen Staaten ohnehin auf niedrigem Niveau angekommen waren. [...] Es ist fraglich, ob die NATO unter diesen Bedingungen mittelfristig noch glaubwürdige Abschreckung leisten und ihre internationalen Ambitionen erfüllen kann.

Viertens bleibt die Aufnahme neuer Mitglieder innerhalb der NATO [...] umstritten. Angesichts der ungelösten Territorialkonflikte mit Russland wird die Aufnahme Georgiens und der Ukraine vorerst nicht auf die Tagesordnung zurückkehren. Aber neben den Kandidaten Mazedonien, Montenegro und Bosnien-Herzegowina gibt es auf dem Balkan ebenso wie im Kaukasus oder in Schweden und Finnland Erwägungen einer Mitgliedschaft. Es gibt in der Allianz sehr unterschiedliche Haltungen im Grundsatz und mit Blick auf den jeweiligen Kandidaten, was dies für das Verhältnis der NATO zu Russland, für die Glaubwürdigkeit von Art. 5, die Stabilität Europas und die politische Steuerbarkeit der NATO bedeuten würde.

Fünftens stellt sich die Frage nach der Rolle der NATO im globalen Institutionengeflecht. Angesichts des Aufstiegs nicht-westlicher Schwellenländer wie China, Brasilien und Indien verlieren die NATO-Staaten relativ gesehen an Einfluss auf die Gestaltung internationaler Ordnung. [...] Festzustellen ist allerdings, dass sich die NATO in den vergangenen Jahren immer mehr in Richtung eines „Drehkreuzes" für internationale Sicherheit entwickelt hat und inzwischen ein weltweites Netz von Partnerschaften zu anderen Staaten und Institutionen unterhält. In Zeiten, die von der Erosion etablierter Ordnungsstrukturen gekennzeichnet sind, bleibt die Atlantische Allianz damit ein Anker internationaler Stabilität.

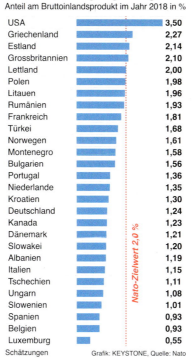

Nato: Verteidigungsausgaben
Anteil am Bruttoinlandsprodukt im Jahr 2018 in %

Land	%
USA	3,50
Griechenland	2,27
Estland	2,14
Grossbritannien	2,10
Lettland	2,00
Polen	1,98
Litauen	1,96
Rumänien	1,93
Frankreich	1,81
Türkei	1,68
Norwegen	1,61
Montenegro	1,58
Bulgarien	1,56
Portugal	1,36
Niederlande	1,35
Kroatien	1,30
Deutschland	1,24
Kanada	1,23
Dänemark	1,21
Slowakei	1,20
Albanien	1,19
Italien	1,15
Tschechien	1,11
Ungarn	1,08
Slowenien	1,01
Spanien	0,93
Belgien	0,93
Luxemburg	0,55

Nato-Zielwert 2,0 %
Schätzungen Grafik: KEYSTONE, Quelle: Nato

Patrick Keller, NATO, in: Wichard Woyke, Johannes Varwick (Hg.), Handwörterbuch Internationale Politik, Bonn 2016, S. 338

1 Analysieren Sie die Karikatur in M1.
2 Arbeiten Sie die unterschiedlichen Positionen in M1 und M2 heraus.
3 Erstellen Sie anhand von M3 eine Rangfolge der wichtigsten Zukunftsfragen und begründen Sie diese.
4 Gestalten Sie auf der Grundlage von M1 bis M3 einen Kommentar zum 75. Geburtstag der NATO, in dem Sie den Zustand der Allianz bewerten.

2.7 Die Vereinten Nationen – reformunfähig und doch ohne Alternative?

Welche Rolle spielt die UNO bei der Friedenssicherung?

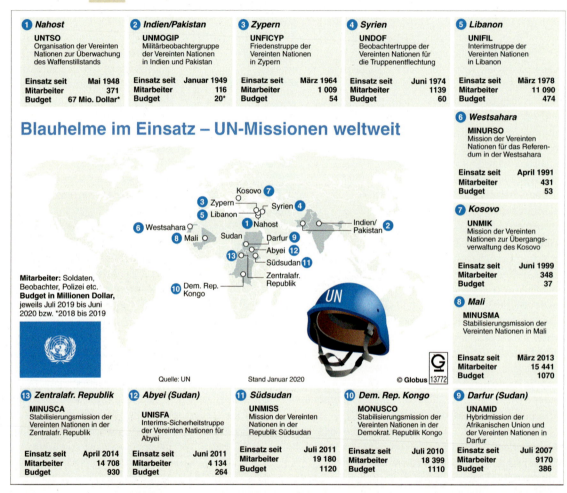

M 1 Weltweite Blauhelmeinsätze

INFO	
Repatriierung und Reintegraton Rückkehr und Wiedereingliederung	

1. Friedensmission in Liberia (UNIMIL)
Ort: Liberia
Dauer: 19.09.2003–30.03.2018
Anlass: Beendigung des zweiten liberianischen Bürgerkriegs
Mandat: Unterstützung bei der Umsetzung des Friedensabkommens von Accra […], Entwaffnung, Demobilisierung, Repatriierung und Reintegrationen ehemaliger Kombattanten, Unterstützung der Wahlen (2005), Gewährleistung von Sicherheit an zentralen Orten, Unterstützung der Übergangsregierung bei der Übernahme ihrer Aufgaben, Unterstützung von menschenrechtlicher und humanitärer Hilfe; später sind weitere Aufgaben hinzugekommen.
Hintergrund: UNIMIL war maßgeblich daran beteiligt, die Rückkehr Liberias in friedliche und stabile Verhältnisse nach zwei Bürgerkriegen (1989–1997 und 1999–2003) zu ermöglichen. Bemerkenswert ist die vergleichsweise kurze Dauer, in der das Land zur Stabilität zurückgefunden hat.

2. Friedensmission in Mali (MINUSMA)
Ort: Mali
Dauer: 25.04.2013 – heute (Stand 2021)
Anlass: Stabilisierung Malis nach einem Putsch und einem Aufstand im Norden des Landes (2012)
Mandat: Stabilisierung zentraler Ballungszentren, Wiederherstellung der staatlichen Hoheit (insbesondere im Norden), Wiederaufbau der malischen Sicherheitskräfte, Entwaffnung, Demobilisierung und Reintegration ehemaliger Kombattanten, Unterstützung des politischen Übergangsprozesses hin zur Wiederherstellung der verfassungsgemäßen Ordnung, Schutz der Zivilbevölkerung, Schutz und Förderung der Menschenrechte, Unterstützung der humanitären Hilfe, Schutz von Kulturgütern sowie Unterstützung der Justiz bei der Verfolgung von Kriegsverbrechen [...]
Hintergrund: Bisher hat MINUSMA 170 getötete Blauhelme zu beklagen (Stand: Juni 2018) und zählt damit zu den gefährlichsten Friedensmissionen der UN. Dazu trägt bei, dass der gewaltsame Konflikt in Mali nach wie vor nicht beendet ist. Überdies ist es eine der vordringlichen Aufgaben von MINUSMA, die malische Regierung bei der Wiederherstellung der Sicherheit im Land zu unterstützen. [...]

Deutsche Gesellschaft für die Vereinten Nationen e. V.: UN-Friedensmissionen. UN-Basisinformationen 59. Online unter: https://dgvn.de/fileadmin/publications/PDFs/Basis_Informationen/BI_59_UN-Friedensmissionen_web_.pdf, S. 4 f.

M 2 Möglichkeiten in Konfliktsituationen: Auszug aus der UN-Charta

Artikel 39
Der Sicherheitsrat stellt fest, ob eine Bedrohung oder ein Bruch des Friedens oder eine Angriffshandlung vorliegt; er gibt Empfehlungen ab oder beschließt, welche Maßnahmen aufgrund der Artikel 41 und 42 zu treffen sind, um den Weltfrieden und die internationale Sicherheit zu wahren oder wiederherzustellen.

Artikel 41
Der Sicherheitsrat kann beschließen, welche Maßnahmen – unter Ausschluss von Waffengewalt – zu ergreifen sind, um seinen Beschlüssen Wirksamkeit zu verleihen; er kann die Mitglieder der Vereinten Nationen auffordern, diese Maßnahmen durchzuführen. Sie können die vollständige oder teilweise Unterbrechung der Wirtschaftsbeziehungen, des Eisenbahn-, See- und Luftverkehrs, der Post-, Telegraphen- und Funkverbindungen sowie sonstiger Verkehrsmöglichkeiten und den Abbruch der diplomatischen Beziehungen einschließen.

Der Weltsicherheitsrat kann als einziges Organ der UNO alle Staaten bindende Entscheidungen treffen (2017).

Artikel 42
Ist der Sicherheitsrat der Auffassung, dass die in Artikel 41 vorgesehenen Maßnahmen unzulänglich sein würden oder sich als unzulänglich erwiesen haben, so kann er mit Luft-, See- oder Landstreitkräften die zur Wahrung oder Wiederherstellung des Weltfriedens und der internationalen Sicherheit erforderlichen Maßnahmen durchführen. [...]

M 3 Friedensmissionen als zentrales Instrument der Friedenssicherung

INFO

Blauhelmsoldaten
Die Bezeichnung stammt von der blauen Kopfbedeckung der UN-Truppen. Bei ihrem Einsatz gelten drei Prinzipien:
- Zustimmung der Konfliktparteien für den Einsatz
- Neutralität bei strikter Einhaltung ihres Auftrags
- Einsatz von Gewalt nur zu Selbstvetteidigung

Beim sog. robusten Peace-Keeping dürfen die Soldaten auch notfalls Waffengewalt anwenden.

Friedenseinsätze werden vom UN-Sicherheitsrat beschlossen. Die ausführende Leitung liegt beim UN-Generalsekretär. Dieser ernennt Sonderbeauftragte für die Leitung der Friedensmissionen
5 vor Ort. UN-Länderteams bestehen aus Vertretern der UN-Organisationen und UN-Programmen aus den Bereichen Entwicklungspolitik und humanitäre Hilfe. Im UN-Sekretariat liegt die Planung und Verwaltung von Friedensmissionen bei
10 der Hauptabteilung Friedenssicherungseinsätze (DPKO). Als beratendes Nebenorgan des Sicherheitsrats und der Generalversammlung fungiert die 2006 eingerichtete Kommission für Friedenskonsolidierung, die den Wiederaufbau nach Kon-
15 flikten koordiniert.

Die Finanzierung der Friedenseinsätze erfolgt durch alle UN-Mitgliedstaaten, wobei die Festlegung des Budgets dem Haushaltsausschuss der UN-Generalversammlung obliegt, der die Wirt-
20 schaftskraft der Länder zur Grundlage nimmt.

Klassisches Peacekeeping

Als „klassisches" Peacekeeping gilt das Entsenden leicht bewaffneter Streitkräfte oder unbewaffne-
25 ter Militärbeobachterinnen und -beobachter durch den UN-Sicherheitsrat, um Waffenstillstandsabkommen zu überwachen und Pufferzonen zwischen Konfliktparteien zu schaffen. Durch die Präsenz unparteiischer Friedenstruppen („Blauhelme"), so der Gedanke, sollen Spannun-
30 gen in einem Konflikt abgebaut und einer Verhandlungslösung der Weg geebnet werden. Peacekeeping kann den Mitteln der friedlichen Streitbeilegung nach Kap. VI der UN-Charta zugeordnet werden, obgleich es nicht in der Charta
35 festgeschrieben ist. Da es sich zugleich um eine militärische Maßnahme handelt, wurde Peacekeeping auch Kapitel VI 1/2-Maßnahme genannt. Wichtige Voraussetzung für die Entsendung von Blauhelmen ist die Zustimmung der Konfliktpar-
40 teien. Daneben gilt das Prinzip, Waffengewalt lediglich zur Selbstverteidigung anzuwenden.

Multidimensionales Peacekeeping

Mit der Zunahme innerstaatlicher Konflikte seit Beginn der 1990er Jahre wurde deutlich, dass die Anwesenheit unparteiischer Friedenssoldaten oft
45 nicht genügte. Zivile Maßnahmen der Konfliktprävention und der Friedenskonsolidierung erlangten deshalb zunehmende Bedeutung.
So entwickelte sich das multidimensionale Peacekeeping, das die Stabilisierung von Friedensvereinbarungen in der Übergangsphase nach Kon-
50 flikten, die Unterstützung beim Aufbau demokratischer Institutionen, die Überwachung von Wahlen, die Rückführung von Flüchtlingen und die Entwaffnung der Konfliktparteien umfasst. Militärisches Personal wird dabei um Poli-
55 zisten und zivile Mitarbeiter wie Verwaltungspersonal ergänzt.
Zum Teil haben UN-Friedensmissionen aber auch keinen rein militärischen Auftrag und erfüllen etwa Beobachtermissionen zur Überwachung von
60 Wahlen, zur Durchführung von Referenden oder zur Einhaltung der Menschenrechte. Auch Politische Missionen sind in der Regel zivile Einsätze.

Peace Enforcement (Friedenserzwingung)

65 Das Scheitern der UN-Friedensmissionen in Somalia, dem ehemaligen Jugoslawien und Ruanda stürzte die UN-Friedenssicherung in den 1990er Jahren in eine schwere Krise und zeigte, dass die Mandate der klassischen Friedenseinsätze nicht
70 mit der Realität gewaltsamer innerstaatlicher Konflikte vereinbar waren: Den Friedenssoldaten fehlten die notwendigen Kompetenzen für eine Friedenserzwingung. Der Sicherheitsrat reagierte darauf, indem er die Anwendung militärischer
75 Gewalt nun auch zur Verteidigung des Mandats (z.B. zum Schutz der Zivilbevölkerung) erlaubte. Die meisten Missionen sind heute mit solch einem robusten Mandat ausgestattet.

DGVN: UN-Friedensmissionen, https://friedensichern.dgvn.de/friedenssicherung/un-friedensmissionen/, (Zugriff: 25.06.2021)

M 4 Weltweite Blauhelmeinsätze

Die Vereinten Nationen waren noch keine drei Jahre alt, da nahm die Geschichte der Friedensmissionen ihren Anfang: Die UNO schickte etwa 120 uniformierte Männer aus aller Welt in den
5 Nebel des ersten arabisch-israelischen Krieges von 1948. Ohne Waffen bezogen sie auf den kargen Hügeln Palästinas Stellung, um einen wackeligen Frieden zu überwachen. [...]
Der erste Waffenstillstand in Palästina hielt ledig-
10 lich vier Wochen. [...] Der UNO-Einsatz in Nahost konnte nie abgeschlossen werden. Bis heute tun die Blauhelmsoldaten dort das, wofür sie ursprünglich 1948 entsandt wurden: beobachten und überwachen. Frieden aber scheint in der Re-
15 gion ferner denn je.[...]
In der ersten Generation der Einsätze bis 1988 entsandte die UNO nur 14 Mal Blauhelmsoldaten. Im Kalten Krieg blockierten die Supermächte USA und Sowjetunion einander oftmals im Sicher-
20 heitsrat, dem obersten Entscheidungsgremium. Als sich die Ost-West-Konfrontation langsam löste, wuchs im New Yorker UNO-Hauptquartier die Hoffnung, dass die Friedenstruppen fortan effektiver arbeiten könnten. [...]
25 Der einflussreiche ägyptische UNO-Generalsekretär Boutros Boutros-Ghali schrieb 1992 im Bericht „Eine Agenda für den Frieden" vom post-conflict peace-building. Statt einfach zwischen den Fronten zu stehen, übernahmen die Blauhelmsoldaten komplexere Aufträge. Die UNO sollte fortan Län-
30 dern in einer Übergangsphase helfen, voll funktionierende Staaten zu werden, und bis dahin selbst staatliche Funktionen übernehmen.
Erstmals schickte Deutschland Polizisten und Soldaten zu einem UNO-Einsatz in Namibia, der einsti-
35 gen Kolonie Deutsch-Südwestafrika. Das Land war 1989 im Begriff, sich von Südafrika loszusagen, und sollte während des Unabhängigkeitsprozesses begleitet werden.
Das Ende des Kalten Krieges hatte allerdings noch
40 einen anderen Effekt: Konflikte, die während der Konfrontation der Supermächte unterdrückt waren, brachen sich jetzt gewaltsam Bahn - oftmals in Bürgerkriegen statt in Kriegen zwischen Staaten. So erschütterte eine Mission am Horn von
45 Afrika das neu gewonnene Selbstbewusstsein, als die UNO sich in Somalia am Peace-Enforcement versuchte: 1992 entsandte sie Soldaten, um einen Frieden zu erzwingen, nicht um einen bereits bestehenden Frieden zu überwachen.
Amerikanische und UNO-Soldaten erlitten im 50 stundenlangen Häuserkampf gegen Rebellen des somalischen Warlords Aidid schwere Verluste. Die Tage Anfang Oktober 1993 wurden als Schlacht von Mogadischu bekannt. Die USA zogen ihr Kontingent schließlich ab, auch angesichts grausamer 55 Bilder von durch die Straßen gezerrten Leichen von Soldaten.
Weitere Tiefschläge folgten. In Ruanda töteten 1994 trotz Präsenz von Blauhelmsoldaten Mitglieder der Volksgruppe der Hutu bis zu eine Million Tutsi, metzelten sie teils mit Macheten auf offe- 60 ner Straße hin. Obwohl man sie in einen brodelnden Krisenherd geschickt hatte, durften die UNO-Soldaten Waffen lediglich zur Selbstverteidigung einsetzen und konnten Ruandern nicht dauerhaft helfen, die in ihrer Nähe Schutz gesucht hatten. Es 65 war der schlimmste Völkermord seit dem Zweiten Weltkrieg. [...] Im ersten Jahrzehnt nach dem Kalten Krieg formierten sich die Friedensmissionen neu, mit einigen Erfolgen und mit bitteren Rückschlägen. [...] Die Einsätze der neuesten Generati- 70 on sind eher noch komplizierter. In multidimensionalen Einsätzen sollen UNO-Kräfte den Frieden wahren, den Staat stabilisieren, Streitkräfte und Polizei ausbilden - aber auch auf Terroristen scharf schießen. 75

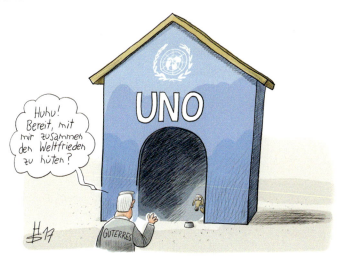

Zeichnung: Heiko Sakurai, 2017

Die Karikatur zeigt António Guterres, UN-Generalsekretär ab 2017.

Dyfed Loesche, Blauhelmsoldaten in der Krise, in: https://www.spiegel.de/geschichte/uno-friedensmissionen-nahost-ruanda-srebrenica-blauhelme-in-der-krise-a-1208964.html, 13.06.2018, Zugriff: 01.04.2020

M5 Friedensmissionen vor schwierigen Herausforderungen

Viele dieser Probleme werden seit Jahren diskutiert, ohne dass es gelungen wäre, nachhaltige Verbesserungen herbeizuführen.

Mangel an politischer und finanzieller Unterstützung: Ein notorisches Problem ist der Mangel an politischer und finanzieller Unterstützung durch die Staaten. Dies resultiert teilweise aus der Praxis, Blauhelme in Konflikte zu schicken, die nicht im Fokus der Weltöffentlichkeit stehen. In diesen Fällen sind UN-Friedensmissionen bisweilen eine Verlegenheitslösung, die de facto eher eine symbolische Bedeutung besitzt. Wenn jedoch die Entschlossenheit der Staatengemeinschaft und das politische Gewicht einflussreicher Staaten fehlen, können die Folgen fatal sein: Schlecht ausgestattete Missionen, die womöglich viel zu spät vor Ort eintreffen und dort statt einen Frieden zu überwachen in einem aktiven Konflikt bestehen müssen, beschädigen die Legitimität der Weltorganisation insgesamt. [...]

Schleichende Ausweitung der Friedensmissionen: In zahlreichen Fällen sind die UN teilweise über Jahrzehnte in einem Konflikt präsent. Dies führt nicht nur zur Kritik der Staaten am mangelnden Fortschritt und damit zur Infragestellung der Sinnhaftigkeit einer Friedensmission, sondern auch zur Verstetigung einer Situation, in der die lokalen Kräfte nicht die volle Verantwortung für die Situation in ihrem Land wahrnehmen müssen. [...] Gleichwohl ist es für die UN mit ihrem Menschenrechtsverständnis auch keine Option, zynisch zu warten, bis die Konfliktparteien sich einigen, wenn dies zu Lasten der Zivilbevölkerung geschieht.

Sicherheit der Friedenssicherungskräfte: Im Jahr 2017 wurden 61 Blauhelme durch Angriffe oder Anschläge getötet, so viele wie seit dem Jahr 1994 nicht mehr. [...] Während dos Santos Cruz [ehemaliger UN-Befehlshaber aus Brasilien] und andere für einen robusten Ansatz plädieren, inklusive der aktiven Bekämpfung von Gefahren der Friedensmissionen, würden andere die Weltorganisation lieber aus hochgradig gewaltsamen Konflikten heraushalten.

Christian Stock: UN-Basis-Informationen 59, UN-Friedensmissionen, in: https://dgvn.de/fileadmin/publica-tions/PDFs/Basis_Informationen/BI_59_UN-Friedensmissio-nen__web_.pdf, S. 6 f. , 08.2018 (Zugriff: 01.08.2021)

M6 Beitragszahler und Truppensteller

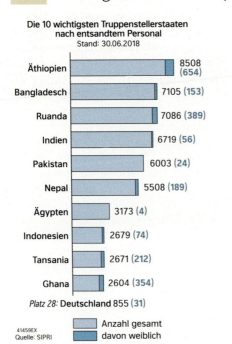

Die 10 wichtigsten Truppenstellerstaaten nach entsandtem Personal
Stand: 30.06.2018

- Äthiopien: 8508 (654)
- Bangladesch: 7105 (153)
- Ruanda: 7086 (389)
- Indien: 6719 (56)
- Pakistan: 6003 (24)
- Nepal: 5508 (189)
- Ägypten: 3173 (4)
- Indonesien: 2679 (74)
- Tansania: 2671 (212)
- Ghana: 2604 (354)

Platz 28: **Deutschland** 855 (31)

Anzahl gesamt / davon weiblich
41459EX Quelle: SIPRI

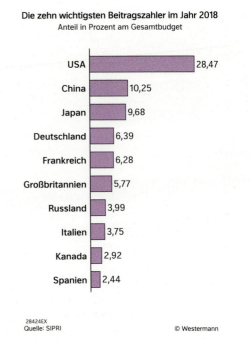

Die zehn wichtigsten Beitragszahler im Jahr 2018
Anteil in Prozent am Gesamtbudget

- USA: 28,47
- China: 10,25
- Japan: 9,68
- Deutschland: 6,39
- Frankreich: 6,28
- Großbritannien: 5,77
- Russland: 3,99
- Italien: 3,75
- Kanada: 2,92
- Spanien: 2,44

28424EX Quelle: SIPRI

© Westermann

M 7   Wie erfolgreich sind die Friedensmissionen der UN?

Die Bilanz der UN-Friedensmissionen fällt durchaus positiv aus – vor allem seit der Jahrtausendwende haben die Vereinten Nationen in der DR Kongo, in Sierra Leone, Liberia und auch in Haiti gezeigt, dass sie zur Durchführung auch schwieriger Einsätze in der Lage sind. Dennoch klingen das Scheitern der Somalia-Mission (1992–94) und die furchtbaren Fehlschläge von Ruanda (1994) und Srebrenica (1995) fort, wo unter den Augen der Blauhelme zahllose Menschen Völkermorden zum Opfer fielen. In deren Folge weigerten sich vor allem die westlichen Industriestaaten, ihre Soldaten weiterhin unter dem Schirm der Vereinten Nationen einzusetzen. Sie bevorzugen seither die Mandatierung eigener Missionen im Rahmen von NATO oder EU und führen diese in Afghanistan, Bosnien-Herzegowina oder im Kosovo auch in eigener Verantwortung und Finanzierung durch. [...]

Durch diese Einbeziehung starker Regionalorganisationen wird die UNO zwar deutlich entlastet. Andererseits aber besteht seit Jahren die Tendenz zu einer Zwei-Klassen-Friedenssicherung: Die in den hochwertigen Missionen von NATO und EU gebundenen Kräfte und Fähigkeiten stehen den UN-Blauhelmen nicht zur Verfügung. Diese müssen mit deutlich schlechteren Voraussetzungen mindestens ebenso anspruchsvolle Aufgaben für Frieden und Stabilität bewältigen wie ihre Kameraden unter der NATO- oder EU-Flagge. Ein verstärktes Engagement auch der Industriestaaten in der gemeinsamen UN-Friedenssicherung wäre eine richtige Reaktion auf die Erkenntnis, dass es in der globalisierten Welt auf Dauer keine Friedenssicherung erster und zweiter Klasse geben kann.

Das umfassende Friedensverständnis der UNO geht über die Verhinderung von Krieg und Gewalt hinaus. Es schließt entwicklungspolitische Aufgaben ebenso ein wie Umwelt- und Klimaprobleme oder die weltweite Verbesserung der Menschenrechte. Tatsächlich befasst sich der weitaus größte Teil der unter dem Dach der UNO tätigen Spezialorgane und Sonderorganisationen wie das Entwicklungsprogramm (UNDP), das Umweltprogramm (UNEP), das Kinderhilfswerk (UNICEF) oder die Organisation für industrielle Entwicklung (UNIDO) mit Fragen der nachhaltigen menschlichen Entwicklung. Die größte Herausforderung besteht dabei in der Überwindung der immer noch gravierenden Unterentwicklung und Armut in weiten Teilen Afrikas und Asiens. [...] Denn das Millennium-Entwicklungsprojekt ist eine der ernsthaftesten Initiativen der Staatengemeinschaft gegen die Bedrohungen menschlicher Sicherheit und zur Bewahrung des Friedens.

Sven Bernhard Gareis, UNO – Stärken und Schwächen einer Weltorganisation, in: https://www.bpb.de/izpb/209686/uno-staerken-und-schwaechen-einer-weltorganisation?p=all, 15.07.2015, Zugriff: 01.04.2020

Zeichnung: Klaus Stuttmann, ohne Jahr

1 Analysieren Sie die Karte der Blauhelmeinsätze unter den Aspekten der geografischen Verteilung und der Dauer der Einsätze (M1).
2 Vergleichen Sie die beiden UN-Friedensmission (M1).
3 Erläutern Sie den Wandel der Friedensmissionen der UN (M3, M4).
4 Stellen Sie die verschiedenen Arten von Missionen und ihre jeweiligen Aufgaben in einer Tabelle dar (M1, M3, M4).
5 Erörtern Sie die Handlungsoptionen gegen „schleichende Ausweitung der Friedensmissionen" (M5).
6 Analysieren Sie die Grafiken (M6).
7 Bewerten Sie die Leistungen der UN zur Friedensschaffung und -sicherung (M7).

Grundstruktur und Ziele der Vereinten Nationen

M1 Das System der UN

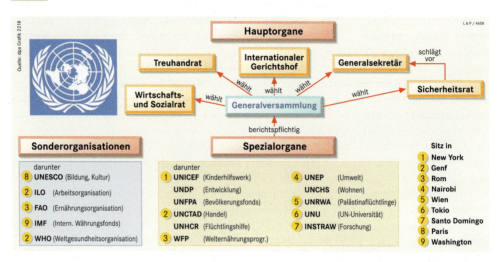

M2 Die UNO als Weltorganisation

UN-Hauptquartier in New York mit den Flaggen der 193 Mitgliedstaaten

In der UNO haben sich derzeit 193 Staaten zusammengeschlossen, um den Weltfrieden zu bewahren und humane Lebensbedingungen für eine Weltbevölkerung von mehr als 7,5 Milliarden Menschen zu gewährleisten. Auch wenn ihr Kosovo und Palästina bis auf Weiteres nicht angehören und der Vatikan auch künftig seine traditionelle Rolle als „aktives Nichtmitglied" spielen wird, kann die UNO als die einzige Organisation bezeichnet werden, welche die universelle Gültigkeit ihrer Grundsätze und Ziele beanspruchen kann. Ihre oft auch als „Weltverfassung" bezeichnete Charta bildet seit dem Ende des Zweiten Weltkriegs die Grundlage einer neuen Völkerrechtsordnung, die nicht nur Krieg und Gewalt aus den internationalen Beziehungen verbannen soll. Vielmehr wurden der Organisation [...] zahlreiche weitere Zuständigkeiten und Funktionen von der Wahrung der Menschenrechte über die soziale und ökonomische Entwicklung bis hin zum Schutz von Umwelt und Klima übertragen. Längst stehen dabei auch nicht mehr nur die Staaten, sondern zunehmend das Individuum und die „menschliche Sicherheit" im Mittelpunkt ihrer Arbeit. Verfechter der UNO plädieren vor diesem Hintergrund für eine weitere Stärkung ihrer Rolle in der internationalen Politik.

Zugleich ist die UNO aber auch und vor allem eine Gemeinschaft von Staaten, die auf ihre Souveränitätsrechte großen Wert legen und allzu großen Eingriffen in ihre inneren Angelegenheiten ablehnend gegenüberstehen. So waren und sind sie nicht bereit, der UNO eigene Instrumente und Machtmittel an die Hand zu geben. Alle Entscheidungen und damit alle Handlungsmöglichkeiten der Organisation liegen fast vollständig in den Händen der Mitgliedstaaten, insbesondere der großen Mächte. Deren Eigeninteressen kollidieren immer wieder mit den kollektiven Normen und Mechanismen der UNO. Die auf Konsens- bzw. Kompromisssuche zwischen (formal) gleichberechtigten Staaten ausgerichtete politische Praxis der Vereinten Nationen gestaltet sich somit oft schwierig und langsam. Kritische Stimmen werfen der Organisation daher mitunter Hilflosigkeit und Versagen angesichts der Weltprobleme vor.
Unbestritten dürfte indes sein, dass die UNO mit all ihren Stärken und Schwächen eine in vielerlei Hinsicht einzigartige Einrichtung mit erheblicher Bedeutung für die Ausgestaltung der internationalen Beziehungen darstellt. Sie gibt Normen und Werte vor, an denen sich das Handeln der einzelnen Staaten ausrichten soll.

Grundstruktur der Vereinten Nationen

Das Herzstück der Vereinten Nationen bilden ihre sechs Hauptorgane, deren Zusammensetzung, Zuständigkeiten und Befugnisse untereinander und gegenüber den Mitgliedstaaten in der Charta verankert sind: Der Generalversammlung gehören alle 193 Mitglieder auf der Grundlage des Prinzips „Ein Staat – eine Stimme" an. Beschlüsse der Generalversammlung, die über die Binnenstruktur der Organisation hinausweisen, entfalten jedoch keine Bindungswirkungen für die Staatenwelt.

Dies ist anders beim Sicherheitsrat, dem mächtigsten der Hauptorgane. Die fünf ständigen (China, Frankreich, Großbritannien, Russland und USA) und zehn nicht ständigen Mitglieder können zur Sicherung des Friedens sehr weitreichende und vor allem rechtlich bindende Entscheidungen treffen, die alle Staaten befolgen und umsetzen müssen. Zudem kommt den ständigen Mitgliedern aufgrund ihres Vetorechts eine besondere Vormachtstellung zu, die sie deutlich von den übrigen Mitgliedstaaten unterscheidet.

Sven Bernhard Gareis, UNO – Stärken und Schwächen einer Weltorganisation, a. a. O., 15.07.2015, Zugriff: 04.04.2020

M 3 Welche Chancen hat eine Reform des Sicherheitsrats?

Die Zusammensetzung des Weltsicherheitsrats spiegelt die Machtkonstellationen nach dem Zweiten Weltkrieg wider. Mit ihrem Vetorecht können die fünf ständigen Mitglieder eine wirksame Arbeit des Sicherheitsrats blockieren. Das war während des Kalten Krieges der Fall – und ist heute wieder so. Schon seit der Jahrtausendwende wird deshalb über eine Reform des Organs diskutiert.

Im Sicherheitsrat der Vereinten Nationen jedenfalls ist das Vetorecht der fünf ständigen Mitglieder eines der vielen UN-Themen, das als dringend reformbedürftig gilt. Beispiel: der Syrienkrieg. Schon zwölf Mal hat Russland im Sicherheitsrat sein Veto eingesetzt: Gegen die Untersuchung von Giftgasattacken. Gegen Sanktionen gegen seinen Verbündeten Assad. Gegen einen Waffenstillstand in Aleppo. Der Sicherheitsrat blockiert. Der Syrienkrieg schreit fort. Das Veto als Waffe. [...]
Reformvorschläge gibt es viele. Einer lautet: das Vetorecht bei Gräueltaten auszusetzen. Ein anderer: Es auf bestimmte Themen zu begrenzen. Ein dritter: Es ganz aufzuheben. Aber dafür bräuchte es zunächst eine zwei Drittel Mehrheit in der UN-Generalversammlung und dann, man ahnt es, die Zustimmung im Sicherheitsrat. Wer das Vetorecht abschaffen wollte, der könnte das nur mit Zustimmung der Veto-Länder. Ein Teufelskreis. So sieht es auch UN-Experte Simon Adams. Und ist dennoch zuversichtlich. So sei es an Experten und Lobbyisten für eine machtvolle UN wie ihn selbst, Simon Adams, ihren Einfluss geltend zu machen. Die Veränderung werde kommen. Wann sie aber komme? So gefragt lacht Adams nur. Leider werde das wohl noch dauern.

Kai Clement: Deutschland will zurück an den runden Tisch, in: Deutschlandfunk online, https://www.deutschlandfunk.de/un-sicherheitsrat-deutschland-will-zurueck-an-den-runden.724.de.html?dram:article_id=419824, 07.06.2018 (Zugriff 23.01.2021)

---

1. Beschreiben Sie Ziele und Tätigkeitsfelder der Vereinten Nationen (M1, M2)
2. Erläutern Sie die Auswirkungen des Prinzips „Ein Staat – eine Stimme" auf die Handlungsfähigkeit der UNO.
3. Beurteilen Sie die Realisierungschancen der Reformvorschläge des Vetorechts (M3).
4. Bei einer Reform des Sicherheitsrats fordert Deutschland einen der neuen ständigen Sitze des erweiterten Rates. Gestalten Sie zu der Bewerbung einen Kommentar.

BASISKONZEPT

Ordnung und Struktur

Die Krise des Multilateralismus: Welche Zukunft hat die UNO?

M 1 Befindet sich die UNO in der Krise?

Die UN-Generalversammlung – unverbindliche Schwatzbude oder Kernorgan einer universalen Weltordnung?

INFO

Multilateralismus
Wörtlich bedeutet der lateinische Begriff „Vielseitigkeit". In den Internationalen Beziehungen bedeutet er, dass sich Staaten in Organisationen zusammenschließen – in der Einsicht, dass alle davon profitieren und internationale Probleme so am besten gelöst werden können.

UN-Generalsekretär António Guterres sagte bei der Eröffnung der Generaldebatte der 73. Generalversammlung [...]: »Der Multilateralismus steht genau dann unter Beschuss, wenn wir ihn am meisten brauchen.« Universelle Werte erodierten, die Weltordnung sei unklarer und demokratische Prinzipien würden infrage gestellt. Ähnlich äußerte sich der deutsche Außenminister Heiko Maas. Das vormals gut funktionierende liberale internationale System von Vereinten Nationen, Bretton-Woods-Institutionen und internationalen Verträgen würde derzeit von innen zerstört.[...] Selbst früher Erreichtes, zum Beispiel Abrüstungsverträge oder das Klimaübereinkommen von Paris, werden infrage gestellt oder sogar aufgekündigt. Andererseits erledigen die Institutionen der Vereinten Nationen weiterhin ihre Tagespolitik und tragen so zu einer friedlicheren und nachhaltigeren Welt bei. [...]

Wenn sich einzelne Staaten aus multilateralen Kontexten zurückziehen, wenn sie bestehende internationale Normen bewusst missachten oder wenn es der Staatengemeinschaft nicht mehr gelingt, gemeinsam angemessen auf neue politische Herausforderungen zu reagieren, ist der Multilateralismus in der Krise. [...]
Ein Beispiel für die fehlende Anerkennung von zuvor vereinbarten internationalen Normen stellt die Verletzung von Menschenrechten durch Russland dar. [...]
Das Ausbleiben von Abschlusserklärungen [ist] ein weiteres Zeichen der Krise des Multilateralismus. Schließlich legen Staaten bei Vertragsstaaten- oder Überprüfungskonferenzen die nächsten Schritte fest. Daher ist es bemerkenswert, dass die Überprüfungskonferenz des Vertrags über die Nichtverbreitung von Kernwaffen (Treaty on the Non-Proliferation of Nuclear Weapons – NPT) im Jahr 2015 genauso ohne Abschlusserklärung endete wie das Treffen der Asiatisch-Pazifischen Wirtschaftlichen Zusammenarbeit (APEC) im November 2018. [...] Die internationale Zusammenarbeit [ist] schon seit Anfang der 1970er Jahre aufgrund der steigenden Interdependenz, der wechselseitigen Abhängigkeit der Staaten untereinander, aus rationalen Gründen geboten. Doch offensichtlich nehmen Staaten diese Interdependenz, die sich durch die Globalisierung noch intensiviert hat, zunehmend als etwas Negatives wahr. Populistische Bewegungen setzen sich daher für die Stärkung der staatlichen Souveränität sowie für die unilaterale Durchsetzung nationaler Interessen ein, die sie im Namen „des Volkes" vorschlagen.

Tanja Brühl, Krise des Multilateralismus – Krise der Vereinten Nationen, in: https://zeitschrift-vereinte-nationen.de/suche/zvn/artikel/krise-des-multilateralismus-krise-der-vereinten-nationen/, 19.02.2019 (Zugriff: 10.01.2021)

Die verknotete Pistole steht als Denkmal vor dem Hauptgebäude der UN.

Zeichnung: Oliver Schopf, ohne Jahr

M 2 Drei Szenarien zur Zukunft der UNO

Das **erste Szenario ("Titanic")** geht von einer substanziellen Gefährdung bis hin zu einem mittel- bis längerfristigen Untergang der VN aus. Wichtige Staaten würden sich nicht mehr im VN-Rahmen engagieren, sondern andere Problemlösungsforen bevorzugen [...] oder im Rahmen anderer Organisationen bzw. internationaler Regime. Andere Staaten würden diesem Beispiel folgen, und es würde ein schleichender Zerfall der VN eingeleitet, ohne dass es zwangsläufig zu einem formalen Auflösungsbeschluss kommen müsste. Ausgangspunkt für eine solche Entwicklung könnten spektakuläre Fehlschläge im Bereich der Friedenssicherung oder ein systematisches Übergehen des Sicherheitsrats seitens wichtiger Staaten sein. [...] Die VN würden in der internationalen Politik keine Rolle mehr spielen. Folge einer solchen Entwicklung wäre aller Wahrscheinlichkeit nach, dass die Kriegshäufigkeit zunimmt und sich das Sicherheitsdilemma in der internationalen Politik verschärfen würde. Auch die Probleme in den Bereichen Menschenrechtsschutz, Wirtschaft, Entwicklung und Umwelt ließen sich ohne die VN kaum effektiver in Angriff nehmen. [...]

Das **zweite Szenario ("Weltregierung")** nimmt an, dass sich die VN längerfristig als eine Art Weltregierung etablieren könnten. Als zentraler Akteur einer subsidiären und föderalen Weltrepublik müssten die VN Koordinations- und Sanktionsbefugnisse erhalten, die je nach Falltyp durch zivile, polizeiliche oder militärische Maßnahmen auszuüben wären. Die Organisation wäre zunächst zentrale Koordinierungsstelle im Global-Governance-Prozess und würde dann sukzessive ihre Kompetenzen zulasten der Mitgliedstaaten ausweiten. Vorstellbar sind u. a. das Recht zur Erhebung von Steuern und die Entwicklung und Durchsetzung einer weltweiten Rechts- und Friedensordnung sowie die Entwicklung eines „Weltbürgerrechts". [...] Im Bereich der Friedenssicherung würde dies die Ausübung des Gewaltmonopols sowie die Entstehung eines funktionsfähigen kollektiven Sicherheitssystems implizieren. In den Bereichen Wirtschaft, Entwicklung und Umwelt wären die VN das institutionelle Zentrum einer globalen Strukturpolitik. Folge einer solchen Entwicklung wäre allerdings aller Wahrscheinlichkeit nach eine für demokratische Kontrollmöglichkeit äußerst problematische Machtkonzentration.

Das **dritte Szenario ("Muddling Through")** geht davon aus, dass die VN im Großen und Ganzen das bleiben, was sie bisher sind: eine unvollkommene reformbedürftige, aber doch in vielen Bereichen eminent wichtige internationale Organisation. [...] Im Bereich der Friedenssicherung werden die VN in manchen Fällen übergangen, in anderen aber einbezogen. Wenn sie ihre Handlungsfähigkeit beweisen und es die Interessen der Mitgliedstaaten zulassen, können sie eine wichtige Rolle spielen, ist dies nicht der Fall, werden sie vollständig an den Rand gedrängt. [...] Im Bereich des Menschenrechtsschutzes müsste weiterhin hingenommen werden, dass eine Lücke zwischen Kodifizierung und Durchsetzung der Normen besteht und dass sich die Mitgliedstaaten nur in Einzelfällen zwingen lassen, Normen gegen ihren Willen zu beachten. In den Bereichen Wirtschaft, Entwicklung und Umwelt wären die VN ein Akteur unter vielen anderen und nur sehr unzureichend in der Lage, die ambitionierten Ziele zu erreichen. Die Mitgliedstaaten könnten nur sehr bedingt davon überzeugt werden, mehr finanzielle Mittel in das System zu stecken, sondern würden verstärkt auf bilaterale Maßnahmen setzen.

QUERVERWEIS
Weitere Informationen zum Thema „Global Governance" finden Sie im Kapitel 3.5, S. 122ff.

Johannes Varwick, NATO, in: Wichard Woyke, Johannes Varwick (Hg.), Handwörterbuch Internationale Politik, Bonn 2016, S. 507 f.

1 Erläutern Sie die von der Autorin genannten Merkmale einer Krise der UNO (M1).
2 Erörtern Sie die in M1 zitierte Aussage des UN-Generalsekretärs Antonio Guterres.
3 Arbeiten Sie aus M2 die Kernaussagen zu den drei Szenarien heraus.
4 Ordnen Sie aktuelle Beispiele aus der internationalen Politik einem Szenario zu (M2) und begründen Sie Ihre Entscheidung.
5 Bewerten Sie die Szenarien sowohl unter dem Aspekt der Wünschbarkeit als auch im Hinblick auf die Realisierungschancen.

2.8 Nachhaltige Entwicklung – der Schlüssel für eine friedlichere Zukunft der Welt?

Die Agenda 2030 – der Weltzukunftsvertrag der UNO

INFO

Millenium Development Goals (MDGs)
Auf dem sog. Milleniumsgipfel (2000) verabschiedeten die Vereinten Nationen acht Entwicklungsziele für das Jahr 2015. Der Schwerpunkt lag auf der Bekämpfung von Armut und Hunger sowie besserer Bildung und Gesundheit. Die MDGS galten als Erfolg, weil die Ziele zumindest teilweise erreicht wurden.

WEBCODE

WES- 118355-201
UN-Bericht Agenda 2030

M 1 Zukunftsvision

Zeichnung: Michael Hüter, ohne Jahr

M 2 Agenda 2030 – die Transformation unserer Welt?

Am 25. September 2015 verabschiedeten die 193 Mitgliedsstaaten der Vereinten Nationen auf einem Gipfeltreffen in New York ein Dokument, das sie selbst als „äußerst ambitionierte
5 und transformative Vision […] von beispielloser Reichweite und Bedeutung" bezeichneten. Die Rede ist von der Agenda 2030 für nachhaltige Entwicklung. Mit ihr sollte der globale Rahmen für die (Nachhaltigkeits-)Politik der
10 folgenden 15 Jahre abgesteckt werden.
Bereits mit ihrem Titel Transformation unserer Welt signalisierten die Regierungen damals den Anspruch, dass die Agenda grundlegende Veränderungen in Politik und Gesellschaft an-
15 stoßen solle. […] Ausgangspunkte für die Agenda 2030 und die SDGs waren zum einen die Rio-Konferenz über Umwelt und Entwicklung 1992 mit der dort verabschiedeten Agenda 21, zum anderen der Millenniumsgipfel des Jahres 2000
20 und die im Anschluss formulierten Millenniumsentwicklungsziele (MDGs). […] Die Präambel steckt die Themenbereiche der Agenda 2030 ab und fasst sie unter fünf Schlagworten (den fünf Ps) zusammen: People – Planet – Prosperity – Peace – Partnership. Damit betonen 25 die Regierungen, dass die neue Agenda die drei Dimensionen nachhaltiger Entwicklung sowie die Bereiche Frieden und internationale Zusammenarbeit umfasst und damit weit über die bisherigen MDGs hinausreicht. 30
In ihrer Deklaration sprechen die Regierungen von einer „äußerst ambitionierten und transformativen Vision" und erklären: „Diese Agenda ist von beispielloser Reichweite und Bedeutung. Sie wird von allen Ländern akzeptiert und ist auf 35 alle anwendbar, unter Berücksichtigung der unterschiedlichen Realitäten, Kapazitäten und Entwicklungsstufen der einzelnen Länder und unter Beachtung der nationalen Politiken und Prioritäten. Ihre Ziele und Zielvorgaben sind univer- 40 sell und betreffen die ganze Welt, die entwickelten Länder wie die Entwicklungsländer." […]

Agenda 2030: Wo steht die Welt? Hg. Global Policy Forum, 12/2020, S. 6 f., https://www.2030agenda.de/de/publication/agenda-2030-wo-steht-die-welt-5-jahre-sdgs-eine-zwischenbilanz

2.8 Nachhaltige Entwicklung – der Schlüssel für eine friedlichere Zukunft der Welt? 75

M 3 Entwicklungsziele der Agenda 2030

M 4 Träumerei oder realistische Zielvorgabe?

Werden die Regierungen ihre Entwicklungsziele wirklich mit so viel Engagement verfolgen, wie sie es in der jetzt beschlossenen Liste versprechen? Denn die Umsetzung ist freiwillig. Jedem Staat bleibt selbst überlassen, was er tun will, um seine Ziele zu erreichen – in der Praxis heißt das: welche er priorisiert, ob er überhaupt etwas tut, und welche er vernachlässigt.

Kritiker werfen den Vereinten Nationen deshalb Beliebigkeit vor. „Es ist für Politiker nur natürlich, zu versprechen, sich um alles zu kümmern", sagt der dänische Umweltökonom Björn Lomborg. „Aber jedem alles zu versprechen, bietet keine Richtung – 169 Prioritäten zu haben ist in Wahrheit dasselbe, wie gar keine zu haben."[...] Viel Aufwand also um nichts? Dagegen spricht der Erfolg der alten Millenniumsziele. Auch sie wurden anfangs als überambitioniert und unrealistisch kritisiert. Doch weltweit mobilisierten sie die Bürger. Prominente, Nichtregierungsorganisationen, Stiftungen und Regierungen setzten sich für sie ein. [...]

Alexandra Endres, Träumerei, die die Weltveränderte, in: https://www.zeit.de/wirtschaft/2015-08/un-entwicklungsziele-nachhaltigkeit-vereinte-nationen, 03.08.2015, Zugriff: 21.01.2021

1. Analysieren Sie die Zeichnung (M1).
2. Erklären Sie den Zusammenhang zwischen nachhaltiger Entwicklung und Frieden. (M2, M3)
3. Wählen Sie zwei oder drei Beispiele aus M3 und erläutern Sie den Handlungsbedarf für Deutschland.
4. Wählen Sie ein oder zwei Beispiele aus der Agenda 2030 aus und beurteilen Sie deren Umsetzungschancen (M3, M4).

BASISKONZEPT

Privatheit und Öffentlichkeit

Wie erfolgreich ist die UNO bei der Umsetzung der Ziele? – Das Beispiel Armut

M1 Was soll erreicht werden?

- Bis 2030 die extreme Armut – gegenwärtig definiert als der Anteil der Menschen, die mit weniger als 1,9 Dollar pro Tag auskommen müssen – für alle Menschen überall auf der Welt beseitigen.
- Bis 2030 den Anteil der Männer, Frauen und Kinder jeden Alters, die in Armut in all ihren Dimensionen nach der jeweiligen nationalen Definition leben, mindestens um die Hälfte senken.
- Den nationalen Gegebenheiten entsprechende Sozialschutzsysteme und -maßnahmen für alle umsetzen, einschließlich eines Basisschutzes, und bis 2030 eine breite Versorgung der Armen und Schwachen erreichen.
- Bis 2030 sicherstellen, dass alle Männer und Frauen, insbesondere die Armen und Schwachen, die gleichen Rechte auf wirtschaftliche Ressourcen sowie Zugang zu grundlegenden Diensten, Grundeigentum und Verfügungsgewalt über Grund und Boden und sonstigen Vermögensformen, Erbschaften, natürlichen Ressourcen, geeigneten neuen Technologien und Finanzdienstleistungen einschließlich Mikrofinanzierung haben.
- Bis 2030 die Widerstandsfähigkeit der Armen und der Menschen in prekären Situationen erhöhen und ihre Exposition und Anfälligkeit gegenüber klimabedingten Extremereignissen und anderen wirtschaftlichen, sozialen und ökologischen Schocks und Katastrophen verringern.

Die globalen Ziele für Nachhaltige Entwicklung, Bundesvereinigung Nachhaltigkeit, https://nachhaltigkeit.bvng.org/die-globalen-ziele-fuer-nachhaltige-entwicklung/sdg-ziel-1-keine-armut/ (Zugriff 03.03.2021)

M2 Stand der Umsetzung im Überblick

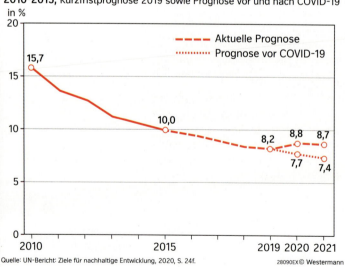
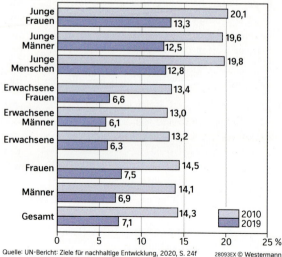

Hinweis: der Anteil der Bevölkerung bezieht sich hier jeweils auf die Weltbevölkerung.

2.8 Nachhaltige Entwicklung – der Schlüssel für eine friedlichere Zukunft der Welt?

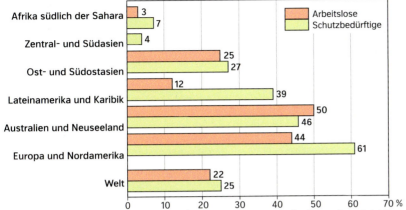

Anteil der Schutzbedürftigen, der Sozialhilfe bezieht, und Anteil der Arbeitslosen, der Arbeitslosengeld bezieht – 2016

Anmerkung: Die für Nordafrika, Westasien und Ozeanien (ohne Australien und Neuseeland) verfügbaren Daten sind nicht angegeben, da sie nur einen geringen Teil der Bevölkerung erfassen. Die für Zentral- und Südasien verfügbaren Daten zu Arbeitslosengeld sind nicht angegeben, da sie nur einen geringen Teil der Bevölkerung Südasiens erfassen.
Quelle: UN-Bericht: Ziele für nachhaltige Entwicklung, 2020, S. 24f

LESEHILFE
Als Schutzbedürftige werden in dieser Abbildung all diejenigen verstanden, die von Armut betroffen sind oder von Armut gefährdet und aufgrund ihres sozialen Status eines besonderen Schutzes bedürfen, weil sie z.B. nicht für sich selbst sorgen können (z.B. Kinder, schwer Kranke,, alte Menschen)

M 3 Die Welt auf Kurs?

Schon vor der Pandemie der Coronavirus-Krankheit 2019 (COVID-19) stellten sich Fortschritte bei der Erreichung von Ziel 1 langsamer ein, und die Welt war nicht auf Kurs, die extreme Armut bis 2030 zu beenden. Jetzt steht die Welt vor den schlimmsten wirtschaftlichen Verwerfungen seit der Weltwirtschaftskrise der 1930er-Jahre. Abermillionen Menschen werden in die Armut zurückfallen, und Jahre stetiger Verbesserungen werden dahin sein. [...] Schon vor COVID-19 gingen Basisprojektionen davon aus, dass 2030 immer noch 6 Prozent der Weltbevölkerung in extremer Armut leben würden und damit das Ziel, die Armut zu beenden, verfehlt würde.

[...] Für 2020 [wird] eine Armutsrate von 8,8 Prozent prognostiziert. Damit würde die weltweite Armut erstmals seit 1998 steigen und sich dem Niveau von 2017 nähern. Aufgrund von COVID-19 werden schätzungsweise 71 Millionen Menschen mehr als erwartet in extremer Armut leben. Der größte Anstieg der extremen Armut wird für Südasien und Afrika südlich der Sahara erwartet, wo infolge der Pandemie 32 bzw. 26 Millionen mehr Menschen unter die internationale Armutsgrenze fallen werden.

Der Anteil der Erwerbstätigen, die weltweit in extremer Armut leben, hat sich in den vergangenen zehn Jahren von 14,3 Prozent im Jahr 2010 auf 7,1 Prozent im Jahr 2019 halbiert. Seit 2013 stellen sich Fortschritte jedoch langsamer ein, sodass es zur Erreichung der Zielvorgabe für 2030 stärkerer Anstrengungen bedarf. Zudem dürften die Auswirkungen von COVID-19 Millionen mehr Menschen in die Armut treiben. Im April 2020 waren weltweit 81 Prozent der Arbeitgeber und 66 Prozent der Selbständigen von empfohlenen oder vorgeschriebenen Betriebsschließungen betroffen, was Arbeitsplätze und Einkommen stark beeinträchtigte. Nachdem das Geschlechtergefälle bei der Erwerbsarmut fast beseitigt war, zeichnen sich jetzt überproportionale Auswirkungen der Pandemie auf Frauen ab. Junge Erwerbstätige, die nicht genug verdienen und geringerwertige Arbeitsplätze besetzen, sind durchweg stärker armutsgefährdet als Erwachsene.

UN (HG): Ziele für nachhaltige Entwicklung, Bericht 2020, S. 24 f.

---

1 Analysieren Sie die Grafiken, besonders im Hinblick auf die formulierten Entwicklungsziele. (M1, M2)
2 Erläutern Sie den Einfluss der COVID-19-Pandemie auf die Umsetzung der Entwicklungsziele.
3 Beurteilen Sie den Stand der Umsetzung der Ziele im Kampf gegen Armut.

2.9 Menschenrechte weltweit – ein uneingelöstes Versprechen

Das Humanitäre Völkerrecht – ein Schutzwall gegen Leid in Kriegen?

M 1 Im syrischen Bürgerkrieg

Sogenannte Weißhelme, ehrenamtliche Helfer, bergen ein verwundetes Kind nach einem Angriff (2019).

Zivilisten fliehen aus der völlig zerstörten Stadt Goutha (2018).

M 2 Giftgas-Einsatz

Die UNO-Chemiewaffeninspekteure haben in Syrien „klare und überzeugende" Beweise für einen Angriff mit dem Giftgas Sarin in der Nähe von Damaskus gefunden. Das Gas sei mit Boden-Boden-Raketen verschossen und „auch gegen Zivilisten, darunter viele Kinder", eingesetzt worden. Das geht aus einem 38-seitigen Bericht des schwedischen Professors Åke Sellström hervor, den die Vereinten Nationen [...] in New York vorstellten. Sellström leitet die Untersuchung der UNO-Chemiewaffen-Inspekteure in Syrien. Wie furchtbar die Auswirkungen des syrischen Bürgerkrieg inzwischen sind, schilderte auch eine vom UNO-Menschenrechtsrat berufene Untersuchungskommission unter der Leitung des brasilianischen Diplomaten Paulo Pinheiro.
Bei dem Giftgasangriff [...] sollen mehr als 1400 Menschen ums Leben gekommen sei. Sarin gehört zu den am meisten gefürchteten Kampfstoffen: Es ist farblos, geruchlos, geschmacklos – und laut Weltgesundheitsorganisation 26 Mal tödlicher als Zyanid.
Syriens Regierung und die Rebellen beschuldigen sich gegenseitig, die weltweit geächteten Waffen einzusetzen. [...] Mit einer „starken und bindenden" Resolution wollen die USA, Frankreich und Großbritannien deshalb im UN-Sicherheitsrat den Druck auf die syrische Führung erhöhen, ihre Zusagen auch umzusetzen. Allerdings bremst Russland den Westen aus und lehnt die Androhung von Gewalt weiter ab.

Spiegel online, hmo, dpa, Reuters, AFP: UNO bestätigt Einsatz von Nervengift bei Damaskus, https://www.spiegel.de/politik/ausland/syrien-uno-bestaetigt-einsatz-von-nervengift-in-damaskus-a-922509.html, 16.09.2013 (Zugriff: 06.02.2021)

Fortgesetzter Einsatz von Giftgas

Im syrischen Bürgerkrieg wurde bereits mehrfach Giftgas eingesetzt, obwohl Giftgase nach der Chemiewaffenkonvention, die 1997 in Kraft trat, verboten sind. Und obwohl die syrische Regierung die Giftgasvorräte, die sie gegenüber der Organisation für das Verbot von Chemiewaffen (OPCW) zu besitzen angegeben hatte, bereits 2016 vernichtet hat. Am 7. April [...] waren in Duma im damaligen Rebellengebiet Ostghuta bei Damaskus mehr als 40 Menschen mutmaßlich durch Gas getötet und Hunderte verletzt worden. Der Westen machte die syrische Regierung für den Angriff verantwortlich, Syrien und sein Verbündeter Russland wiesen den Vorwurf zurück.

Zeit online, dpa, AFP, Reuters, simm: Offenbar mehr als 100 Verletzte bei Giftgasangriff auf Aleppo, in: ‚https://www.zeit.de/politik/ausland/2018-11/syrien-giftgas-angriff-aleppo-rebellen-assad-sarin, 25.11.2018 (Zugriff: 06.02.2021)

M 3 Kann das Humanitäre Völkerrecht Menschenrechtsverletzungen eindämmen?

Ein wichtiger Zweck des Humanitären Völkerrechts besteht in der Begrenzung des Leidens, das durch Kriege verursacht wird, indem es die Opfer schützt und ihnen beisteht, soweit dies möglich ist. Es knüpft damit an die internationale Realität bewaffneter Konflikte an und fragt gerade nicht nach den Gründen oder der etwaigen völkerrechtlichen Berechtigung zur Führung eines bewaffneten Konflikts.

Rechtsquellen

Rechtsnormen zur Mäßigung der Kriegführung und Linderung des Leides sind so alt wie der Krieg selbst. Das moderne humanitäre Völkerrecht fand seinen Ursprung in der Gründung des Roten Kreuzes im Jahr 1863 und der Annahme der ersten Genfer Rot-Kreuz-Konvention von 1864 (Abkommen zur Verbesserung des Loses der Verwundeten). Seit Mitte des 19. Jahrhunderts ergab sich eine bis heute fortschreitende Kodifikationsbewegung, deren wichtigste Bausteine die Haager Abkommen von 1899 und 1907, die 1949 verabschiedeten vier Genfer Abkommen sowie die 1977 und 2005 verabschiedeten Zusatzprotokolle zu den Genfer Abkommen darstellen. Während die Haager Abkommen vor allem Regeln zur Kriegsführung kodifiziert haben (Haager Recht), enthalten die Genfer Konventionen insbesondere Vorschriften zum Schutz von Verwundeten, Kriegsgefangenen und Zivilisten in bewaffneten Konflikten (Genfer Recht). In den letzten Jahrzehnten hinzugetreten sind das Umweltkriegsübereinkommen (1977), das VN-Waffenübereinkommen (1980), das Chemiewaffenübereinkommen (1993), das Ottawa-Abkommen über das Verbot von Personenminen (1997) und das Übereinkommen über Streumunition (2008). Ein weiteres bedeutendes Abkommen des Humanitären Völkerrechts ist das Haager Übereinkommen zum Schutz von Kulturgütern in bewaffneten Konflikten von 1954 sowie die zwei Protokolle zu diesem Übereinkommen.

Viele Vorschriften der genannten Abkommen, insbesondere die Regeln zum Schutz der Zivilbevölkerung vor den Auswirkungen des Kriegs, stellen heute unabhängig von der vertraglichen Bindung ein für alle Staaten geltendes Völkergewohnheitsrecht dar. Das humanitäre Völkergewohnheitsrecht ist vor allem für die nicht-internationalen bewaffneten Konflikte bedeutsam, da für diese bislang weniger völkervertragsrechtliche Regelungen bestehen. [...]

Wesentliche Grundsätze

Weder die Konfliktparteien noch die Angehörigen ihrer Streitkräfte haben uneingeschränkte Freiheit bei der Wahl der zur Kriegführung eingesetzten Methoden und Mittel. So ist der Einsatz jeglicher Waffen und Kampfmethoden verboten, die überflüssige Verletzungen und unnötige Leiden bewirken.

Zum Zwecke der Schonung der Zivilbevölkerung und ziviler Objekte ist jederzeit zwischen Zivilbevölkerung und Kombattanten zu unterscheiden. Weder die Zivilbevölkerung als Ganzes noch einzelne Zivilisten dürfen angegriffen werden. Angriffe dürfen ausschließlich auf militärische Ziele gerichtet sein.

In der Gewalt einer gegnerischen Partei befindliche Kämpfer und Zivilisten haben Anspruch auf Achtung ihres Lebens und ihrer Würde. Sie sind vor jeglichen Gewalthandlungen oder Repressalien zu schützen.

Es ist verboten, einen Gegner, der sich ergibt oder zur Fortsetzung des Kampfes nicht in der Lage ist, zu töten oder zu verletzen.

Institutionen

Die bedeutendste Institution zur Wahrung und Förderung des Humanitären Völkerrechts ist das Internationale Komitee vom Roten Kreuz (IKRK). Das IKRK ist eine Organisation mit partieller Völkerrechtsfähigkeit, die sich als ein Verein nach Schweizer Recht mit Sitz in Genf konstituiert hat.

Die Arbeit des IKRK im Rahmen internationaler bewaffneter Konflikte beruht auf den vier Genfer Konventionen von 1949 und dem Zusatzprotokoll I von 1977. Darin ist das Recht des IKRK auf Entfaltung bestimmter Aktivitäten ausdrücklich anerkannt, zum Beispiel Hilfeleistungen für verwundete, kranke oder schiffbrüchige Soldaten, Besuch von Kriegsgefangenen und Hilfe für Zivilpersonen. Auch in Bürgerkriegen ist das IKRK auf Grund des Gemeinsamen Artikels 3 der Genfer Konventionen berechtigt, Kriegsparteien seine Dienste anzubieten. Grundvoraussetzung für die Arbeit des IKRK ist seine Überparteilichkeit und Neutralität.

Mitarbeiter der Roten Halbmondes, der Schwesterorganisation der Roten Kreuzes, verteilen in einem irakischen Flüchtlingslager Hilfsgüter (2017).

auswaertiges-amt.de:, Humanitäres Völkerrecht, in: https://www.auswaertiges-amt.de/de/aussenpolitik/themen/internationales-recht/humanitaeres-voelkerrecht/213012, 13.12.2019 (Zugriff: 06.02.2021)

M4 Die Universalität der Menschenrechte im Völkerrecht

Für die Geltung der Menschenrechte im Völkerrecht bildet der 26. Juni 1945 die entscheidende Zäsur, der Tag, an dem in San Francisco die 51 Gründungsmitglieder der Vereinten Nationen (UN) die Charta der Weltorganisation annahmen. Im zweiten Absatz der Präambel der Charta bekräftigten die „Völker der Vereinten Nationen" ihren „Glauben an die grundlegenden Menschenrechte, an Würde und Wert der menschlichen Person, an die gleichen Rechte von Männern und Frauen". Gemäß Artikel 1 Nr. 3 der Charta ist es eines ihrer Ziele, „die Achtung vor den Menschenrechten und Grundfreiheiten für alle ohne Unterschied der Rasse, des Geschlechts, der Sprache oder der Religion zu fördern und zu festigen". Seit dieser Zäsur ist der einzelne Staat nicht mehr der einzige Garant der Grund- und Menschenrechte seiner Angehörigen. Vielmehr wurde die völkerrechtliche Ordnung zum Anwalt des Individuums gegenüber den Staaten (und insbesondere dem jeweiligen Heimatstaat des Einzelnen) erhoben – an erster Stelle in den Interessen, die allen Menschen kraft ihres Menschseins gemeinsam sind: Leben, Gesundheit, Freiheit. [...]

Universales Wertesystem
Am 10. Dezember 1948 nahm die UN-Generalversammlung in Paris mit 48 Ja-Stimmen bei acht Enthaltungen (der kommunistischen Staaten sowie Saudi-Arabiens und Südafrikas) die Allgemeine Erklärung der Menschenrechte an. [...] Der italienische Philosoph Norberto Bobbio nannte die Erklärung „etwas völlig Neues in der Geschichte der Menschheit", denn mit ihr sei zum ersten Mal ein System grundlegender Prinzipien des menschlichen Zusammenlebens in freier Entscheidung angenommen worden – von der Mehrheit der auf der Erde lebenden Menschen, vertreten durch ihre Regierungen. „Mit dieser Erklärung wird ein Wertesystem universal, und zwar nicht nur im Prinzip, sondern faktisch, denn es wurde als Regelung für das Zusammenleben der künftigen Gemeinschaft aller Menschen und Staaten formuliert." [...]

Das Spannungsverhältnis zwischen der Universalität und dem Selbstbestimmungsrecht
Ungeachtet der förmlichen Bindung fast aller Staaten der Erde an die wichtigsten universalen Menschenrechtsverträge und wiederholter Bekenntnisse der Regierungen zur Universalität, Unteilbarkeit und Interdependenz aller Menschenrechte ist das Spannungsverhältnis zwischen universalen Menschenrechten und der Autonomie nationaler, regionaler oder religiös bestimmter (Rechts-)Kulturen bis heute ungelöst. Von Zeit zu Zeit wird erklärt, die Menschenrechte seien eine kulturell und geschichtlich bedingte westliche Idee, die sich nicht auf andere Regionen übertragen lasse und die auch keineswegs „zeitlos" gültig sei. [...]

Dennoch ist weltweit unumstritten, dass es einen schützenswerten, universalen menschenrechtlichen Kernbereich (wie das Recht auf Leben, auf körperliche Unversehrtheit, auf Freiheit von willkürlicher Inhaftierung) gibt. Je mehr aber die abwehrrechtliche Grundlage der Menschenrechte verlassen und ihnen eine objektive, gesellschaftsgestaltende Funktion beigemessen wird, desto größer wird das Potential eines Widerspruchs zu dem ebenfalls völkerrechtlich verbürgten Selbstbestimmungsrecht der Völker. „Alle Völker haben das Recht auf Selbstbestimmung", heißt es in dem gemeinsamen Art. 1 Abs. 1 der beiden UN-Menschenrechtspakte. „Kraft dieses Rechts entscheiden sie frei über ihren politischen Status und gestalten in Freiheit ihre wirtschaftliche, soziale und kulturelle Entwicklung." Das Selbstbestimmungsrecht wurde einer Forderung der „Dritten Welt" gemäß in die Pakte aufgenommen, die damit den Anspruch der Völker unter kolonialer Herrschaft auf Unabhängigkeit verankern wollte. Es war nicht daran gedacht, das Selbstbestimmungsrecht als ein Gegengewicht zu den Menschenrechten aufzubauen.

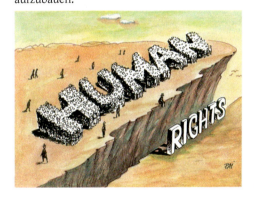

Zeichnung: penapai, 2008

Bardo Fassbender: Idee und Anspruch der Menschenrechte im Völkerrecht, in: APUZ, 46/2008, https://www.bpb.de/apuz/30859/idee-und-anspruch-der-menschenrechte-im-voelkerrecht?p=all, 31.10.2008 (Zugriff 31.01.2021)

1. „Krieg bedeutet für die Zivilbevölkerung in Syrien ..." Sammeln Sie in Kleingruppen ihre Gedanken, indem Sie den Satz ergänzen. (M1)
2. Erläutern Sie die Handlungsmöglichkeiten des Sicherheitsrats nach den wiederholten Giftgasangriffen auf die syrische Zivilbevölkerung (M2).
3. Erstellen Sie eine Mindmap zu den Kerngedanken des Humanitären Völkerrechts. (M3)
4. Stellen Sie das Spannungsverhältnis zwischen der Universalität der Menschenrechte und dem Selbstbestimmungsrecht der Völker dar (M4).
5. Analysieren Sie die Karikatur in M4.

Responsibility to protect – ein legitimer Eingriff in die Souveränität von Staaten?

M 1 Einem Völkermord tatenlos zusehen?

Zeichnung: Schwarwel, 2016

INFO

Artikel 2 UN-Charta
3. Alle Mitglieder legen ihre internationalen Streitigkeiten durch friedliche Mittel so bei, dass der Weltfriede, die internationale Sicherheit und die Gerechtigkeit nicht gefährdet werden.
4. Alle Mitglieder unterlassen in ihren internationalen Beziehungen jede gegen die territoriale Unversehrtheit oder die politische Unabhängigkeit eines Staates gerichtete oder sonst mit den Zielen der Vereinten Nationen unvereinbare Androhung oder Anwendung von Gewalt.

Paria-Staat
Staat, der sich nicht an Regeln der internationalen Zusammenarbeit hält, zum Beispiel an die Einhaltung der UN-Charta.

Der Sicherheitsrat mit seinen fünf Vetomächten Amerika, Russland, China, Großbritannien und Frankreich hat nach der UN-Charta das internationale Gewaltmonopol. Daran scheiterten bisher Zwangsmaßnahmen gegen das syrische Regime ebenso wie früher gegen den Irak Saddam Husseins im zweiten Golfkrieg wie gegen das Serbien (Jugoslawien) Milosevics. Und doch bombardierte die Nato Belgrad zum Schutz der Kosovo-Albaner, marschierten Amerikaner und Briten in den Irak ein und stürzten Saddam.

Was tun, so lautet ein Hauptargument, wenn der UN-Sicherheitsrat blockiert ist (so wie er es während der Jahrzehnte des Kalten Krieges war), es also dort zu keiner Einigung der Siegermächte des Zweiten Weltkriegs kommt – gleichwohl aber massiv gegen die Werte der UN-Charta verstoßen wird? Sei es, weil ein angeblicher Paria-Staat eine Gefahr für seine Umgebung ist, oder weil ein Herrscher seine eigene Bevölkerung abschlachtet, womöglich ganze Volksgruppen ausrotten will. Muss die westliche Welt – denn die ist es vornehmlich, die sich um solche Fragen kümmert –, muss sie einem Völkermord tatenlos zusehen?

Auf die Lehre aus Auschwitz berief sich der grüne Außenminister Fischer im Kosovo-Krieg. Und für solche Fälle wurde in den Vereinten Nationen die „responsibility to protect" entworfen. Diese „Schutzverantwortung" fand 2004 Eingang in einen UN-Bericht und wurde 2005 von der Vollversammlung in eine – freilich unverbindliche – Resolution aufgenommen. Hintergrund ist ein gewandeltes Verständnis von Souveränität, das sich im Zuge des immer stärker gewordenen Menschenrechtsschutzes seit längerem abzeichnet: Souveränität bedeutet eben nicht die Befugnis, gegen die eigene Bevölkerung Gas einzusetzen.

Doch fällt es auch heute nicht leicht zu begründen, dass sich aus alledem ein völkergewohnheitsmäßiges Recht zur einseitigen humanitären Intervention herausgeschält haben soll. Denn die Gegenargumente liegen auf der Hand. Es lässt sich leicht ein Vorwand finden, um einen missliebigen Staat anzugreifen, so dass die große Errungenschaft des Gewaltverbots aufzuweichen droht. So hat sich etwa Russland, als es in Georgien einmarschierte, auf den Fall Kosovo berufen. In Syrien ist es schon nicht einfach, den Giftgas-Angriff einer Bürgerkriegspartei eindeutig zuzuordnen. Hier erweist sich freilich auch, dass heute kaum ein Land ohne das Bemühen um eine Legitimation ein anderes angreift. Den Opfern hilft das freilich nicht, selbst wenn ein Argument gegen ein Eingreifen lautet, die Lage würde sich verschlimmern.

Der UN-Sicherheitsrat ist am Zug

In Libyen verlangte der UN-Sicherheitsrat 2011 ein sofortiges Ende der Gewalt sowie „Schritte", „um die legitimen Forderungen der Bevölkerung zu erfüllen". Ferner wurden die Behörden dazu aufgefordert, die Menschenrechte und das humanitäre Völkerrecht zu achten, es wurde eine Flugverbotszone eingerichtet. Aber hierüber war sich der UN-Sicherheitsrat eben einig. Daran fehlt es im Fall Syrien.

Daran hat bisher auch der Einsatz von Chemiewaffen nichts geändert. Einsatz, Entwicklung, Erwerb und Lagerung von C-Waffen sind durch ein Übereinkommen verboten. Doch gehört Syrien zu den wenigen Staaten, die sich diesem völkerrechtlichen Regime nicht unterworfen haben. [Der ehemalige US-Präsident] Obama begründete seine „rote Linie" denn auch vor allem damit, solche Waffen dürften nicht in falsche Hände geraten. Unabhängig davon darf auch in Syrien keine Bürgerkriegspartei Völkermord, Verbrechen gegen die Menschlichkeit und schwere Kriegsverbrechen begehen; Zivilisten müssen menschlich behandelt werden.

Reinhard Müller: Gewaltverbot und Schutzverantwortung, in: FAZ online, https://www.faz.net/aktuell/politik/militaerische-interventionen-gewaltverbot-und-schutzverantwortung-12547751.html, 26.08.2013 (Zugriff 21.01.2021)

M2 Spannungsverhältnis zwischen Nichteinmischung und Schutz der Menschenrechte

Vor allem seit den 1990er Jahren ist die Einhaltung der Menschenrechte zu einer völkerrechtlich verbindlichen Norm für die Staaten geworden. [...] Die Staatengemeinschaft [hat] anerkannt, dass es u. U. höhere völkerrechtliche Güter gibt als die klassische Nichteinmischung. Der Sicherheitsrat hat damit die Kontrolle über die Einhaltung des Gewaltverbots zunehmend auf innerstaatliche Vorgänge ausgedehnt, soweit sie mit massenhaften und schwerwiegenden Menschenrechtsverletzungen verbunden sind und/oder eine Gefahr für den Weltfrieden oder die internationale Sicherheit darstellen. Massive Menschenrechtsverletzungen innerhalb der Staaten werden vom Völkerrecht nicht mehr unter den Schutz staatlicher Souveränität oder den Schutz des Gewaltverbots gestellt. [...] Interventionen zum Schutz der Menschenrechte stehen allerdings häufig vor dem Problem der Selbstmandatierung, wenn der Sicherheitsrat nicht bereit oder in der Lage ist, ein Eingreifen aus humanitären Gründen zu legitimieren, obwohl es auch nach Einschätzung kompetenter unparteiischer Beobachter erforderlich wäre. [...] Als ein zentraler Einwand gegenüber Selbstmandatierungen wird die Auffassung vertreten, die Inanspruchnahme von moralischen Argumenten – möge sie noch so gut begründet sein – für die Umgehung des Rechtsweges bedeute der Anfang vom Ende des Rechts. [...] Der alte Schutz vor Einmischung war auch eine völkerrechtliche Hürde gegen Weltanschauungskriege, die möglicherweise herabgesetzt wird. Es entsteht die Gefahr extremer ideologischer (oder sogar religiöser „Verfeindlichung") in den Beziehungen zwischen den Staaten, wenn international stets umstrittene normative Fragen von Gerechtigkeit und Achtung der Menschenrechte als Begründung für Gewalteinsätze dienen. Dies gilt umso mehr, als vor allem die westlichen Demokratien interventionsbereiter sind als andere Staaten [...]

Gert Krell, Peter Schlotter, Weltbilder und Weltordnung, Baden-Baden 2018., S. 118 f.

INFO

Aus der Resolution 60/1 der UN-Weltgipfels 2005

139. Die internationale Gemeinschaft hat durch die Vereinten Nationen auch die Pflicht, geeignete diplomatische, humanitäre und andere friedliche Mittel nach den Kapiteln VI und VIII der Charta einzusetzen, um beim Schutz der Bevölkerung von Völkermord, Kriegsverbrechen, ethnischer Säuberungen und Verbrechen gegen die Menschlichkeit behilflich zu sein. In diesem Zusammenhang sind wir bereit, im Einzelfall und in Zusammenarbeit mit den zuständigen Regionalorganisationen rechtzeitig und entschieden kollektive Maßnahmen über den Sicherheitsrat im Einklang mit der Charta, namentlich Kapitel VII, zu ergreifen, falls friedliche Mittel sich als unzureichend erweisen und die nationalen Behörden offenkundig [...] versagen [...]

M3 Zerstörung syrischer Chemiewaffen

Nach dem ersten Giftgasangriff forderte eine Resolution des Weltsicherheitsrats mit der Stimme des russischen Verbündeten die syrische Regierung auf, alle Chemiewaffen zu vernichten. Zwar sagte die syrische Regierung die Vernichtung des Chemiewaffenarsenals zu, setzte in der Folgezeit jedoch weiterhin Chemiewaffen gegen Zivilisten ein. Ob auch syrische Rebellen Giftgas einsetzten, konnte bisher nicht eindeutig nachgewiesen werden. Am 14.04.2018 flogen deshalb die USA, Frankreich und Großbritannien Luftangriffe und zerstörten weitgehend das syrische Chemiewaffenarsenal. Es gab kein Mandat des Sicherheitsrats.

Autorentext

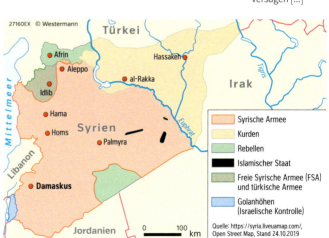

1. Charakterisieren Sie das Konzept der „Responsibility to protect" (M1).
2. Stellen Sie das Spannungsverhältnis zwischen staatlicher Souveränität und humanitärer Interventionen dar (M2).
3. Überprüfen Sie, ob die Bombardements syrischer Chemiewaffenarsenale als humanitäre Intervention nach der Resolution 60/1 legitim waren (M1, M3).
4. Erörtern Sie das Problem der Selbstmandatierung bei humanitären Interventionen (M2).

INFO

Selbstmandatierung bedeutet Selbstbeauftragung, zum Beispiel wenn ein Staat ohne Auftrag der UNO militärisch in einen Konflikt eingreift.

2.10 Wie können Menschenrechte wirkungsvoll geschützt werden?

Der Menschenrechtsrat – zur Wirkungslosigkeit verdammt?

M 1 Volles Lob für den Menschenrechtsrat?

Plenum des Weltsicherheitsrates in Genf, 2014

In Genf, dem Sitz des Menschenrechtsrat befragte die Journalistin Sabina Wolf Ländervertreter, Regimekritiker und die Präsidentin zur Arbeit des Gremiums:

Vertreter Saudi-Arabien: „Es macht mir Freude ... die großartige Rolle des UN-Menschenrechtsrates hervorzuheben."

Vertreter Iran: „Die islamische Republik Iran schätzt die Länderberichte sehr."

Mehdi Biabani, Regimekritiker Iran: „Wir haben uns schon lange an den Menschenrechtsrat gewandt. Und auch jetzt! Bitte unternehmen Sie etwas gegen die Menschenrechtsverletzungen im Iran. Aber leider, wegen dieser Beschwichtigungspolitik haben sie nicht geantwortet."

Elisabeth Tichy-Fisslberger, Präsidentin UN-Menschenrechtsrat: „Natürlich ist die Welt keine perfekte. Natürlich gibt es immer wieder Probleme. Es gibt sehr viel Auf und Ab. Ich glaube, dass es einen Unterschied macht, ob es einen Menschenrechtsrat gibt, der sich in wirklich umfassender Weise wie sonst niemand um die Thematik in allen Ländern dieser Welt kümmert, oder ob es dieses Gremium nicht geben würde. [...] In der Diplomatie muss man mit allen reden, insbesondere mit denen, die unsere Meinung nicht teilen."

Sabina Wolf, Freibrief für Folterstaaten, Der UN-Menschenrechtsrat, in: https://www.br.de/fernsehen/das-erste/sendungen/report-muenchen/videos-und-manuskripte/menschenrechtsrat-un-folterstaaten-100.html, 11.02.2020, Zugriff: 10.04.2020

M 2 Aufgaben und Instrumente

Neben der Ausarbeitung neuer Menschenrechtsinstrumente hat der Menschenrechtsrat die Aufgabe, die Lage der Menschenrechte weltweit zu beobachten und mit Resolutionen oder der Berufung von Sonderberichterstattern auf länder- und themenspezifische Menschenrechtsproblematiken aufmerksam zu machen. Der Menschenrechtsrat setzt sich aus 47 Mitgliedern zusammen.
Der Menschenrechtsrat trifft sich mindestens 10 Wochen pro Jahr, verteilt auf drei mehrwöchige Tagungszeiträume. Somit wird gewährleistet, dass der Rat zeitnah auf kritische Situationen reagieren kann. [...]
Eine der entscheidenden Neuerungen des Menschenrechtsrates ist die Einführung eines Allgemeinen Periodischen Überprüfungsverfahrens (Universal Periodic Review, UPR). Damit werden alle UN-Mitgliedstaaten regelmäßig auf die menschenrechtliche Situation in ihrem Land überprüft. Bisher ist der Menschenrechtsrat ein Nebenorgan der Generalversammlung. [...]

Eine herausragende Bedeutung kommt im UN-Menschenrechtssystem der Tatsachenfeststellung zu. Dafür wurden bereits von der Menschenrechtskommission die so genannten Sondermechanismen geschaffen, die die Aufgabe haben, die Menschenrechtslage in einem speziellen Land oder einem spezifischen Themenfeld unparteiisch beobachten und zu dokumentieren. [So untersucht und dokumentiert er zum Beispiel auch die Giftgasangriffe in Syrien] Die Mandatsträger können sowohl Einzelpersonen, sogenannte Sonderberichterstatter oder Arbeitsgruppen sein, die aus unabhängigen Experten zusammengesetzt sind.

DGVN: UN-Menschenrechtsrat, https://menschenrechte-durchsetzen.dgvn.de/akteure-instrumente/menschenrechtsrat/#ca8710, Zugriff: 10.04.2020

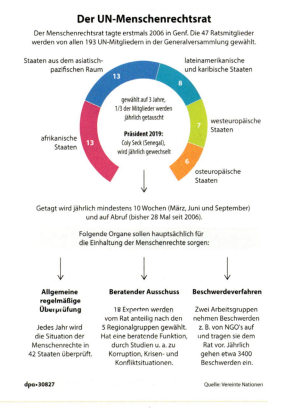

M3 Spielwiese für Schurkenstaaten?

Kritiker sehen in der Zusammensetzung eines der größten Probleme des Menschenrechtsrats. Wählbar ist jeder Staat mit einfacher Mehrheit, die meist in Hinterzimmern ausgeklüngelt werden, weswegen immer wieder Länder von zweifelhaftem Ruf in Genf zusammenkommen. [...] Schwierig ist ihre Rolle deshalb, weil sie als Ratsmitglieder Abmahnungen ihrer eigenen Menschenrechtsverletzungen selbst verhindern können; ebenso die befreundeter Regime. So schaffte es zum Beispiel Sri Lanka 2009, dass das brutale Vergehen des Militärs im gerade zu Ende gegangenen Bürgerkrieg nicht weiter untersucht wurde. Besonders heikel ist die Rolle der islamischen Staaten, die im Zweifel geschlossen gegen Verurteilungen von möglichen Menschenrechtsverletzungen in muslimischen Ländern oder von muslimischen Organisationen wie der Hamas stimmen. Auch wird ihnen vorgeworfen, dass sie mit ihrer relativ großen Anzahl an Stimmen „automatisch über eine anti-israelische Mehrheit" verfüge [...] Mitunter kommt es in Genf zu fragwürdigen Auftritten, wie etwa [...], als der iranische Justizminister Aliresa Awaei nach Genf gereist war, um die USA wegen ihrer einseitigen Anerkennung Jerusalems als Hauptstadt Israels anzuprangern [...] Awaei steht auf einer Sanktionsliste der USA und der EU, weil er in den 80er-Jahren für Massenhinrichtungen verantwortlich gewesen sein soll. Außerdem soll er als Kabinettsmitglied des früheren Präsidenten Mahmud Ahmadinedschad Dissidenten selbst verhört und gefoltert haben.

GLOSSAR

Dissidenten

Stern online: Der UN-Menschenrechtsrat – wo sich Schurkenstaaten selbst freisprechen, https://www.stern.de/politik/ausland/der-un-menschenrechts-rat-wo-sich-schurken-staaten-selbst-freispre-chen-8133546.html, 20.06.2018, (Zugriff: 10.01.2021)

---

1 Formulieren Sie anhand der Aussagen in M1 ein spontanes Urteil über die Arbeit des Menschenrechtsrates.

2 Stellen Sie Aufgaben und Instrumente des Gremiums dar (M2)

3 Die USA sind 2018 wegen der Kritik an der Arbeit des Rats ausgetreten. Erörtern Sie, ob diese Entscheidung angemessen war.

4 Setzen Sie sich mit Ihrem ersten Urteil auseinander und beurteilen Sie die Rolle des Menschenrechtsrats bei der Durchsetzung von Menschenrechten (M1, M3).

Der Internationale Strafgerichtshof: Weltstrafgericht oder zahnloser Tiger?

M1 Kongolesischer Rebellenführer zu Höchststrafe verurteilt

Der Internationale Strafgerichtshof hat seinen Sitz in Den Haag (Niederlande).

Der Internationale Strafgerichtshof in Den Haag hat den kongolesischen Warlord Bosco Ntaganda zu 30 Jahren Haft verurteilt. Es ist das mit Abstand härteste Urteil, das der Strafgerichtshof je verhängt hat.
Bosco Ntaganda, heute 46 Jahre alt, war Militärchef der kongolesischen Rebellenbewegung UPC (Union Kongolesischer Patrioten) und ihres bewaffneten Arms FPLC (Patriotische Kräfte zur Befreiung des Kongo), die 2002/2003 in Kongos Nordostprovinz Ituri kämpfte und sich hauptsächlich aus der Volksgruppe der Hema rekrutierte. Er stammte aus einer kongolesischen Tutsi-Familie, war in Ruanda geboren und sah seinen Kampf als Verteidigung der Hema gegen einen drohenden Völkermord ähnlich dem an Ruandas Tutsi 1994.
[...] Ntaganda wurde in allen Punkten schuldig gesprochen: Mord, Angriffe auf Zivilisten, Vergewaltigung, sexuelle Versklavung, Verfolgung, Plünderung, Zwangsumsiedlung, Vertreibung, Kinderrekrutierung, Angriffe auf geschützte Objekte, Zerstörung von Besitz, jeweils als Kriegsverbrechen oder/und Verbrechen gegen die Menschlichkeit. Insgesamt verhängte das Weltgericht gegen Ntaganda 218 Jahre Haft für die 18 unterschiedlichen Straftaten, mit jeweils 30 Jahren für Mord und Verfolgung. 30 Jahre sind die faktische Höchststrafe, die das Gericht verhängen kann. Das Gericht sah von einer theoretisch möglichen lebenslangen Haftstrafe ab, die ebenfalls auf 30 Jahre Haft hinausläuft.
Menschenrechtsorganisationen begrüßten das harte Strafmaß, wie sie schon den harten Schuldspruch [...] begrüßt hatten. Anneke Van Woudenberg, ehemalige Kongo-Chefin von „Human Rights Watch" und persönlich an der Aufklärung von Verbrechen in Ituri beteiligt schrieb auf Twitter: „Ich verspüre große Erleichterung, dass dieser Mann sehr lange hinter Gittern sitzen wird. Die Interviews, die ich mit seinen Opfern führte, suchen mich bis heute heim."

Dominic Johnson, 30 Jahre Haft für Kongos Warlord, in: https://taz.de/Rebellenfuehrer-Bosco-Ntaganda/!5636739/, 07.11.2019, Zugriff: 10.04.2020

M2 Wann wird der Internationale Strafgerichtshof tätig?

Die Entscheider, die vor 20 Jahren in Rom zusammensaßen, wollten vor allem einen ständigen Gerichtshof schaffen, der Kriegsverbrechen und Verbrechen gegen die Menschlichkeit ahnden kann, wo immer sie in der Welt geschehen. [...] Anklagen können erhoben werden wegen Kriegsverbrechen, Verbrechen gegen die Menschlichkeit und Völkermord, später kam auch das Führen eines Angriffskriegs hinzu. In der Praxis wurde bereits mehrfach Rechtsgeschichte geschrieben. So konzentrierten sich etwa einzelne Anklagen auf den Einsatz von Kindersoldaten oder die Zerstörung von Weltkulturerbe – ein Novum in der internationalen Rechtsgeschichte. Erste vorzeigbare Erfolge konnte der Chefankläger mit Urteilen gegen Thomas Lubanga Dyilo und Germain Katanga verbuchen. Die kongolesischen Rebellenführer wurden 2006 nach Den Haag überstellt, wo sie sich wegen Kriegsverbrechen und der Rekrutierung von Kindersoldaten verantworten mussten. Lubanga wurde zu 14 und Katanga zu 12 Jahren Haft verurteilt. [...] Im viel beachteten Prozess gegen den malischen Islamisten Ahmad al-Faqi al-Mahdi fiel 2016 das Urteil: Für die Zerstörung von Weltkulturerbe in Timbuktu im Jahr 2012 bekam er neun Jahre

Gefängnis.
Der Gerichtshof versteht sich als Instanz, die nur dann aktiv wird, wenn Mitgliedsstaaten des Römischen Statuts gegen mutmaßliche Kriegsverbrecher selbst keinen Prozess anstreben. Fehlender Wille hängt meist damit zusammen, dass ein Prozess im eigenen Land zu gewalttätigen Unruhen führen könnte. Oder es gibt noch keine ausreichende juristische Grundlage für eine Anklage, weil noch keine entsprechenden Gesetze existieren. Daneben kann der UN-Sicherheitsrat einen Fall zuweisen. Das ist bisher im Falle Darfur und Libyen geschehen. Oder der Chefankläger zieht selbst einen Fall an sich, wie zum Beispiel bei der Elfenbeinküste. Das kann er aber auch nur dann, wenn kein nationales Gericht den Fall übernimmt.

Klaus Dahmann, Was bringt der Internationale Strafgerichtshof? In: https://www.dw.com/de/was-bringt-der-internationale-strafgerichtshof/a-44695068, 17.07.2018, Zugriff: 10.04.2020

M3 Aufbau und Organisation der Internationalen Strafgerichtshofs

Das Gericht
Präsident **Chile Eboe-Osuji** (Nigeria)
+ 17 weitere Richter
Ehemalige Richter bleiben im Amt, bis ihr Fall beendet ist.
- eigenständig
- kein Teil der UN
- Sitz in Den Haag (Niederlande)
Derzeit haben 123 Länder den Vertrag (das Römische Statut) ratifiziert.

Anklagebehörde
Chefanklägerin **Fatou Bensouda** (Gambia)
Stellvertreter **James Stewart** (Kanada)
Richter und Chefankläger werden von Versammlung der Vertragsstaaten bestimmt.

Die Angeklagten
Individuen, keine Staaten
wegen
- Völkermord
- Verbrechen gegen die Menschlichkeit
- Kriegsverbrechen
- Verbrechen der Aggression* (z. B. Angriffskrieg)

*seit Juli 2018

Das Verfahren
Voraussetzung
Der Staat, in dem das Verbrechen begangen wurde, kann oder will die Straftat nicht verfolgen.

1. Internationaler Strafgerichtshof wird aktiv auf/wegen:
   - Initiative eines Vertragsstaates
   - Resolution des UN-Sicherheitsrats
   - Initiative des Anklägers
2. Ermittlungen
3. Vorermittlungskammer (Pre-Trial) tritt zusammen, Vorladung des Angeklagten, ggf. wird Haftbefehl ausgestellt
4. Prozess
   Höchststrafe
   30 Jahre Haft oder lebenslänglich

Bedingungen für Anklage
- Taten müssen nach Inkrafttreten des Römischen Statuts (1.7.2002) begangen worden sein
- Verbrechen wurden in einem Vertragsstaat verübt oder
- Angeklagter hat Staatsangehörigkeit eines Vertragsstaates

Fälle
Bisher Verfahren wegen Verbrechen in **Burundi, Dem. Rep. Kongo, Elfenbeinküste, Georgien, Kenia, Libyen, Mali, Sudan, Uganda, Zentralafrik. Republik**

Quelle: IStGH, Römisches Statut, Auswärtiges Amt — Stand 2018
© Globus 12885

M4 Der Strafgerichtshof in der Kritik

Afrika und der Rassismus-Vorwurf
Gegen 39 Personen hat der ICC bis heute Ermittlungen aufgenommen. Minister, Generäle, zwei Staatschefs. Alle kommen aus Afrika. Keine einzige Person aus einem anderen Erdteil ist bislang betroffen.
Schon lange erheben Kritiker wie etwa die Staaten der Afrikanischen Union den Vorwurf, die Haager Juristen konzentrierten ihre Aufmerksamkeit einseitig auf den afrikanischen Kontinent – aus alter postkolonialer Selbstgerechtigkeit gegenüber schwachen Staaten, die nicht auf mächtige Verbündete zählen können, oder ganz schlicht aus Rassismus. […] Ganz im Gegenteil, sagt die heutige Chefanklägerin Fatou Bensouda, die zuvor Justizministerin von Gambia war. Sie und ihre Mitarbeiter konzentrierten ihre Aufmerksamkeit auf Afrika, weil dort eben besonders viele Menschenrechtsverletzungen zu beklagen seien. Das Weltstrafgericht hat begrenzte Ressourcen. Es muss Prioritäten setzen. In anderen Konfliktherden wie etwa Syrien fehlt dem Gerichtshof eine Zuständigkeit, aus Afrika hingegen würden Regierungen, die das Statut

Fatou Bensouda: Die ehemalige gambische Justizministerin ist seit 2011 Chefanklägerin der Internationalen Strafgerichtshof.

des ICC unterzeichnet haben, die Weltjustiz auch immer wieder zur Hilfe rufen.[...]

Kein Weltgericht für alle

Mehr als 120 Staaten sind dem Internationalen Strafgerichtshof bereits beigetreten. Das ist – aus Haager Sicht – die gute Nachricht. Die größten, bevölkerungsreichsten Staaten der Erde sind aber nicht darunter, so Russland, China, die USA, Indien, und fast alle arabischen Staaten sowie Israel und Iran. Das ist die andere Hälfte der Wahrheit. Vor allem auf die USA, die mit ihren Soldaten in so vielen Weltregionen operieren wie kein anderer Staat, galt einst als Vorreiter der internationalen Strafjustiz. Erst als es 1998 darum ging, einen ständigen Internationalen Strafgerichtshof einzurichten, der theoretisch nicht nur Jugoslawen oder Ruander, sondern Angehörige aller Staaten anklagen könnte, änderte sich die Haltung der US-Regierung. Sie wurde erst zurückhaltend, dann offen feindselig. Auch Russland – wie die USA einst Mitunterzeichner des Römischen Statuts – hat das Gericht bis heute nicht anerkannt. Im Zuge der Vorermittlungen in der Ukraine und Georgien, bei denen das Land zu den Konfliktparteien gehört, hat Russland vielmehr 2016 erneut erklärt, dem Gericht nicht beitreten zu wollen.

> **INFO**
>
> Das Römische Statut vom 17. Juli 1998 ist ein völkerrechtlicher Vertrag, der die Grundlage für die Tätigkeit des Internationalen Strafgerichtshofs bildet. Er trat 2002 in Kraft.

Ronen Steinke, Der Internationale Strafgerichtshof, in: https://www.bpb.de/internationales/weltweit/innerstaatliche-konflikte/169554/der-internationale-strafgerichtshof, 30.07.2018, Zugriff: 10.04.2020

M5 Symbol gegen Straflosigkeit

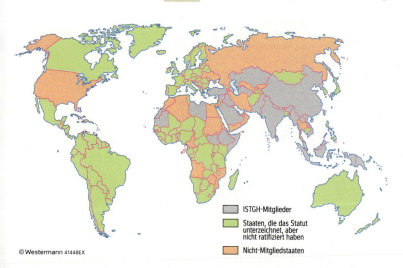

ISTGH-Mitglieder
Staaten, die das Statut unterzeichnet, aber nicht ratifiziert haben
Nicht-Mitgliedstaaten

© Westermann 41448EX

2002 nahm [der Internationale Strafgerichtshof] in Den Haag seine Arbeit auf, 2003 wurden die ersten Richter vereidigt. Seither kamen 26 Fälle vor den Gerichtshof, nur vier Personen wurden verurteilt – eine davon, der frühere kongolesische Vizepräsident Jean-Pierre Bemba, wurde im Juni 2018 im Berufungsverfahren freigesprochen. Ist der Gerichtshof den Hoffnungen aus dem Gründungsjahr also nicht gerecht geworden?

„Zunächst einmal muss man schauen, was tatsächlich realistischerweise erwartbar war", sagt Christoph Safferling, Professor für Internationales Strafrecht und Völkerrecht an der Universität Erlangen-Nürnberg. „Es gibt zwar wenige Fälle, aber in diesen Fällen hat der Internationale Strafgerichtshof unter Beweis gestellt, dass er in der Lage ist, Verfahren zu Ende zu bringen. Wenn man erwartet hat, dass hier jetzt ein globales Weltstrafrecht entsteht und diese Institution für alle Regionen der Welt Recht spricht und Verletzungen der Menschenrechte jetzt ein für alle Mal gesühnt werden, dann muss man natürlich sagen: der Gerichtshof ist katastrophal gescheitert. Das ist aber auch eine überzogene Erwartung."

[...] Der Internationale Strafgerichtshof (IStGh) kann bis auf wenige Ausnahmen nur solche Verbrechen verfolgen, die von Personen aus Mitgliedsstaaten oder auf dem Territorium eines Mitgliedsstaates verübt wurden. Foltervorwürfen gegen US-Soldaten im Irakkrieg kann der Gerichtshof also beispielsweise nicht nachgehen. „Dass diese Taten nicht vom Internationalen Strafgerichtshof verfolgt werden können, da die USA kein Mitglied sind, ist schon ein Problem für die Legitimität und die Glaubwürdigkeit des Gerichtshofs", sagt Gregor Hofmann, Vorsitzender der deutschen Menschenrechtsorganisation „Genocide Alert".

„Andererseits schwächt die Tatsache, dass die großen Player nicht dabei sind, nicht unbedingt die Legitimität des Vorhabens als Ganzes. [...]

Weitere Vorwürfe, die dem Internationalen Strafgerichtshof immer wieder gemacht werden: Er sei zu teuer, zu langsam und habe als „zahnloser Tiger" ohne eigene „Weltpolizei" keine ausreichenden Möglichkeiten zu ermitteln und Haftbefehle oder Urteile zu vollstrecken. Das sei aber ein grundsätzliches Problem internationaler Organisationen, meint Christoph Safferling: *„Im Völkerrecht sind wir in der Regel darauf angewiesen, dass Staaten mit ihrem Gewaltmonopol für die internationale Organisation tätig werden. Das ist bei den Vereinten Nationen nicht anders. Ich würde sagen, das ist ein ganz normaler Vorgang."* Mängel sieht er dagegen bei der Einhaltung professioneller Standards durch die Ankläger in Den Haag. [...]

Trotz aller Mängel – Gregor Hofmann zieht eine positive Bilanz: „Ich glaube, wir brauchen einen solchen Gerichtshof, er muss noch stärker werden, denn er ist das Symbol, das für den Kampf gegen Straflosigkeit steht, auch wenn er bisher noch nicht so gut funktioniert, wie wir uns das wünschen." Auch Christoph Safferling glaubt an die Zukunft des Internationalen Strafgerichtshofs: „Ich habe Hoffnung, dass der Internationale Strafgerichtshof als Institution bleibt, weil er eben doch einen Stachel im Fleisch der Regierenden weltweit darstellt. Er steht für einen moralischen Anspruch, der unbedingt zu befolgen ist und der eben auch von der Zivilgesellschaft immer wieder eingefordert wird. Er muss aber natürlich auch überzeugen in seiner Arbeit. Und da ist noch etwas Luft nach oben." Fest steht: In vielen Fällen ist der Internationale Strafgerichtshof heute das einzige Gericht, vor dem schwerste Menschlichkeitsverbrechen überhaupt verfolgt werden können.

Annika Will, Internationaler Strafgerichtshof – Menschenrechte für alle, in: https://info.arte.tv/de/internationaler-strafgerichtshof-garantiert-er-menschenrechte-fuer-alle, 13.07.2018, Zugriff: 14.04.2020

M6 Brauchen wir eine supranationale Gerichtsbarkeit?

Was bis heute fehlt, ist die Ausgestaltung des internationalen Systems mit obligatorischer und zwingender Jurisdiktion. „Will man dem Frieden dienen, ist es besser, von dem internationalen Recht zu sprechen, als – wie es leider nur zu oft geschieht – von einer nebulosen Gerechtigkeit zu deklamieren [...] Seit der Jahrtausendwende gibt es mit dem Internationalen Strafgerichtshof, der Delikte des Völkerstrafrechts ahndet, einen weiteren Meilenstein auf dem Weg der Völkerrechtsrevolution – allerdings nur seinem Potential nach. Denn das Problem des IStGH liegt exakt in der unvollendet gebliebenen Völkerrechtsgemeinschaft: Er ist kein für alle zwischenstaatlichen Konflikte zuständiges Gericht mit zwingender Jurisdiktion, sondern soll (bloß) in den schlimmsten Fällen – wie Völkermord und Kriegsverbrechen – über Einzeltäter urteilen und somit deren Opfern Gerechtigkeit widerfahren lassen. [...] Den Vereinten Nationen fehlt somit nach wie vor die Gerichtsgemeinschaft; stattdessen kooperieren sie mit dem IStGH in einer Gerechtigkeitsgemeinschaft. Dauerhafter Friede ist jedoch – das zeigt das Beispiel der Europäischen Union – nur durch die Unterordnung staatlicher Souveränität unter eine supranationale Rechts- und damit einhergehend Rechtsprechungsgemeinschaft zu erreichen.

INFO

Jurisdiktion
Rechtsprechung

Tamara Ehs, Welt ohne Gericht, in: Blätter für deutsche und internationale Politik, https://www.blaetter.de/ausgabe/2014/april/welt-ohne-gericht, 4/2014, (Zugriff: 10.02.2021)

1. Nehmen Sie spontan, beispielsweise in einer Redekette, Stellung zu dem Urteil und zur Arbeit des Gerichts (M1).
2. Stellen Sie Ziele, Aufgaben, Struktur und Grenzen des Strafgerichtshof dar (M2, M3).
3. Gestalten Sie einen Kommentar, in dem Sie die Rolle des Strafgerichtshofs bei der Verfolgung von Menschenrechtsverletzungen bewerten (M4, M5).
4. Erörtern Sie Wünschbarkeit und Realisierungschancen eines Weltgerichts mit zwingender Rechtsprechung (M6).

NGOs – die effektiveren Verteidiger der Menschenrechte?

M 1 Weltweit im Einsatz für Menschenrechte

Sehr geehrter Herr Abdelsalam,

mit Bestürzung habe ich erfahren, dass vier der zehn inhaftiertn Journalisten Abdelkhaleq Amran, Hisham Tarmoom, Tawfiq al-Mansouri, Hareth Hamid, Hasan Annab, Akram al-Walidi, Haytham al-Shihab, Hisham al-Yousefi, Essam Balgheeth und Salah al-Qaedi zum Tode verurteilt wurden. Sorgen Sie bitte dafür, dass die vier Todesurteile umgehend aufgehoben, alle Anklagen fallengelassen und alle zehn Journalisten freigelassen werden. Bis zu ihrer Freilassung müssen die zehn inhaftierten Journalisten umgehend regelmäßigen Zugang zu ihren Familien, Rechtsbeiständen und jeder nötigen medizinischen Versorgung erhalten. Leiten Sie bitte unverzüglich eine wirksame, unabhängige und unparteiische Untersuchung der Folter- und Misshandlungsvorwürfe ein und stellen Sie alle dafür verantwortlichen Personen in fairen Verfahren und ohne Rückgriff auf die Todesstrafe vor Gericht.

Mit freundlichen Grüßen

Amnesty-Mahnwache gegen die Todesstrafe in den USA vor der US-Botschaft in Berlin im Jahr 2010

© Amnesty International, Foto: Christian Jungeblodt

a) Setzt euch für die vier Journalisten ein!
Mit diesem Appell forderte Amnesty International im April 2020 auf ihrer Website weltweit alle Aktivisten auf, sich für inhaftierte Journalisten einzusetzen. Adressiert werden soll der Appell an den Vertreter der Huthi im Jemen.

Amnesty International: Vier Journalisten zum Tode verurteilt, https://www.amnesty.de/mitmachen/urgent-action/vier-journalisten-zum-tode-verurteilt

b) Hintergrund: Was sind Urgent Actions?
Wenn Amnesty International von willkürlichen Festnahmen, Morddrohungen, Verschwindenlassen, Folterungen oder bevorstehenden Hinrichtungen erfährt, startet die Organisation eine Urgent Action. [...] Binnen weniger Stunden tritt ein Netzwerk von fast 80.000 Menschen in 85 Ländern (in Deutschland 10.000) in Aktion: Diese Aktivist_innen appellieren per Fax, E-Mail, Twitternachricht, Facebook-Posting oder Luftpostbrief an die Behörden der Staaten, in denen Menschenrechte verletzt werden. Bei den Adressat_innen gehen Tausende von Appellschreiben aus aller Welt ein. Es ist dieser rasche und massive Protest, der immer wieder Menschenleben schützt. [...] Unzählige Personen – von China bis Chile, von Syrien bis Simbabwe – konnten seit der ersten Urgent Action im Jahr 1973 gerettet werden. Allein im Jahr 2017 hat Amnesty International fast 300 neue Eilaktionen gestartet – etwa 30 % davon zogen positive Meldungen nach sich: Freilassungen, Hafterleichterungen, die Aufhebung von Todesurteilen oder auch Anklagen gegen die Verantwortlichen von Menschenrechtsverletzungen.

Amnesty International: Was sind Urgent Actions?, https://www.amnesty.de/was-sind-urgent-actions, 24.10.2019, (Zugriff: 21.08.2021)

M 2 Menschenrechte unter Druck

Die Menschenrechte sind nach Einschätzung von Amnesty International weltweit unter Druck. Zugleich wachse in vielen Ländern und Regionen wie Hongkong, Iran, Irak, Sudan oder Venezuela aber auch der Protest gegen Menschenrechtsverletzungen. „Die Menschen nehmen staatliches Versagen nicht mehr ohne weiteres hin", sagte der Generalsekretär von

Amnesty Deutschland, Markus N. Beeko, [...] in Berlin: „Wir haben in den vergangenen Monaten eindrucksvoll erlebt, wie die Bevölkerung mit friedlichem Protest auf Angriffe durch Regierungen und Unternehmen auf ihre Menschenrechte reagiert hat."[...]

Mit teilweise erschreckender und tödlicher Menschenverachtung seien in vielen Ländern Sicherheitskräfte gegen friedliche Demonstranten vorgegangen. So wurden bei den Protesten gegen höhere Benzinpreise im Iran laut Beeko bislang 208 Menschen getötet. Im Irak, wo sich die Demonstrationen unter anderem gegen die Korruption richteten, kamen bereits mehr als 300 Menschen ums Leben.

Staatliche Menschenrechtsverletzungen stehen laut Amnesty auch in China, Indien oder den USA auf der Tagesordnung. China unterdrücke massiv die muslimische Minderheit der Uiguren, Indien gehe ebenfalls zunehmend gegen religiöse Minderheiten vor. In den USA seien über 60.000 Kinder von Migranten interniert worden. „Wo bleibt der internationale Aufschrei?", fragte Beeko.

Menschenrechte auch in der EU unter Druck

Unter Druck seien die Menschenrechte aber auch in den EU-Ländern Ungarn und Polen. In Ungarn schürten Regierung und Medien ein feindseliges Klima gegenüber Menschenrechtsorganisationen, sagte Janine Uhlmannsiek, Europa-Expertin von Amnesty Deutschland. Sie seien Zielscheibe von Diffamierungskampagnen wie der Behauptung, Amnesty Ungarn forciere die illegale Migration. In Polen werde die Unabhängigkeit der Justiz eingeschränkt. Richter und Staatsanwälte, die sich dagegen wehren, würden schikaniert.

Aber auch in Deutschland werde die Einhaltung von Menschenrechten zusehends weniger honoriert, kritisierte Beeko. Er warnte davor, sich weiterhin Debatten wie solche über Abschiebung von Straftätern in Krisenländer aufdrängen zu lassen, die eindeutig den Völker- und Menschenrechten widersprächen. Daran zeige sich, wie „fragil" das rechtsstaatliche Verständnis in Politik und Gesellschaft zum Teil sei.

Laut einer Umfrage unter 1.000 Deutschen im Auftrag von Amnesty wird das auch von Teilen der Bevölkerung so wahrgenommen. 60 Prozent der Befragten hätten demnach den Eindruck, dass menschenrechtsfeindliche Einstellungen in der politischen Debatte eher zunehmen und dass sich die Situation der Menschenrechte in Deutschland in Bezug auf Rassismus verschlechtert habe. 61 Prozent fänden, dass die Bundesregierung zu wenig tut, um Menschen vor rassistischen und antisemitischen Angriffen zu schützen. 77 Prozent meinen, dass die Regierung auf Staaten, die die Menschenrechte verletzen, mehr Druck ausüben sollte.

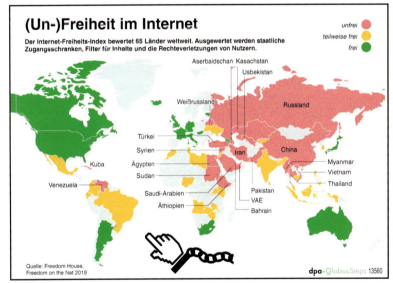

epd, Magazin: Menschenrechte weltweit unter Druck, in: https://www.migazin.de/2019/12/10/amnesty-menschenrechte-weltweit-unter-druck/, 19.12.2019 (Zugriff: 29.01.2021)

M3 Menschenrechtsorganisationen: zwei Beispiele

Amnesty International
agiert in über 70 Ländern und wird von mehr als sieben Millionen Mitgliedern aktiv unterstützt. Das Ziel von Amnesty International ist eine Durchsetzung von Menschenrechten für alle. Dafür unternimmt Amnesty Folgendes: Die Organisation deckt Verletzungen der Menschenrechte auf und macht sie öffentlich. Über Kampagnen und Öffentlichkeitsarbeit werden weltweit Menschen auf Menschenrechtsverletzungen aufmerksam gemacht. Dadurch werden Menschenrechte im öffentlichen Raum präsenter und wichtiger. Mitglieder arbeiten mit Regierungen und Firmen zusammen für einen besseren Schutz der Menschenrechte. Amnesty nimmt beispielsweise Einfluss auf Arbeitsbedingungen.
Die Organisation bietet Hilfe zur Selbsthilfe an. Menschen können von Amnesty geschult werden und lernen, selbstständig von ihren Rechten Gebrauch zu machen.
2018 hat die Arbeit von Amnesty International unter anderem dazu beigetragen, dass
- das Abtreibungsverbot in Irland aufgehoben wurde – eine wichtige Maßnahme für mehr Selbstbestimmung für Frauen.
- die Todesstrafe in Malaysia abgeschafft wurde.

Amnesty International [...] ist eine nicht-Regierungs-Organisation (NGO) und wird ausschließlich spendenfinanziert. [...]

Reporter ohne Grenzen
ist Teil der internationalen Organisation Reporters sans frontières mit Hauptsitz in Paris. Es gibt Büros in dreizehn Ländern, die als globales Netzwerk eng miteinander zusammenarbeiten. Der Verein setzt sich für Presse- und Informationsfreiheit ein.
[...] Reporter ohne Grenzen macht die Öffentlichkeit darauf aufmerksam, wenn Journalisten und deren Mitarbeiter in ihren Rechten eingeschränkt oder gar bedroht sind. Durch Kampagnen und Petitionen setzt sich der Verein gegen jede Art von Zensur ein.
Reporter ohne Grenzen ersetzt zerstörte oder beschlagnahmte Ausrüstung von Journalisten. Verfolgte Journalisten werden durch die Organisation über ihre Rechte, beispielsweise Pressefreiheit und Datenschutz, aufgeklärt. [Die Organisation] findet ein Aufnahmeland für Journalisten, die in ihrem Heimatland gefährdet und verfolgt werden.
Errungenschaften für 2018 sind:
Reporter ohne Grenzen wurde mit dem Marion-Dönhoff-Förderpreis sowie mit dem Kirchheimbolander Friedenstagepreis ausgezeichnet. Reporter ohne Grenzen hat, wie jedes Jahr, eine Rangliste der Pressefreiheit veröffentlicht. Diese Liste macht die Situation für Journalisten in 180 Ländern der Welt sichtbar.
Reporter ohne Grenzen e.V. wird durch Spenden und den Verkauf ihres Fotobuchs finanziert. Es handelt sich somit ebenfalls um eine NGO.

Enya Unkart, Menschenrechtsorganisation: Das sind die wichtigsten, in: https://utopia.de/ratgeber/menschenrechts-organisationen-das-sind-die-wichtigsten/, 24.01.2019

M4 NGOs – ein Dorn im Auge von Regierungen

[Private Organisationen müssen] beim Menschenrechtsschutz oft wesentlich weniger politische Rücksichten nehmen [...] als UN-Organisationen oder einzelstaatliche Initiativen. Neben so namhaften und weltweit tätigen NGOs wie Amnesty International oder Human Rights Watch gibt es heute auch zahlreiche kleinere und regional begrenzte Organisationen, die selbst in sehr repressiven Staaten aktiv werden. Dies ist sicher auch ein Verdienst der von der UNO so nachdrücklich propagierten Menschenrechtsidee. Allein im deutschsprachigen Raum haben etwa 150 Organisationen den Schutz der Menschenrechte ausdrücklich zum Ziel ihrer Arbeit erklärt. Während die weltweit vertretenen meist eine große Bandbreite abdecken, haben kleinere Initiativen oft nur bestimmte Menschenrechte, Regionen oder Zielgruppen vor Augen. [...] Im Allgemeinen versuchen NGOs durch Mahnwachen, Unterschriftenaktion und Protestbriefe Aufmerksamkeit zu erzeugen und öffentlichen Druck auf die Urheber von Menschenrechtsverletzungen auszuüben. Nicht weniger wichtig erscheint ihnen aber auch die direkte Unterstützung von Opfern, sei es durch Rechtshilfe oder materielle Leistungen im Sinne einer sozialen Fürsorge. Dabei setzen die NGOs vor allem auch auf moderne Technologie und Kommunikationsstrukturen. [...] Auf diese Weise vermögen die NGOs Menschenrechtsverletzungen aus einer Dunkelzone des Schweigens an das Licht der Weltöffentlichkeit zu befördern, die auf diplomatischem Wege über die Staaten niemals entschleiert würden. Selbstverständlich können die NGOs solche Fälle auch mit einer ganz anderen Deutlichkeit zur Sprache bringen und damit unter Umständen wesentlich rascher Hilfe leisten. Schließlich gilt für nichtstaatliche Organisationen auch das völkerrechtliche Interventionsverbot nicht. Das alles führt dazu, dass die NGOs manchen Regierungen ein Dorn im Auge sind.

Axel Herrmann, Menschenrechte in einer globalisierten Welt, in: Informationen zur politischen Bildung, Nr. 297/2007, S. 60 f.

M5 Steigender Druck auf Menschenrechtsaktivisten

Menschenrechtsverteidiger sind häufig selbst stark gefährdet, besonders in autokratischen Regimen. Die NGO CIVICUS hat zwischen Oktober 2016 und Oktober 2018 zahlreiche Vorfälle dokumentiert. Sie stehen stellvertretend für eine Vielzahl anderer Übergriffe. Wie effektiv können sie überhaupt noch arbeiten, wenn sie durch Gesetze, Verordnungen und andere Schikanen behindert werden?

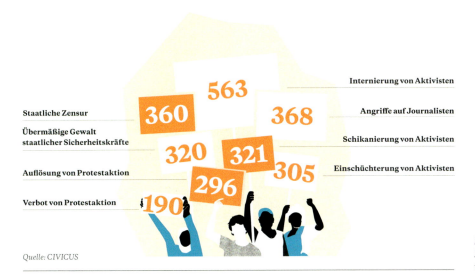

Quelle: CIVICUS

Brot für die Welt, Atlas der Zivilgesellschaft – Report zur weltweiten Lage, Berlin, Januar 2019

1 Wären Sie bereit, den Appell in M1 zu unterzeichnen bzw. sich auch an anderen urgent actions zu beteiligen? Tauschen Sie sich dazu in Kleingruppen aus und begründen Sie Ihren Standpunkt.
2 Erläutern Sie, wie Amnesty International die weltweite Situation der Menschenrechte einschätzt (M2).
3 Arbeiten Sie aus M3 Gemeinsamkeiten und Unterschiede der beiden Menschenrechtsorganisationen heraus.
4 Erörtern Sie Chancen und Risiken der NGOs bei der Durchsetzung von Menschenrechten (M4, M5).
5 Vergleichen Sie die drei in diesem Unterkapitel thematisierten Akteure u. a. im Hinblick auf Effektivität und Breitenwirkung bei der Durchsetzung der Menschenrechte.

Herausforderungen für die Sicherheitspolitik

Im Zuge der Globalisierung haben sich seit der Jahrtausendwende die Bedrohungen für die internationale Sicherheit potenziert. Dazu zählen der internationale Terrorismus, zahlreiche langdauernde (Bürger-)Kriege, zerfallende Staaten (failed states) und dadurch ausgelöste weltweite Migrationsbewegungen, Konflikte als Folge des Klimawandels, der Streit um die knapper werdenden Rohstoffe sowie das Aufkommen neuer Waffensysteme (z. B. Drohnen). Auch das Gesicht des Krieges hat sich verändert. Zunehmend werden Kriege nicht mehr zwischen Staaten, sondern zwischen ganz unterschiedlich ausgestatteten nichtstaatlichen Akteuren ausgetragen (Warlords), für die Krieg zum Lebensinhalt und Beruf wird, der sie gegenüber der Zivilbevölkerung besonders brutal auftreten lässt (neue Kriege). Auch neue Formen der Kriegsführung haben sich etabliert (hybride Kriege, Cyberwar). Besonders fatal ist, dass sich die Bedrohungen in einigen Weltregionen addieren (z. B. in Afrika, im Nahen Osten), die Auswirkungen der Kriege jedoch auch in weit entfernten Weltregionen spürbar sind. Für die internationale Sicherheitspolitik stellt sich die Aufgabe, adäquate Antworten auf diese Vielzahl von Bedrohungen zu finden.

Friedensbegriffe

Frieden wurde lange Zeit nur in der Verneinung definiert: als Abwesenheit von Gewalt (negativer Frieden). Heute wird Frieden in der Politikwissenschaft als Zustand größtmöglicher sozialer Gerechtigkeit gesehen (positiver Frieden). Zugrunde liegt die Erkenntnis, dass die meisten Konflikte soziale Ursachen haben, zum Beispiel die Unterdrückung ethnischer Minderheiten. In diesen Fällen wird die Gewalt nicht enden, bis die Ursachen beseitigt sind. Der Friedensforscher Dieter Senghaas sieht Frieden als zivilisatorischen Prozess, in dem nach und nach die Bedingungen für eine friedliche Konfliktaustragung geschaffen werden (zivilisatorisches Hexagon), sowohl innerstaatlich als auch zwischen Staaten, zum Beispiel durch umfassende Kooperation in internationalen Organen. Wird Frieden so umfassend verstanden, kann Sicherheit nicht allein mit militärischen Mitteln geschaffen werden. Der erweiterte Sicherheitsbegriff definiert daher auch zum Beispiel Entwicklungs- und Umweltpolitik, Bildungs- und Sozialpolitik als essenzielle Beiträge zur internationalen Sicherheit.

Internationale Theorien und ihre Ordnungskonzepte

Internationale Theorien suchen nach Erklärungen, wie Konflikte entstehen und wie Kooperation gelingen kann. Die aus den Wirtschaftswissenschaften stammende Spieltheorie analysiert in Experimenten kooperationsfördernde und -hemmende Bedingungen für Akteure und liefert Erklärungsmuster für Handlungsoptionen in der anarchischen Staatenwelt. Der Neorealismus sieht den Wettlauf der konkurrierenden Nationalstaaten um Macht als wichtigste Triebfeder internationaler Politik. Danach sind Konflikte fast unausweichlich und nur durch Abschreckung und eine ausbalancierte Konstellation von Macht und Gegenmacht zu verhindern. Dauerhafte Kooperation in internationalen Organen wird als unrealistische Option betrachtet – genau auf diese Lösung baut jedoch der Institutionalismus. Er betrachtet ein System internationaler Organe als wichtigsten Garanten internationaler Sicherheit. Der Konstruktivismus bietet kein in sich geschlossenes Theoriegebäude, sondern verweist vor allem auf die große Bedeutung von Werten und Ideen als Triebfeder und Erklärungsmuster in der internationalen Politik.

NATO

Die NATO (North Atlantic Treaty Organization) ist ein Verteidigungsbündnis mit inzwischen 30 Mitgliedstaaten. Daneben versteht sich die NATO auch als politische Gemeinschaft, was sich in der militärischen und politischen Doppelstruktur widerspiegelt. Im NATO-Vertrag verpflichten sich alle Mitglieder, einander im Verteidigungsfall militärisch beizustehen (Bündnisfall Artikel 5). Bei seiner Gründung 1949 sollte das Bündnis vor allem einen Krieg zwischen West- und Ostblock verhindern und die Verteidigung des Bündnisgebiets gewährleisten. Nach dem Zerfall des Warschauer Pakts rückten andere Aufgaben in den Vordergrund. Heute gehören weltweite Kriseneinsätze im Auftrag der UNO außerhalb des Bündnisgebietes zu den zentralen Aufgaben des Bündnisses (z. B. in Afghanistan 2002–2014). Nach wie vor zählt die Sicherung des Friedens in Europa zu den herausragenden Aufgaben der NATO. Einen Beitrag dazu leistete auch die Aufnahme vieler ehemaliger Mitglieder des Warschauer Paktes. Eine große Belastung und Herausforderung für die Zukunft sind die zunehmend divergierenden Interessen innerhalb des Bündnisses, die sich im Streit um die Finanzierung und den Stellenwert der Landesverteidigung im strategischen Konzept der Allianz widerspiegeln. Angesichts der sich verschlechternden Beziehungen zu Russland drängen vor allem die osteuropäischen Staaten auf eine stärkere Fokussierung auf den ursprünglichen Bündniszweck.

UNO

Die Vereinten Nationen sind die einzige internationale Organisation, der mit 193 Mitgliedern praktisch alle Staaten der Welt angehören. Diese verpflichten sich in der UN-Charta von 1945 den Weltfrieden zu wahren, auf Gewalt zu verzichten, weltweit die Achtung der Menschenrechte und freundschaftliche Beziehungen der Nationen auf der Basis der Gleichberechtigung und der Souveränität zu fördern. Im Blickpunkt der Weltöffentlichkeit steht der Generalsekretär, der mit seiner Autorität versucht, Konflikte bereits im Vorfeld zu entschärfen. Er steht auch der Generalversammlung vor, in der jeder Staat eine Stimme hat und in der Weltprobleme diskutiert werden.
Zweifellos einflussreichstes Organ der Friedenssicherung ist der Sicherheitsrat, der als einziges Organ auch Sanktionen verhängen und militärische Einsätze legitimieren kann. Doch blockierte das Vetorecht der fünf ständigen Mitglieder (USA, Russland, China, Großbritannien, Frankreich) mehr als einmal die Handlungsfähigkeit des Gremiums und verurteilte die UNO zur Untätigkeit. Deshalb ist die Zusammensetzung des Sicherheitsrats und das Vetorecht seit vielen Jahren Gegenstand der Reformdiskussion. Nicht zuletzt die erfolglosen Reformversuche lassen in der Öffentlichkeit das Bild einer wenig effektiven Großorganisation entstehen, in der langwierige Abstimmungsprozesse rasches und entschiedenes Handeln bei der Lösung dringender globaler Probleme unmöglich machen. So unvollkommen die UNO auch sein mag, so ist derzeit keine Alternative zur Steuerung internationaler Zusammenarbeit absehbar.

Menschenrechte und ihre Durchsetzung

Schlimmste Menschenrechtsverletzungen im ruandischen Bürgerkrieg (1995) waren der Auslöser für die Entwicklung des Konzepts „Responsibility to protect (R2p), das in einer Resolution der Generalversammlung der UNO 2005 verabschiedet wurde. Es legitimiert bei massiven Menschenrechtsverletzungen Eingriffe in die nationale Souveränität eines Staates und rechtfertigt militärische Einsätze.
Die Allgemeine Erklärung der Menschenrechte von 1948 sowie zahlreiche Zusatzabkommen haben die rechtliche Grundlage für einen effektiven Schutz der Menschenrechte geschaffen. Mehrfach haben sich fast alle Staaten der Welt verpflichtet, die Menschenrechte zu achten. Doch zwischen der Unterschrift auf einem Dokument und der Realität in einem Land klafft eine breite Kluft. Das Problem ist, dass gerade die Regierungen in zahlreichen Staaten zu den Hauptverursachern von Menschenrechtsverletzungen zählen. Es gibt zudem keine weltweit anerkannte Instanz, die Menschenrechtsverletzungen verfolgen und sanktionieren kann. Erste Ansätze wurde mit dem Menschenrechtsrat und dem Internationalen Strafgerichtshof geschaffen. Doch beide Institutionen sind machtlos, wenn Regierungen nicht zur Kooperation bereit sind bzw. das Organ nicht anerkennen. So sind zum Beispiel die Großmächte USA, Russland und China dem Statut des Internationalen Strafgerichtshof nicht beigetreten.
Unterhalb der intergouvernementalen Ebene engagieren sich zahllose NGOs für den Schutz der Menschenrechte. Sie brauchen keine politischen Rücksichten nehmen und können daher oft sehr wirksam öffentlichen Druck erzeugen. Zu den bekanntesten und erfolgreichsten NGOs gehört Amnesty International, das sich vor allem für politische Gefangene einsetzt.

Außenpolitik und globales Regieren

„Weil wir auf die vier großen Fragen unserer Zeit - auf Globalisierung, Digitalisierung, Migration und den menschengemachten Klimawandel – eben nur gemeinsam Antworten finden, ist es umso notwendiger, dafür zu sorgen, dass es gerade in diesen Zeiten nicht weniger, sondern mehr internationale Zusammenarbeit gibt."
Heiko Maas *1966, deutscher Außenminister, 2018 – 2021

„Die Welt hat sich verändert. Und deshalb müssen auch wir uns ändern. ."
Barack Obama *1961, ehem. US-Präsident, 2009-2017

„Plane das Schwierige da, wo es noch leicht ist.
Tue das Große da, wo es noch klein ist.
Alles Schwere auf Erden beginnt stets als Leichtes.
Alles Große auf Erden beginnt stets als Kleines. "
Laotse, chinesischer Philisoph des 6. Jh. v. Chr.

3.1 Die Verteidigung deutscher Sicherheitsinteressen – nach dem Hindukusch jetzt auch im Sahel?

Deutsche Sicherheitsinteressen in Mali

M1 Deutsche Soldaten in Mali

> „Deutschlands Sicherheit wird auch am Hindukusch verteidigt"
>
> Peter Struck, deutscher Verteidigungsminister 2002–2005, zum Einsatz der Bundeswehr in Afghanistan im Jahr 2002

Soldaten der Bundeswehr im Norden Malis, 2016

INTERNET

Sicherheitslage in Mali noch immer unbeständig

Filmverweis

https://p.dw.com/p/3FSeR

Bundeswehr: Minusma, https://www.bundeswehr.de/de/einsaetze-bundeswehr/mali-einsaetze/minusma-bundeswehr-un-einsatz-mali (Zugriff 03.03.2021)

M2 Internationale Einsätze der Bundeswehr

Auftrag der Bundeswehr im MINUSMA-Einsatz in Mali

Die deutschen Soldatinnen und Soldaten übernehmen nach Maßgabe des Völkerrechts und der Einsatzregeln der VN Aufgaben in den Bereichen Führung, Verbindung, Beobachtung und Beratung. Zudem […] leisten [sie] mit Aufklärungsmitteln am Boden und in der Luft einen wichtigen Beitrag zum Gesamtlagebild der VN-Mission. Mit einem Transportflugzeug unterstützt die Bundeswehr den Transport und die Folgeversorgung von MINUSMA-Truppen in Mali […]. Dieser Auslandseinsatz ist eine reine Ausbildungsmission. Der Schwerpunkt des deutschen Missionsbeitrags liegt in der Pionier-, Logistik- und Infanterieausbildung […]. Zum Ausbildungspaket gehören [aber] auch die Grundsätze moderner Menschenführung sowie ethische und völkerrechtliche Aspekte […].

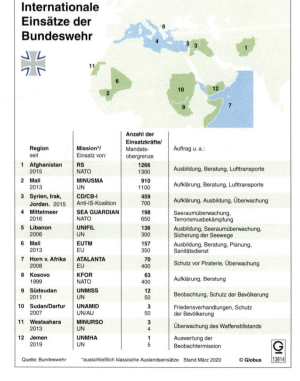

M 3 „Die Sicherheit in der Sahelzone ist Teil unserer Sicherheit"

Verteidigungsministerin Annegret Kramp-Karrenbauer im Gespräch mit der Süddeutschen Zeitung. [...]

Was sind unsere strategischen Interessen?

Wie kaum ein anderes Land hat Deutschland von der liberalen, regelbasierten Weltordnung nach 1945 profitiert, politisch, sicherheitspolitisch, wirtschaftlich. Wir sind wie kein anderes Land der Welt darauf angewiesen, dass wir einen freien Handel haben, der auf Regeln basiert. Dass wir offene Handelswege haben. Wir sind darauf angewiesen, dass wir für die Werte, die wir vertreten, zusammen mit unseren Freunden und Partnern in der Europäischen Union, in der Nato oder auch im südpazifischen Raum gegenseitig einstehen. Wir haben 2014 auf der Münchner Sicherheitskonferenz einen Konsens erreicht: Damals haben Joachim Gauck als Bundespräsident, Frank-Walter Steinmeier als Außenminister und Ursula von der Leyen als Verteidigungsministerin unisono gesagt: Deutschland muss mehr Verantwortung übernehmen. Wir sind aber den Erwartungen, die wir in München geweckt haben, bisher nicht immer gerecht geworden.

Was heißt das konkret?

In einer Zeit, in der sich die Vereinigten Staaten ein Stück weit zurückziehen, sind wir stärker gefordert. In den vergangenen Jahren haben wir oft nicht aktiv genug gehandelt: Wir sind zu Einsätzen dazugekommen, wenn wir gefragt worden sind, mal haben wir uns stärker beteiligt, mal weniger. Deutschland muss aber auch selbst die Initiative ergreifen, Impulse setzen, Optionen aufzeigen. Und wir müssen bereit sein, die damit verbundenen Kosten zu tragen, finanziell, politisch und moralisch, wie Bundestagspräsident Wolfgang Schäuble es jüngst formuliert hat. Nur so können wir ein internationales Umfeld beschützen und gestalten, das unseren Werten und Interessen gemäß ist. Und wir müssen dabei grundsätzlich bereit sein, das Spektrum an Fähigkeiten, über das wir verfügen, auch zur Verfügung zu stellen [...].

Dann kommen Soldaten wieder häufiger in Zinksärgen zurück.

Jeder Einsatz ist gefährlich. Deshalb müssen wir sehr genau überlegen, wo, wie und womit wir in Einsätze gehen. Führen wir uns die Situation in der Sahelzone vor Augen. Da finden wir im Moment eine der größten Drehscheiben für islamistischen Terrorismus vor. Es geht um die Frage, ob dieser Terrorismus nach Europa exportiert wird. Mali gehört zu den Regionen mit dem höchsten Anteil an illegaler Migration und organisierter Kriminalität. Die Bevölkerung ist jung, das Wachstum und die staatlichen Strukturen sind schwach. Wir können als Europa sagen: Das interessiert uns nicht. Dann werden wir aber in ein paar Jahren mit den Problemen konfrontiert. Die Sicherheit in der Sahelzone ist Teil unserer eigenen Sicherheit [...]. Wenn wir uns mit dem Thema Terrorismus befassen oder mit dem Thema Migration aus Staaten, die um uns herum implodieren, dann hat das natürlich auch etwas mit den Interessen Deutschlands und Europas zu tun. Wir haben doch in den vergangenen Jahren erlebt, wie uns das berührt [...].

Annegret Kramp-Karrenbauer

Bundesministerin der Verteidigung seit 2019

BMVG: „Die Sicherheit in der Sahelzone ist Teil unserer Sicherheit". Interview mit Annegret Krams-Karrenbauer, https://www.bmvg.de/de/aktuelles/interview-ministerin-suedeutsche-zeitung-146836, 06.11.2019 (Zugriff 23.01.2021)

---

1 Bilden Sie eine Positionslinie zur Frage, ob Deutschlands Sicherheitsinteressen auch in weit entfernten Regionen der Welt zu verteidigen sind (M1).
2 Beschreiben Sie den Auftrag der Bundeswehr in Mali (M2).
3 Überprüfen Sie anhand eines von Ihnen ausgewählten, aktuellen Auslandseinsatzes der Bundeswehr, inwiefern dieser im sicherheitspolitischen Interesse Deutschlands liegt.
4 Ordnen Sie den Einsatz der Bundeswehr in Mali in das sicherheitspolitische Interesse Deutschlands, wie es in M3 von der damaligen deutschen Verteidigungsministerin Kramp-Karrenbauer formuliert wird, ein (M3).

Interessen und Gemeinwohl

Der Bundeswehreinsatz in Mali – ein umstrittenes Engagement

M 1 Holzweg Mali?

> **INFO**
> François Hollande war zu Beginn des Mali-Einsatzes Präsident Frankreichs

Zeichnung: Jürgen Janson, 2013

> **INFO**
> **Aus dem Grundgesetz**
>
> **Präambel**
>
> Im Bewußtsein seiner Verantwortung vor Gott und den Menschen, von dem Willen beseelt, als gleichberechtigtes Glied in einem vereinten Europa dem Frieden der Welt zu dienen, hat sich das Deutsche Volk kraft seiner verfassungsgebenden Gewalt dieses Grundgesetz gegeben.
>
> Die Deutschen in den Ländern Baden-Württemberg, Bayern, Berlin, Brandenburg, Bremen, Hamburg, Hessen, Mecklenburg-Vorpommern, Niedersachsen, Nordrhein-Westfalen, Rheinland-Pfalz, Saarland, Sachsen, Sachsen-Anhalt, Schleswig-Holstein und Thüringen haben in freier Selbstbestimmung die Einheit und Freiheit Deutschlands vollendet. Damit gilt dieses Grundgesetz für das gesamte Deutsche Volk.

M 2 Kriterien für Auslandseinsätze

Ein [...] Schwerpunkt der Debatte – in der Politik wie in der Wissenschaft – war seit dem Beginn der 2000er Jahre, nach knapp zehn Jahren Erfahrung mit Auslandseinsätzen, das Bemühen, Kriterienkataloge für eine Beteiligung oder Nicht-Beteiligung Deutschlands an derartigen Operationen zu entwickeln [...].
Bei allen Unterschieden zwischen den [...] Kriterienkatalogen kristallisierten sich [...] vier Kategorien heraus, über deren Relevanz für den Entscheidungsprozess [...] weitgehend Konsens zu bestehen scheint:
1) Fragen der Legalität und Legitimität des Einsatzes,
2) Fragen nach Risiken und Erfolgsaussichten,
3) Fragen nach der Bedeutung des Einsatzes für die deutsche Sicherheit bzw. deutsche Interessen sowie
4) die Frage nach [...] Bündnisverpflichtungen und Partnern.

Generalisierbarkeit beanspruchte keiner der Autoren. Stattdessen betonten sie, dass es sich bei den Kriterien lediglich um Orientierungshilfen handeln kann. Letztlich werde im Einzelfall unter Abwägung der spezifischen Rahmenbedingungen entschieden.

SWP-Studie, Stiftung Wissenschaft und Politik, Deutsches Institut für Internationale Politik und Sicherheit Rainer L. Glatz/Wibke Hansen/Markus Kaim/Judith Vorrath Die Auslandseinsätze der Bundeswehr im Wandel, S.12 f.

M 3 Rechtliche Grundlagen zum Einsatz der Bundeswehr

Zentrale Norm ist [...] Art. 87a GG mit seinem ersten Satz: „Der Bund stellt Streitkräfte zur Verteidigung auf" [...]. [Als] Hauptaufgabe der Bundeswehr [wird] die Verteidigung definiert. Diese umfasst sowohl die Verteidigung Deutschlands (Landesverteidigung) als auch die Bündnisverteidigung auf der Grundlage des NATO-Vertrages. Jedenfalls ist die Bundeswehr defensiv auszurichten. Denn Art. 26 GG erklärt bereits die Vorbereitung eines Angriffskrieges für verfassungswidrig [...]. Außer zur Verteidigung dürfen die Streitkräfte – so bestimmt es Art. 87a Absatz 2 – nur eingesetzt werden, soweit das Grundgesetz es ausdrück

3.1 Die Verteidigung deutscher Sicherheitsinteressen – nach dem Hindukusch jetzt auch im Sahel?

lich zulässt. Solche expliziten Ermächtigungen eines Einsatzes der Bundeswehr enthält das Grundgesetz nur für:
- den Verteidigungsfall und den Spannungsfall (Art. 87a Abs. 3 GG), also einen akuten oder drohenden bewaffneten Angriff auf das Gebiet der Bundesrepublik Deutschland,
- für den inneren Notstand (Art. 87a Abs. 4 GG), z.B. bei bewaffneten Aufständen, die den Bestand der Bundesrepublik gefährden,
- und für den Katastrophenfall (Art. 35 Abs. 2 und 3 GG), z.B. bei Naturkatastrophen wie Hochwassern oder Erdbeben […].

Der Einsatz im Ausland zur Konfliktverhütung und Krisenbewältigung ist seit der deutschen Einheit im Jahr 1990 praktisch zur Hauptaufgabe der Streitkräfte geworden […]. Deren verfassungsrechtliche Grundlage stellt […] eine Leitentscheidung des Bundesverfassungsgerichts aus dem Jahr 1994 dar […].

In seinem Urteil vom 12. Juli 1994 bezeichnete das Bundesverfassungsgericht die Vorschrift des Art. 24 Abs. 2 GG als ausdrückliche Ermächtigung für Streitkräfteeinsätze im Ausland. Art. 24 Abs. 2 GG bestimmt, dass sich der Bund zur Wahrung des Friedens einem System gegenseitiger kollektiver Sicherheit anschließen kann. Ein solcher Beitritt schließt […] auch eine Verwendung der Bundeswehr zu Einsätzen ein, die im Rahmen und nach den Regeln dieses Systems stattfinden. Ein Auslandseinsatz der Bundeswehr ist damit im Rahmen der Vereinten Nationen (VN), der NATO und der Europäischen Union (EU) zulässig. Handelt es sich dabei um einen Einsatz bewaffneter Streitkräfte, bedarf dieser laut Bundesverfassungsgericht der Zustimmung des Bundestages. Den „Parlamentsvorbehalt" leitet das Gericht zum einen aus der deutschen Verfassungstradition und zum anderen aus der umfassenden parlamentarischen Kontrolle der Streitkräfte ab […].

Dieter Weingärtner: Rechtliche Grundlagen deutscher Verteidigungspolitik, in: bpb.de, https://www.bpb.de/politik/grundfragen/deutsche-verteidigungspolitik/199281/wehrrecht, 01.05.2015 (Zugriff 21.01.2021)

> **INFO**
> **Artikel 24 (GG)**
> (1) Der Bund kann durch Gesetz Hoheitsrechte auf zwischenstaatliche Einrichtungen übertragen.
>
> (1a) Soweit die Länder für die Ausübung der staatlichen Befugnisse und die Erfüllung der staatlichen Aufgaben zuständig sind, können sie mit Zustimmung der Bundesregierung Hoheitsrechte auf grenznachbarschaftliche Einrichtungen übertragen.
>
> (2) Der Bund kann sich zur Wahrung des Friedens einem System gegenseitiger kollektiver Sicherheit einordnen; er wird hierbei in die Beschränkungen seiner Hoheitsrechte einwilligen, die eine friedliche und dauerhafte Ordnung in Europa und zwischen den Völkern der Welt herbeiführen und sichern.
>
> (3) Zur Regelung zwischenstaatlicher Streitigkeiten wird der Bund Vereinbarungen über eine allgemeine, umfassende, obligatorische, internationale Schiedsgerichtsbarkeit beitreten.
>
> **Artikel 26 (GG)**
> (1) Handlungen, die geeignet sind und in der Absicht vorgenommen werden, das friedliche Zusammenleben der Völker zu stören, insbesondere die Führung eines Angriffskrieges vorzubereiten, sind verfassungswidrig. Sie sind unter Strafe zu stellen.
>
> (2) Zur Kriegführung bestimmte Waffen dürfen nur mit Genehmigung der Bundesregierung hergestellt, befördert und in Verkehr gebracht werden. Das Nähere regelt ein Bundesgesetz.

M4 Die Bundeswehr – eine Parlamentsarmee

Parlamentarisch-zivile Kontrolle der Streitkräfte

Laut Grundgesetz hat das Parlament die Budgethoheit und damit die Kontrolle über die Streitkräfte. Budgethoheit bedeutet, dass der Bundestag über den Verteidigungshaushalt entscheidet. Das Grundgesetz sieht zudem einen Verteidigungsausschuss vor. Seit 1956 gibt es zudem einen Wehrbeauftragten. An dieses Hilfsorgan des Parlaments können sich Soldatinnen und Soldaten mit allen Anliegen direkt wenden. Er legt dem Bundestag jährlich einen schriftlichen Bericht über seine Arbeit vor.

Parlamentsbeteiligungsgesetz regelt Mitwirkungsrechte

Besonders deutlich wird die Kontrollfunktion des Parlaments bei den Auslandseinsätzen. Bevor deutsche Truppen im Ausland stationiert werden, muss der Bundestag zustimmen. Inwieweit und in welcher Form der Bundestag einem bewaffneten Auslandseinsatz zustimmen muss, regelt seit 2005 das Parlamentsbeteiligungsgesetz. Es legt die Mitwirkungsrechte und mögliche Vorbehalte des Deutschen Bundestages fest. Die Zustimmung zu einem Einsatz ist grundsätzlich auf zwölf Monate begrenzt und muss – bei Bedarf – nach Ablauf dieser Frist verlängert werden.

BMVG: Die Bundeswehr – eine Parlamentsarmee, https://www.bmvg.de/de/themen/verteidigung/bundeswehr-parlamentsarmee (Zugriff 21.01.2021)

M5 Bundestag für Ausweitung des Mali-Einsatzes

Die Bundeswehr kann künftig zusätzliche Soldaten zum Einsatz in das afrikanische Krisenland Mali schicken. Die Mandate für zwei Missionen wurden um jeweils ein weiteres Jahr bis Ende Mai 2021 verlängert.

Eine deutliche Mehrheit von 437 Abgeordne

Dr. Johann David Wadephul (CDU/CSU)

Alexander Müller (FDP)

Dr. Nils Schmid (SPD)

Gerold Otten (AfD)

INTERNET

Redebeiträge der Bundestagsdebatte als Video
https://www.bundestag.de/dokumente/textarchiv/2020/kw22-de-bundeswehr-mali-eutm-696110

ten stimmte für das neue Mandat zur deutschen Beteiligung an der EU-Ausbildungsmission EUTM. Dazu können künftig bis zu 450 deutsche Soldaten entsendet werden, 100 mehr als bisher. Sie sollen die malischen Streitkräfte begleiten, wenn diese in Einsätze gehen. Außerdem sollen die Deutschen dabei helfen, ein Ausbildungszentrum in Zentralmali aufzubauen. Das EUTM-Mandatsgebiet wird zudem auf alle G5-Sahelstaaten – Mauretanien, Mali, Burkina Faso, Niger und Tschad – ausgeweitet [...].

Die Bundeswehr ist in Mali außerdem am UN-Einsatz MINUSMA beteiligt, der nahezu unverändert mit weiterhin bis zu 1100 deutschen Soldaten fortgesetzt werden soll. Insgesamt sind mehr als zehntausend Blauhelm-Soldaten aus über 20 Ländern in dem westafrikanischen Land. Sie sollen die Lage stabilisieren, islamistische Terroristen [...] bekämpfen sowie den Friedensvertrag von 2015 unterstützen. Die UN-Mission gilt als gefährlichster Einsatz der deutschen Streitkräfte.
uh/sam (dpa, epd)

uh, sam, dpa, epd: Bundestag für Ausweitung des Mali-Einsatzes der Bundeswehr, in: Deutsche Welle online, https://www.dw.com/de/bundestag-f%C3%BCr-ausweitung-des-mali-einsatzes-der-bundeswehr/a-53617192, 29.05.2020

M 6 Bundestagsdebatte zur Verlängerung der deutschen Beteiligung an der EUTM in Mali (2020)

SPD: Nachhaltig Staatlichkeit in die Region bringen
In der Debatte plädierte Dr. Nils Schmid (SPD) für eine Verlängerung der deutschen Beteiligung an der multinationalen Ausbildungsmission der Europäischen Union in Mali (EUTM). Schmid wies auf die sich verschlechternde Sicherheitslage in Mali hin. Terrorangriffe hätten sich auf das Zentrum des Landes ausgeweitet, im innermalischen Versöhnungsprozess seien kaum Fortschritte zu verzeichnen, die Konflikte mit Nachbarländern seien nach wie vor ungelöst.
Die Mission lasse sich nicht als reiner Antiterror-Einsatz beschreiben. Es gehe darum, vor Ort nationale Strukturen aufzubauen, mit denen Mali aus eigener Kraft Sicherheit schaffen könne. Aber auch die wirtschaftlichen Konflikte müssten gelöst werden, um soziale Stabilität zu erreichen. In einem solchen umfassenden Ansatz werde die Ausbildungsmission für malische Streitkräfte nachhaltig zur Verbesserung der Lage beitragen. „Entwicklung und Sicherheit sind untrennbar miteinander verknüpft." [...]

AfD: Entgrenzung des Begriffs der Verantwortung
Gerold Otten (AfD) kritisierte allgemein „die Masse an Kriseneinsätzen", an denen sich Deutschland beteilige und mit denen die Bundesregierung geradezu „zwanghaft Verantwortung" übernehmen wolle. Das habe zu einer „Entgrenzung des Begriffs der Verantwortung" geführt. Die Erfolge der bislang siebenjährigen Ausbildungsmission in Mali seien außerdem zweifelhaft. „Nach bereits siebenjährigem Einsatz greifen die Maßnahmen nicht." Die malischen Streitkräfte beherrschten die Lage im Land offenbar nicht.
Otten konnte auch der im neu formulierten Mandat vorgesehenen Erweiterung des Mandatsgebietes und der Erhöhung der Truppenstärke nichts abgewinnen. Zu dieser räumlichen und inhaltlichen komme zudem noch eine zeitliche Entgrenzung hinzu, kritisierte er den fehlenden Zeithorizont der Mission. Die AfD-Fraktion lehne die Verlängerung des Mandats ab.

CDU/CSU: Der Sahel ist der drängendste Krisenpunkt
Dr. Johann David Wadephul (CDU/CSU) bezeichnete die Entwicklung im Sahel in den vergangenen Monaten als besorgniserregend. Immer mehr Gebiete drohten in die Hände der Terroristen zu fallen. In deren Windschatten fasse die organisierte Kriminalität mit den Schwerpunkten Drogen- und Menschenhandel immer stärker Fuß. Zusammen mit den Herausforderungen, die der Klimawandel und jetzt auch noch die Corona-Pandemie für diese Länder, die mit die höchsten Geburtenraten aufwiesen, mit sich bringe, sei das Lagebild ernüchternd.
„Doch abwenden können wir uns jetzt nicht. Die Probleme der Sahel-Zone sind unsere Probleme", sagte Wadephul. Europa sei durch

Terrorismus und das Migrationsgeschehen in der Nachbarregion unmittelbar betroffen. „Heute ist der Sahel der drängendste Krisenpunkt." Das Engagement dort liege „in unserem sicherheitspolitischen Interesse". Die humanitäre Verantwortung gebiete es zudem, im Sahel zu helfen [...].

FDP: Missionen im Sahel besser koordinieren
Vor sieben Jahren habe der Bundeswehreinsatz in Mali begonnen, rief Alexander Müller (FDP) in Erinnerung. Aber die durchschlagenden Erfolge ließen auf sich warten. „Wie schaffen wir es, dass aus sieben nicht 17 oder 27 Jahre werden?" Die FDP unterstütze weiter die Bemühungen um eine Stabilisierung Malis und der Sahel-Region und stimme einer Fortsetzung des Mandats daher zu [...].
Seine Fraktion dringe darauf, die unterschiedlichen internationalen Missionen im Sahel besser zu koordinieren. Vor allem seien der französische Antiterror-Einsatz und die europäischen Missionen, aber auch die militärischen und entwicklungspolitischen Komponenten des internationalen Engagements besser aufeinander abzustimmen.

Linke: Gewalt malischer Soldaten gegen eigene Bevölkerung
Auf die zahlreichen, durch lokale Sicherheitskräfte begangenen, Menschenrechtsverletzungen wies Kathrin Vogler für die Fraktion Die Linke hin. Sie nannte Beispiele „exzessiver Gewalt" malischer Soldaten gegen die eigene Bevölkerung, die auch seitens der Vereinten Nation und von Menschenrechtsorganisationen bereits angeprangert worden seien. 135 Hinrichtungen habe der UN-Hochkommissar für Menschenrechte beklagt.

Unter dem Vorwand, Corona-Ausgangssperren durchsetzen zu müssen, seien Soldaten über das Ziel hinausgeschossen. Die Bundeswehr aber, die den Auftrag habe, malisches Militär im Bereich der Aufstandsbekämpfung auszubilden, sitze vermutlich zu einem Drittel in Quarantäne, das nächste Drittel sitze am Schreibtisch und das letzte Drittel schütze das Hauptquartier.
Dass die Bundeswehr damit beauftragt werde, lokale Streitkräfte auszubilden, die die Menschenrechte mit Füßen treten, sei nicht hinnehmbar. Gegenüber dem militärischen sei das humanitäre Engagement „dramatisch unterfinanziert". Das müsse sich ändern. Vogler: „Der Sahel braucht unsere Hilfe. Aber nicht unsere Soldaten. Nein zu diesem Militäreinsatz! Bilden Sie Krankenschwestern aus statt Soldaten!"

Grüne: Mandat klarer formulieren
Die Grünen würden sich weiter dafür einsetzen, dass sich die Europäische Union und Deutschland gemeinsam mit den Vereinten Nationen in Mali engagieren, sagte Agnieszka Brugger von der Fraktion Bündnis 90/Die Grünen. Aber eine Zustimmung zu dem Mandat sei kein Automatismus. Man sehe eine Reihe von kritischen Punkten und werde sich daher der Stimme enthalten [...].
Man stehe [...] der Ausweitung des Mandats sehr kritisch gegenüber. Dies umfasse nun ein Operationsgebiet von einer immensen Größe. Die Länder dort seien aber sehr unterschiedlich. Im Tschad dürfe man keinesfalls Soldaten ausbilden. Der Ansatz der Koalition bewege sich in die falsche Richtung. Das Mandat müsse klarer formuliert werden, betonte Brugger.

Kathrin Vogler (Die Linke)

Agnieszka Brugger (Bündnis 90/Die Grünen)

Deutscher Bundestag: Bundeswehreinsatz EUTM Mali mit großer Mehrheit verlängert, https://www.bundestag.de/dokumente/textarchiv/2020/kw22-de-bundeswehr-mali-eutm-696110, 29.05.2020 (Zugriff 23.01.2021)

1 Analysieren Sie die Karikatur (M1).
2 Nennen Sie die Kriterien zum Einsatz der Bundeswehr im Ausland (M2).
3 Beschreiben Sie die Grundlagen der deutschen Sicherheitspolitik mit Blick auf die Vorgaben des Grundgesetzes (Präambel, Art. 24, 26 GG) und die rechtlichen Bestimmungen bezüglich des Einsatzes der Bundeswehr als Parlamentsarmee (M3, M4).
4 Überprüfen Sie die Rechtmäßigkeit des Einsatzes der Bundeswehr in Mali (M3–M5).
5 Vergleichen Sie die unterschiedlichen Positionen der Parteien im Rahmen der Bundestagsdebatte 2020 zur Verlängerung der deutschen Beteiligung an der EUTM in Mali (M6).
6 Gestalten Sie eine Rede, in welcher Sie als Abgeordnete bzw. als Abgeordneter des Bundestages im Rahmen einer Bundestagsdebatte zur Verlängerung des Auslandseinsatzes der Bundeswehr in Mali Stellung beziehen.

3.2 Deutschland in internationalen Organisationen

Deutschlands Beitrag zur NATO – zu wenig oder angemessen?

BEGRIFF

delinquent
pflichtvergessen

M1 US-Streitkräfte verlassen Deutschland

Zeichnung: Oliver Schopf, ohne Jahr

„Germany is very delinquent in their 2% fee to NATO. We are therefore moving some troops out of Germany!"

Donald J. Trump on Twitter, July 29, 2020

M2 Trump bestätigt Abzugspläne

US-Präsident Donald Trump hat bestätigt, dass er die Zahl der US-Soldaten in Deutschland auf 25.000 reduzieren möchte. Trump sagte bei einer Veranstaltung im Weißen Haus zur Begründung, Deutschland weigere sich, die Verteidigungsausgaben so zu erhöhen, dass das selbst gesteckte NATO-Ziel erreicht werde. „Deutschland ist seit Jahren säumig und schuldet der NATO Milliarden Dollar, und das müssen sie bezahlen." [...] Derzeit sind rund 34.500 US-Soldaten in Deutschland stationiert. [...]

Das Zwei-Prozent-Ziel der NATO sieht vor, dass sich alle Mitglieder bis 2024 dem Ziel annähern, mindestens zwei Prozent ihres Bruttoinlandsprodukts für Verteidigung auszugeben. Deutschland steigerte die Ausgaben in den vergangenen Jahren deutlich, lag aber 2019 dennoch erst bei einem BIP-Anteil von 1,38 Prozent. Vor allem Trump übt deswegen kontinuierlich Kritik an der Bundesregierung und wirft ihr zu geringes Engagement vor. Er sagte nun, auch zwei Prozent seien eigentlich noch zu wenig [...].

tagesschau.de: Nur noch 25 000 US-Soldaten für Deutschland, https://www.tagesschau.de/ausland/us-truppenabzug-105.html, 16.06.2020 (Zugriff 23.01.2021)

M3 Bedeutung der NATO für Deutschland

Mit dem Beitritt zur NATO am 6. Mai 1955 verbindet sich aus deutscher Sicht vor allem Sicherheit. Sicherheit für unser Land, für unsere Bürgerinnen und Bürger, für unseren Wohlstand. Die Verpflichtung aller Verbündeten, für ihre gemeinsame, unteilbare Sicherheit einzustehen, schafft Stabilität und Verlässlichkeit – damals wie heute.
Der Beitritt der Bundesrepublik zur Allianz, nur zehn Jahre nach dem Zweiten Weltkrieg, bedeutete die Rückkehr der Deutschen in die westliche Wertegemeinschaft. Wegmarken unserer Geschichte wie die Wiedervereinigung und die europäische Einheit wären ohne die Stabilitätsgarantie der NATO nicht möglich gewesen [...].
Unser Grundgesetz gibt uns den Auftrag, dem Frieden in der Welt zu dienen. Das tun wir nie allein, sondern immer im Einklang mit internationalem Recht, gemeinsam mit Partnern und Verbündeten. Die NATO bietet dafür einen verlässlichen, unverzichtbaren Rahmen [...].

BMVG: AKK zur NATO: „Deutsche Rolle im Bündnis war immer wesentlich", https://www.bmvg.de/de/aktuelles/interview-akk-nato-deutsche-rolle-im-buendnis-254900, 06.05.2020 (Zugriff 23.01.2021)

M4 Entwicklung der deutschen Verteidigungsausgaben (2020)

Zwei-Prozent-Ziel der Nato
Die Höhe der Verteidigungsausgaben im Verhältnis zur jährlichen Wirtschaftsleistung

Deutschland

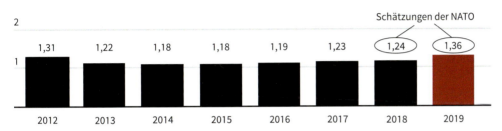

2012	2013	2014	2015	2016	2017	2018	2019
1,31	1,22	1,18	1,18	1,19	1,23	1,24	1,36

Schätzungen der NATO: 1,24 / 1,36

Quelle: n-tv, https://www.n-tv.de/politik/Trump-und-die-Nato-Quote-So-viel-Geld-zahlt-Deutschland-fuers-Militaer-article21411930.html, Datengrundlage: NATO, Bundesministerium der Verteidigung, 2020

M5 Beiträge der Mitgliedstaaten zur NATO auf einen Blick (2019)

Nato-Mitglied	Militäretat in Mrd. Dollar	Nato-Quote in % des BIP	Ausgaben in Dollar je Einwohner	Truppenstärke Anzahl
USA	730,149	3,42 %	2072	1 338 000
Großbritannien	60,376	2,13 %	979	144 000
Deutschland	54,113	1,36 %	591	184 000
Frankreich	50,659	1,84 %	709	208 000
Italien	24,482	1,22 %	385	179 000
Kanada	21,885	1,27 %	569	72 000
Türkei	13,919	1,89 %	222	435 000
Spanien	13,156	0,92 %	264	121 000
Niederlande	12,419	1,35 %	655	41 000
Polen	11,971	2,01 %	296	123 000
Norwegen	7,179	1,70 %	1308	20 000
Rumänien	5,043	2,04 %	225	69 000
Belgien	4,921	0,93 %	392	26 000
Griechenland	4,844	2,24 %	431	105 000
Dänemark	4,760	1,35 %	760	17 000
Portugal	3,358	1,41 %	299	30 000
Tschechien	2,969	1,19 %	236	26 000
Ungarn	2,080	1,21 %	178	20 000
Slowakei	1,905	1,74 %	322	13 000
Litauen	1,084	1,98 %	336	15 900

Quelle: NATO

M 6 Mehr als eine Frage des Geldes: Was Deutschland für eine starke NATO leistet

Was bei der Diskussion um höhere Verteidigungsausgaben zu kurz kommt.

Vor dem NATO-Gipfel [...] in Brüssel [2018] bestimmt auf beiden Seiten des Atlantiks die Diskussion über Verteidigungsausgaben die Berichterstattung. Der Vorwurf: Deutschland gebe zu wenig Geld für Verteidigung aus – die Lastenteilung im Bündnis NATO sei darum ungerecht. Doch dabei wird außer Acht gelassen: Das Engagement in der NATO lässt sich nicht allein in Euro messen und auch die Vereinbarung vom NATO-Gipfel in Wales 2014 geht über reine Finanzverpflichtungen hinaus. Die Alliierten haben sich auf die Entwicklung und Bereitstellung von militärischen Fähigkeiten geeinigt und in diesem Rahmen zugesagt, sie ausreichend finanzieren zu wollen.

Deutschland investiert in Solidarität

Aus der Sicht Deutschlands ist klar: Die Allianz bleibt dann stark, wenn sich die Mitglieder weiter aufeinander verlassen können. Dazu gehören einsatzbereite Streitkräfte, die mit den notwendigen militärischen Fähigkeiten ausgestattet sind. Die Bundesregierung hat deshalb 2014 den Trend sinkender Verteidigungsausgaben gestoppt und seitdem jedes Jahr die Investitionen in die Bundeswehr weiter erhöht – sowohl in absoluten Zahlen, wie auch als Anteil am Bruttoinlandsprodukt. So sind seit 2014 annähernd 17 Mrd. Euro mehr für Verteidigung ausgegeben worden, als damals erwartet wurde. Die Bundesregierung hat ihre Intention bekundet, diesen Pfad weiter verfolgen zu wollen.

Mehr Geld gleich mehr Sicherheit?

Verteidigungsausgaben alleine sind ein unzureichender Gradmesser für faire Lastenteilung. Deshalb beteiligt sich die Bundesregierung an NATO-Einsätzen und anderen Verpflichtungen im Rahmen des Bündnisses. Deutschland ist der zweitgrößte Truppensteller in der NATO und die Bundeswehr stellt dabei fast die ganze Bandbreite ihrer militärischen Fähigkeiten dem Bündnis zur Verfügung. Im Kosovo und in Afghanistan beteiligt sich Deutschland seit langer Zeit an wichtigen Einsätzen der Allianz, Schiffe der Deutschen Marine haben sich an Einsätzen im Mittelmeer und den Ständigen Maritimen Einsatzverbänden beteiligt. Deutschland ist eine von vier sogenannten „Rahmennationen", die in der NATO-Vornepräsenz den baltischen Staaten und Polen eine Garantie geben, dass sie auf den Schutz der NATO vertrauen können. Deutschland stellt außerdem als einziges europäisches Bündnismitglied im Rahmen der Reform der NATO-Kommandostruktur ein neues operatives NATO-Kommando auf. Das Joint Support and Enabling Command in Ulm wird im Krisenfall Truppen- und Materialtransporte durch Europa koordinieren. Was zählt, ist das gelebte Engagement für Solidarität und Geschlossenheit.

Auswärtiges Amt: Mehr als eine Frage des Geldes: Was Deutschland für eine starke NATO leistet, https://www.auswaertiges-amt.de/de/aussenpolitik/internationale-organisationen/nato/nato-ausgaben/2117422

M 7 Deutschlands Sparkurs gefährdet die NATO

Deutschland verliert Glaubwürdigkeit in der NATO

Wie andere US-Präsidenten vor ihm hat es sich Donald Trump zum Ziel gemacht, alle NATO-Staaten auf mindestens zwei Prozent des Bruttoinlandsproduktes (BIP) für die Verteidigungsausgaben des Bündnisses zu verpflichten [...]. Auch wenn jetzt [...] klar wird, dass viele NATO-Staaten dieses Ziel verfehlen werden, steht vor allem Deutschland in der Kritik [...]. Die Bundesregierung plante bislang, bis 2025 ein Niveau von 1,5 Prozent zu erreichen [...]. Die Bundesregierung hat eine Reihe von Fähigkeitszusagen an die NATO abgegeben, vor allem für die Stärkung der Abschreckungs- und Verteidigungsfähigkeit [...]. Darauf beruft sie sich jetzt, um die schlechten Nachrichten hinsichtlich der geringeren Ausgaben abzufedern [...]. Auch die Tatsache, dass die Deutschen der größte europäische Truppensteller in diversen Einsätzen und bei gemeinsamen Übungen der NATO sind, ist Teil dieses Argumentes. Dennoch klingt dies vor allem in den Ohren der USA wie hohle Rhetorik [...].

Risikofaktor Trump

Die asymmetrische Lastenteilung haben alle US-Regierungen seit den neunziger Jahren beklagt. Trump jedoch ist radikal genug, Verhandlungen platzen zu lassen, wenn ihm das Ergebnis nicht gefällt. Somit steht die Drohung, das US-Engagement in der NATO herunterzufahren, ständig im Raum [...]. Trump muss [...] nicht einmal den Austritt aus der NATO betreiben, um Schaden anzurichten: Er könnte den US-Beistand für Europa in Frage stellen, zum Beispiel mit einem Abzug von Truppen aus Osteuropa [...]. Weitere wütende Rhetorik, dass die Europäer keinen US-Einsatz erwarten können, solange sie nicht mehr für ihre Verteidigung ausgeben, würde ebenfalls dazu beitragen.

Die Handlungsfähigkeit der NATO ist in Gefahr

Die deutsche Sparpolitik macht es anderen NATO-Staaten leichter, ihre Kosten niedrig zu halten [...]. Alliierte wie die baltischen Staaten oder Polen, für deren Sicherheit die Allianz mit den USA elementar ist und die selbst das Ausgabenziel erreichen, sehen diese Bindung durch Deutschlands Sparkurs in Gefahr.

Deutschland hat der NATO substanzielle Fähigkeiten zugesagt [...]. Alle diese Zusagen stellen den Bezugsrahmen für die Planung der Bundeswehr her. Insofern geht es auch bei der Bereitstellung der NATO-Fähigkeiten darum, die deutschen Streitkräfte nach der langjährigen Unterfinanzierung wieder besser aufzustellen, den eklatanten Personalmangel zu beheben, die geringe Einsatzfähigkeit der bestehenden Waffensysteme zu verbessern und neue Beschaffungen auf den Weg zu bringen. Die neuen deutschen Haushaltsansätze bringen aber die Planungen für diese Fähigkeiten durcheinander [...].

Auswirkungen auf Sicherheitswahrnehmung und -kooperationen

Schon die Perzeption in Friedenszeiten, dass wichtige militärische Fähigkeitsprofile aufgrund der unzureichenden Ausstattung nicht ausgefüllt werden können, senkt das Sicherheitsgefühl der Verbündeten und schwächt die konventionelle Abschreckungsfähigkeit gegenüber potentiellen Gegnern. Der interne Streit über die notwendigen Mehrausgaben gefährdet schließlich auch Rüstungskooperationen im Bündnis wie im Übrigen auch in der EU [...].

Verteidigungsausgaben anheben, Verhandlungsposition stärken

[...D]ie Bundesregierung [sollte] die Ankündigung umsetzen, in fünf Jahren ein Niveau von 1,5 Prozent zu erreichen und einen Steigerungsvektor anzuzeigen, der das Budget auch danach näher an zwei Prozent bringt. Dies würde [nicht nur] den Druck aus der Diskussion nehmen [...]. Ein höheres deutsches Verteidigungsbudget, ermittelt aus sicherheitspolitischen Anforderungen und den Zusagen an die Verbündeten, könnte mehrere Ziele auf einmal erreichen: Es würde die Bundeswehr aus ihrer Mangelsituation holen, die NATO in ihrer Verteidigungsfunktion stärken, den Streit mit den USA deeskalieren und Deutschland selbst mehr Gestaltungsmacht einbringen.

Henning Rieke: Deutschlands Sparkurs gefährdet die NATO, in: DGAPkompakt, 5/2019. Online unter: https://dgap.org/en/node/32249, 17.04.2019 (Zugriff 21.01.2021)

> **INFO**
>
> **asymmetrisch**
> ungleichmäßig, ungleichgewichtig
>
> **perzeption**
> Wahrnehmung
>
> **konventionelle Abschreckungsfähigkeit**
> militärische Abschreckungsfähigkeit abseits von atomaren, biologischen und chemischen Waffen (ABC-Waffen)

1 Arbeiten Sie die Motive des ehemaligen US-Präsidenten Donald Trump für den Teilabzug der US-amerikanischer Streitkräfte aus Deutschland heraus (M1, M2).
2 Stellen Sie die Bedeutung der NATO für Deutschland dar (M3).
3 Überprüfen Sie, inwieweit der Kritik des US-Präsidenten Donald Trumps, Deutschland trage zu wenig zur NATO bei, berechtigt ist (M4, M5).
4 Vergleichen Sie die Positionen zu dieser Kritik in M6 und M7.
5 Erörtern Sie, ob Deutschland seine Verteidigungsausgaben auf die geforderten 2 % seines BIPs erhöhen sollte.

Regeln und Recht

Deutschland und die Vereinten Nationen – Zeit für einen ständigen Sitz im UN-Sicherheitsrat?

M1 Deutsche Politiker zur Forderung nach ständigem Sitz

INFO

Quelle Zitate:
Genscher bis Merkel:
https://core.ac.uk/
download/
pdf/14506033.pdf

Maas:
https://www.
auswaertiges-amt.
de/de/newsroom/
maas-rp/2371018

„Wir werden gehört im Sicherheitsrat, auch wenn wir dort nicht vertreten sind."

Hans-Dietrich Genscher (1992) (Deutscher Außenminister 1974–1992)

5 „Dass wir ein großes Land sind und den Vereinten Nationen viel Geld zahlen, das reicht mir nicht als Begründung."

Joschka Fischer (1998) (Deutscher Außenminister 1998–2005)

10 „Es ist [...] im deutschen Interesse, einen vollwertigen Sitz in der UN zu bekommen. Es ist nicht im deutschen Interesse, einen zweitklassigen Sitz im Sicherheitsrat zu haben. [...] Wenn Sie mich persönlich fragen, sage ich Ihnen ganz klar: Ich will, dass unser Land seine Chancen nutzt. Das bedeutet eine erstklassige Verantwortung. Wenn wir dazu nicht in der Lage sind oder wenn wir dazu nicht bereit sind [...] oder wenn andere uns diese Möglichkeiten nicht einräumen, haben wir im UN-Sicher- 20 heitsrat nichts verloren [...]."

Angela Merkel (2004) (Deutsche Bundeskanzlerin 2005–2021)

„[...D]ie Bundesregierung [wird] von ihrem Ziel eines ständigen Sitzes für Deutschland [...] 25 nicht ablassen, obwohl es in den vergangenen Jahren wenig Fortschritte für eine Reform des Sicherheitsrates gegeben hat. Der Stillstand bei vielen drängenden Fragen und in großen Konflikten [...] ist ein Hinweis darauf, 30 dass es in dieser Zusammensetzung nach unserer Einschätzung nicht weitergehen kann."

Heiko Maas (2020) (Deutscher Außenminster ab 2018)

M2 Warum will Deutschland einen ständigen Sitz?

- Die Bundesregierung strebt eine Reform des Sicherheitsrats an, um die seit 1945 geopolitisch geänderten Rahmenbedingungen widerzuspiegeln. Nach Art. 23 der UN-Charta spielen dabei auch die Beiträge der Mitgliedstaaten für die Verwirklichung der Ziele der Vereinten Nationen eine entscheidende Rolle. Die Bundesregierung strebt einen ständigen Sitz für Deutschland als Teil einer umfassenden Reform der Vereinten Nationen an und engagiert sich auch für andere Reformschritte. [...] Mit dem Einsatz für die Umsetzung der [...] eingeleiteten Reformen unterstreicht Deutschland den Willen, handlungsfähige, starke Institutionen im Zentrum der multilateralen, regelbasierten Weltordnung zu unterstützen.
- Die Rolle Deutschlands hat sich gegenüber 1945 grundlegend geändert. Aus dem „Feindstaat" von 1945 und dem Beitrittsland von 1973 ist einer der engagiertesten Vertreter eines effektiven Multilateralismus unter dem Dach der Vereinten Nationen geworden. Diese Rolle Deutschlands gehört zu den Realitäten des 21. Jahrhunderts. Daher wurde Deutschland auch seit Beginn der Reformdiskussion von anderen Mitgliedstaaten der Vereinten Nationen als Kandidat für einen ständigen Sitz genannt.
- Deutschland leistet wichtige Beiträge zur Arbeit der Vereinten Nationen. Es ist nicht nur zweitgrößter Beitragszahler (freiwillige und reguläre Beiträge zusammengenommen), sondern trägt auch auf andere Weise vielfältig zur Verwirklichung der grundlegenden Ziele der Vereinten Nationen bei: Durch die Entsendung von Truppen für internationale Friedensmissionen wie MINUSMA in Mali oder UNIFIL im Libanon, durch Mittel für Entwicklungszusammenarbeit, nachhaltige Entwicklung, Stabilisierung und humanitäre Hilfe und durch Eintreten für den Schutz der Menschenrechte.

https://www.auswaertiges-amt.de/de/aussenpolitik/internationale-organisationen/uno/05-reform-sicherheitsrat/205630 , 22.09.2020 (Zugriff 20.08.2021)

M3 Deutschland in den Vereinten Nationen

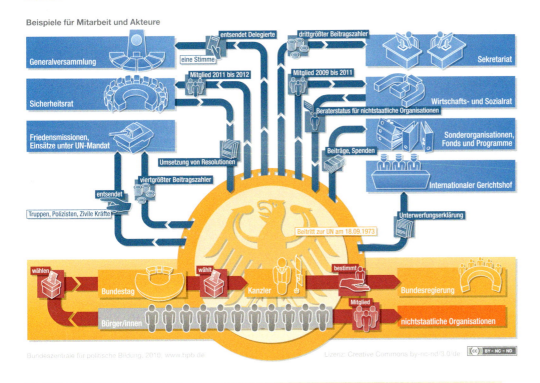

M4 Deutschlands Beitrag zur UNO

Die Vereinten Nationen nehmen als Forum, Instrument und eigenständiger Akteur eine bedeutende Rolle in der deutschen Außenpolitik ein. [...] Deutschland [war bereits sechs Mal] nichtständiges Mitglied des Sicherheitsrats und gestaltet so das internationale System mit. Zudem sind [im Jahr 2020; Anm. R.] über 3500 deutsche Soldatinnen und Soldaten weltweit in UN-Friedenseinsätzen stationiert und Deutschland ist einer der größten Beitragszahler der Organisation.

Deutschland in den Vereinten Nationen
Deutschland setzt sich seit Beginn seiner UN-Mitgliedschaft stark für die Ziele der Vereinten Nationen ein. Dabei wurden mehrere Schwerpunktthemen gesetzt, die sich vor dem Hintergrund der deutschen Geschichte und seine Rolle in den beiden Weltkriegen besonders im Verständnis einer klaren Verantwortung für eine friedliche Weltgemeinschaft offenbaren. Begründet auf diesem Selbstverständnis setzt sich Deutschland innerhalb der Vereinten Nationen für multilaterale Lösungen ein [...], um die globalen Probleme zu lösen.

Die Friedenssicherung spielt für Deutschland eine wichtige Rolle [...]. Heute sind über 3500 deutsche Soldatinnen und Soldaten in UN-Einsätzen stationiert – damit nimmt Deutschland aber nur den Platz 35 der truppenstellenden Staaten ein [...]. Durch verschiedene Maßnahmen möchte die Bundesregierung diesen geringen Anteil schrittweise erhöhen [...].

Der Bereich Menschenrechte hat ebenfalls einen sehr hohen Stellenwert in der deutschen UN-Politik, auch aufgrund der historischen Erfahrungen des Landes. Deutschland ist Vertragspartei nahezu aller einschlägigen Menschenrechtskonventionen und -protokolle, war Wegbereiter des Internationalen Strafgerichtshofs [...] und unterstützt die strafrechtliche Aufarbeitung von im Syrien-Krieg begangenen Kriegsverbrechen. Auch bei normativen Weiterentwicklungen wie der Debatte um die Schutzverantwortung bei schwersten

Menschenrechtsverletzungen [...] wirkt Deutschland intensiv mit [...].

Schließlich hat sich Deutschland bei der Förderung nachhaltiger Entwicklung und beim Umweltschutz als wichtiger Akteur etabliert. Deutschland engagiert sich dementsprechend auf den internationalen Umwelt- und Entwicklungskonferenzen und fungiert oft [...] als deren Gastgeber. Deutschland war intensiv an der Ausarbeitung der Ziele für nachhaltige Entwicklung [...] beteiligt und starker Unterstützer des im Dezember 2015 verabschiedeten Übereinkommens von Paris zur Bekämpfung des Klimawandels.

Deutschlands Engagement

Deutschland ist schon lange einer der größten Geldgeber der Vereinten Nationen – nach den USA, China und Japan sogar der größte Beitragszahler für den ordentlichen UN-Haushalt, der sich an der relativen Zahlungsfähigkeit der Staaten orientiert. Rund 170 Millionen US-Dollar überweist die Bundesrepublik derzeit jährlich nach New York.

Generell wird Deutschland für sein Engagement in den Vereinten Nationen durchaus geschätzt. Als ein ausgesprochener Unterstützer der multilateralen Weltordnung und einer der größten Geldgeber trägt Deutschland sowohl ideell als auch finanziell zu den Vereinten Nationen bei. Bei Friedensmissionen beteiligt sich Deutschland allerdings substanziell weniger als viele andere Länder, stellt vergleichsweise wenige Truppen für weltweite Friedenseinsätze und beteiligt sich nur zurückhaltend an Maßnahmen der zivilen Konfliktlösung (z. B. durch Polizeikontingente). Dies wird häufig kritisiert, im Verbund mit der Forderung nach einer höheren militärischen wie auch zivilen Personalbeteiligung bei Friedensmissionen [...].

DGVN, Deutschland und die Vereinten Nationen, https://dgvn.de/un-im-ueberblick/deutschland-und-die-un/ (Zugriff 20.08.2021)

M5 Deutschland braucht keinen UN-Sitz

Deutschland spielt in den Vereinten Nationen keine große Rolle. Das liegt nicht daran, dass der Bundesrepublik ein ständiger Sitz im Sicherheitsrat fehlt. Ursache ist vielmehr die Planlosigkeit der deutschen UN-Politik. Es fehlt an der sichtbaren Bereitschaft zu mehr Engagement. Die Forderung nach einem ständigen Sitz wirkt deshalb wie ein Ablenkungsmanöver. Dabei liegt die Alternative auf der Hand: Eine gemeinsame europäische Vertretung im Sicherheitsrat. Deutschland bleibt deshalb weit hinter seinen Fähigkeiten zurück [...].

Dass die künftige deutsche Rolle in der Welt, 25 Jahre nach dem Mauerfall und der Auflösung der Blöcke, einer gründlichen Diskussion bedarf, beweist nicht nur die Verwirrung um das Wort von der „gewachsenen internationalen Verantwortung". Die Bürgerinnen und Bürger beäugen den Gang durch ungewohntes außenpolitisches Terrain misstrauisch [...].

Die jüngst recycelte Forderung nach einem deutschen Sitz im UN-Sicherheitsrat ist ein Beispiel dafür. In Kooperation mit Indien, Brasilien und Japan, den sogenannten G4, möchte man den Sicherheitsrat erweitern. Sechs ständige und vier nichtständige Mitglieder sollen hinzukommen, wobei die G4 für sich jeweils einen dauerhaften Sitz beanspruchen.

Die Idee scheiterte schon einmal. Ein Blick auf den letzten Versuch zeigt, warum dem Vorhaben auch diesmal kein Erfolg beschieden sein wird. Besonders die Skepsis der anderen europäischen Nationen ist groß. Wieso sollten Italien oder Lettland durch Deutschland plötzlich besser vertreten sein als bisher durch Frankreich und Großbritannien? Genau darin liegt die Gefahr der deutschen Ambitionen: Sie spalten die EU.

Dabei liegt die Alternative auf der Hand. Aus historischen Gründen sind zwei europäische Staaten ständige Mitglieder. Daraus wäre, gemeinsam mit Frankreich und Großbritannien, ein Doppelsitz für Europa, eine Europabank, zu entwickeln, über die die Interessen aller 28 EU-Mitglieder, einschließlich der deutschen, gebündelt werden können. Das wäre die selbstverständliche Fortsetzung des in den Verträgen von Maastricht und Lissabon angelegten Weges zu einer gemeinsamen Außenpolitik. In einem europäischen diplomatischen Stab zur Koordinierung der Arbeit der jeweils ständigen und nicht ständigen europäischen Mitglieder könnte Deutschland eine wichtige Rolle übernehmen. Das hieße mehr Verantwortung.

In der modernen multilateralen Welt funktionieren nur solche Strategien, die fähig sind, die Perspektiven der jeweils anderen zu integrieren. [...Deutschland] bietet, wenn es um die Vereinten Nationen geht, diplomatischen Rumpelfußball statt interaktiv vernetzter Kreativität. Dabei führt zur alten Selbstgenügsamkeit kein Weg zurück. Die Welt ist vielfältig vernetzt, Deutschland ist längst ein „globalisierter Nationalstaat" in der Mitte Europas. Die Wirtschaft arbeitet international und die Deutschen, gerade die Jüngeren, verstehen sich in ihrer großen Mehrzahl als europäische bzw. als Weltbürger.

Wenn es um politische Initiativen zur Lösung globaler Probleme geht, ist hingegen von der aktuellen Bundesregierung wenig zu sehen. Nicht einmal ein Erfolgsmodell wie die Energiewende mit ihren sicherheits-, klima- und wirtschaftspolitischen Auswirkungen wird international kommuniziert. Auch deshalb vermuten viele Bürger, wenn von Verantwortung die Rede ist, es gehe um militärische Interventionen. Und während die einen versuchen, die pazifistische Grundstimmung wahlpolitisch zu nutzen, sehen die anderen neue Chancen für die Rüstungsindustrie. Um welche Aufgaben es tatsächlich geht, gerät dabei in Vergessenheit.

Während deutsche Jugendliche inzwischen in fast allen Ländern der Welt freiwillig in sozialen und Entwicklungsprojekten tätig sind, bewegen sich die offiziellen Institutionen im Schneckentempo. Deutsche Polizisten oder Richter wären in vielen Ländern und UN-Missionen als Berater gern gesehen. Wo sie eingesetzt werden, leisten sie wichtige Beiträge zu einer friedlicheren Entwicklung. Die aktuelle Zahl der eingesetzten Polizisten in UN-Missionen allerdings beläuft sich auf gerade mal [12 im Jahr 2020]. Zivile Experten, die ins Ausland gehen wollen, werden durch kleinlichste Regelungen und fehlende soziale Absicherung behindert. Die Vereinten Nationen sind nur so gut, wie ihre Mitgliedstaaten sie machen. Deutschland macht zu wenig.

Dabei sind die Vereinten Nationen für Deutschland ein zentraler Pfeiler der Außenpolitik. Sie bieten einen Rahmen, um die spezifische Lösungskompetenz der Deutschen im Umwelt- und Technologiebereich ebenso wirksam werden zu lassen, wie die Konzepte der sozialen Marktwirtschaft oder die Vielfalt und Liberalität einer offenen Gesellschaft. Mit einer „Führungs- oder Vorreiterrolle" hat das nichts zu tun. Es geht um Ausgleich und Balance, um kreative Ideen und Initiativen, um Selbstbewusstsein und die Fähigkeit zur Selbstkritik, um Handlungsfähigkeit in einem multilateralen Kontext. Einstweilen ist davon wenig erkennbar. Was wir stattdessen sehen, ist ein seit Jahren bekanntes Bild: Das ständige Schwanken zwischen Gefolgschaftstreue und Eigenbrötelei.

Tom Koenigs [war] Bundestagsabgeordneter der Grünen, ist Menschenrechtspolitiker und war mehrfach Sondergesandter der Vereinten Nationen.

Tom Koenigs: Deutschland braucht keinen UN-Sitz, in: Frankfurter Rundschau online, https://www.fr.de/meinung/deutschland-braucht-keinen-un-sitz-11175020.html, 09.10.2014 (Zugriff 20.07.2021)

---

1 Beschreiben Sie anhand der Zitate in M1, wie sich die Position der deutschen Regierung hinsichtlich der Forderung nach einem ständigen Sitz im UN-Sicherheitsrat gewandelt hat.

2 Arbeiten Sie die Argumente der deutschen Regierung für einen ständigen Sitz Deutschlands im UN-Sicherheitsrat heraus (M2).

3 „Deutschland leistet wichtige Beiträge zur Arbeit der Vereinten Nationen" (M2). Erläutern Sie dies (M3/M4).

4 Arbeiten Sie die Argumente aus M5 heraus, welche die darin vertretene Position, Deutschland brauche keine ständigen Sitz im UN-Sicherheitsrat, stützen.

5 Gestalten Sie ein Streitgespräch zur Frage, ob Deutschland sich weiterhin um einen ständigen Sitz bemühen sollte.

3.3 Deutsche Außen- und Sicherheitspolitik – von der Machtvergessenheit zur Gestaltungsmacht?

Deutschland als Zivilmacht

M 1 Die deutsche Außenpolitik kurz nach der Wiedervereinigung

„Außenpolitik wird Deutschland auf lange Zeit nur in sehr beschränktem Ausmaß treiben können, ihr Ziel muß sein, an der friedlichen Zusammenarbeit der Völker in der Vereinigung der Nationen gleichberechtigt teilzunehmen."

Rede Konrad Adenauers am 06.03.1946, ab 1949 der erste Bundeskanzler der Bundesrepublik Deutschland

Konrad-Adenauer-Stiftung, Zitate: Außenpolitik, https://www.konrad-adenauer.de/quellen/zitate/aussenpolitik (Zugriff 21.08.2021)

M 2 Entwicklungslinien deutscher Außen- und Sicherheitspolitik

Nach der Gründung der Bundesrepublik aus den drei westlichen Besatzungszonen 1949 war das wichtigste Ziel der Außenpolitik zunächst die Ablösung des Besatzungsstatuts und die Wiederherstellung voller staatlicher Souveränität. Dies setzte das Vertrauen insbesondere der westlichen Alliierten Deutschlands voraus. Um dieses Vertrauen zu gewinnen, setzte die neue deutsche Außenpolitik unter Konrad Adenauer auf die konsequente Eingliederung der Bundesrepublik in westeuropäische und atlantische Institutionen und den Verzicht auf Souveränität nicht zuletzt im Bereich der Sicherheitspolitik: Die militärische Sicherheit der Bundesrepublik sollte nicht national, sondern multinational gewährleistet werden, um eine nationale Wiederaufrüstung Deutschlands und damit auch eine erneute Gefährdung der europäischen Stabilität zu verhindern […]. Die Grundorientierungen des außenpolitischen Rollenkonzeptes der Bundesrepublik fanden ihren Niederschlag in spezifischen normativen Vorgaben des Grundgesetzes wie das Verbot des Angriffskriegs, die Verpflichtung auf die europäische Integration und Systeme kollektiver Sicherheit und die Orientierung der deutschen Außenpolitik am Völkerrecht. Sie wurden ergänzt durch spezifische […] Verfahrensregeln (etwa die Präferenz für multilaterale, institutionalisierte und verrechtlichte Problemlösungen), für Verhandlungen und Kompromisse sowie notfalls wirtschaftliche Sanktionen statt militärischer Zwangsmaßnahmen und für vermittelnde Politiken des „Sowohl-als-Auch". Hinzu kam eine von Bonn sorgsam gepflegte außenpolitische „Kultur der Zurückhaltung". Die Vereinigung Deutschlands 1989/90 stellte die Krönung der außenpolitischen Erfolgsbilanz der […] Bundesrepublik dar […]. Wesentlich für die erfolgreiche Umsetzung der Vereinigung und ihre gelungene Einbettung in ein neues Europa waren dabei der Vertrauensvorschuss, den sich die bundesdeutsche Außenpolitik […] bis 1989 erworben hatte, und die Bereitschaft Bonns, die Vereinigung – wie bereits zur Zeit der Wiedererlangung der Souveränität der alten Bundesrepublik 1955 – durch freiwillige Selbstbeschränkungen und Selbstbindungen in eine gesamteuropäische Ordnung einzubetten […].
Dennoch bestanden nach 1990 in Deutschland selbst wie auch im Ausland erhebliche Zweifel

3.3 Deutsche Außen- und Sicherheitspolitik – von der Machtvergessenheit zur Gestaltungsmacht?

daran, ob die „Berliner Republik" den außenpolitischen Grundorientierungen der alten Bundesrepublik treu bleiben werde. Viele Beobachter erhofften oder befürchteten (je nach Perspektive) eine „Normalisierung" der deutschen Außenpolitik im Sinne einer Abkehr von Westintegration und Souveränitätsverzicht zugunsten nationaler Interessenpolitik [...].
Diese Erwartungen bzw. Befürchtungen erwiesen sich dann in der Praxis allerdings als unbegründet. Die deutsche Außenpolitik blieb [...] [...ihrer] Grundorientierungen [...] treu [...].
Die bemerkenswerte Kontinuität der deutschen Außenpolitik über innenpolitische Machtwechsel und weltpolitische Umbrüche hinweg erklärte sich zum einen aus dem hohen Ausmaß an wirtschaftlichen und gesellschaftlichen Interdependenzen und institutionellen Einbindungen der deutschen Außenpolitik in ein dichtes Gewebe regionaler und internationaler Zusammenhänge in europäischen, transatlantischen und globalen Kontexten. Zum anderen war das außenpolitische Rollenkonzept der alten Bundesrepublik inzwischen in den außenpolitischen Eliten wie auch in der Bevölkerung 1989 längst tief verwurzelt, und es entsprach auch unter den veränderten Rahmenbedingungen nach 1990 sowohl dem Selbstverständnis, der Identität des „neuen" Deutschlands [...] als auch den außenpolitischen Anforderungen der neuen Lage.
Diese Verankerung des außenpolitischen Rollenkonzeptes der Zivilmacht in der außenpolitischen Kultur der Bundesrepublik [...] konnte sich [...] wohl nicht zuletzt deshalb so eindeutig durchsetzen, weil es sich als überaus erfolgreich erwiesen hatte [...].

INFO

Interdependenz
wechselseitige Abhängigkeit

Siegmar Schmidt u. a. (Hrsg.), Handbuch zur deutschen Außenpolitik, Wiesbaden 2007, S. 73–81

M 3 Das Konzept der Zivilmacht

Zivilmächte zeichnen sich durch fünf Eigenschaften aus:
- Bei der Gestaltung und als Instrument der Außenpolitik einer Zivilmacht steht die Diplomatie an erster Stelle.
- Der Einsatz ökonomischer Mittel, insbesondere wirtschaftliche Anreize, ist für die Um- bzw. Durchsetzung außenpolitischer Ziele von zentraler Bedeutung.
- Zivilmächte sind Anhänger und Vertreter multilateraler Abkommen. Sie setzen sich für die Verrechtlichung zwischenstaatlicher Beziehungen ein. In diesem Rahmen sind Zivilmächte auch bereit, staatliche Hoheitsrechte zusammenzulegen bzw. zu delegieren.
- Militärische Macht spielt eine untergeordnete Rolle und wird nur noch als ein Reserveinstrument betrachtet. Das Militär kann zwar durchaus eingesetzt werden, dies unterliegt jedoch besonderen Anforderungen. Abgesehen von einem Verteidigungsfall, bedarf der Einsatz von Streitkräften einer breiten internationalen Unterstützung und der Legitimation durch kollektive Entscheidungen. Als Ziele für einen Einsatz kommen die Wiederherstellung von Frieden, die Absicherung humanitärer Missionen und in Grenzfällen die Verteidigung multilateraler Regelsysteme in Frage.
- Zivilmächte streben keine territorialen Gewinne an. Die Außenpolitik ist nicht darauf ausgerichtet, ihre relative Machtposition im internationalen System auszubauen. Vielmehr richtet sich diese auf eine gesellschaftliche Stabilisierung, welche Zivilmächte durch ihren Einsatz für Gerechtigkeit, soziale Ausgewogenheit und nachhaltige Entwicklung fördern.

Das Zivilmachtskonzept von H. W. Maull in Anlehnung an: Matthias Dembinski, Kein Abschied vom Leitbild „Zivilmacht", Die Europäische Sicherheits- und Verteidigungspolitik und die Zukunft Europäischer Außenpolitik, HSFK-REPORT 12/2002, S. 3f

BASISKONZEPT

Macht und Entscheidung

QUERVERWEIS

Grundgesetzartikel, S. 100 – 101

1 Erklären Sie die Aussage Konrad Adenauers (M1) mit Hilfe der in M2 dargelegten Entwicklungslinien der deutschen Außen- und Sicherheitspolitik.

2 Stellen Sie dar, inwiefern die Bestimmungen des Grundgesetzes (Präambel, Art. 24, 26 GG) die in M2 beschriebenen Grundlagen der deutschen Sicherheitspolitik prägen.

3 In M2 wird Deutschland das außenpolitische Rollenkonzept einer Zivilmacht zugeschrieben. Erläutern Sie dies (M2, M3).

M4 Aus dem Zwei-plus-Vier-Vertrag

Artikel 1 (1) Das vereinte Deutschland wird die Gebiete der Bundesrepublik Deutschland, der Deutschen Demokratischen Republik und ganz Berlins umfassen [...]. **(3)** Das vereinte Deutschland hat keinerlei Gebietsansprüche
5 gegen andere Staaten und wird solche auch nicht in Zukunft erheben [...].
Artikel 2 Die Regierungen der Bundesrepublik Deutschland und der Deutschen Demokratischen Republik bekräftigen ihre Erklärun-
10 gen, dass von deutschem Boden nur Frieden ausgehen wird [...].
Artikel 3 (1) Die Regierungen der Bundesrepublik Deutschland und der Deutschen Demokratischen Republik bekräftigen ihren
15 Verzicht auf Herstellung und Besitz von und auf Verfügungsgewalt über atomare, biologische und chemische Waffen. Sie erklären, dass auch das vereinte Deutschland sich an diese Verpflichtungen halten wird [...]. **(2)** [...] Die Regierung der Bundesrepublik Deutschland 20 verpflichtet sich, die Streitkräfte des vereinten Deutschlands innerhalb von drei bis vier Jahren auf eine Personalstärke von 370.000 Mann (Land-, Luft- und Seestreitkräfte) zu reduzieren [...]. Die Regierung der Deutschen 25 Demokratischen Republik hat sich dieser Erklärung ausdrücklich angeschlossen [...].
Artikel 7 (1) Die Französische Republik, das Vereinigte Königreich Großbritannien und Nordirland, die Union der Sozialistischen 30 Sowjetrepubliken und die Vereinigten Staaten von Amerika beenden hiermit ihre Rechte und Verantwortlichkeiten in Bezug auf Berlin und Deutschland als Ganzes [...]. **(2)** Das vereinte Deutschland hat demgemäß volle Souveränität über seine inneren und äußeren Angele- 35 genheiten.

M5 Deutschland in internationalen Organisationen

Mitgliedschaft in internationalen Organisationen

	Aufgaben und Funktionen
OECD seit 1948 (damals **OEEC**)	Forum für Zusammenarbeit für Regierungen zur Förderung der Demokratie und Marktwirtschaft **35 Mitgliedstaaten**
Europarat seit 1950	Förderung eines engeren Zusammenschlusses für wirtschaftlichen und sozialen Fortschritt **47 Mitgliedstaaten**
IWF seit 1952	Förderung der internationalen Zusammenarbeit in der Währungspolitik, Ausweitung des Welthandels, Kreditvergabe an Länder mit Zahlungsbilanzschwierigkeiten **189 Mitgliedstaaten**
EU seit 1958 (damals **EWG**)	wirtschaftlicher und politischer Verbund mit supranationalen Elementen **28 Mitgliedstaaten** (nach Brexit: **27**)
NATO seit 1955	Militärischer Verteidigungspakt mit ursprünglichem Ziel, sowjetische Expansionsabsichten einzudämmen; heute z.B. Einsätze im Auftrag der UNO, Terrorabwehr **28 Mitgliedstaaten**
UNO seit 1973	Sicherung des Weltfriedens, Einhaltung des Völkerrechts, Schutz der Menschenrechte **193 Mitgliedstaaten**
WTO seit 1995 (1948 **GATT**)	Regelung von Handels- und Wirtschaftsbeziehungen, Abbau von Handelshemmnissen, Liberalisierung des internationalen Handels **164 Mitgliedstaaten**
OSZE 1973 (damals **KSZE**)	regionale Sicherheitsorganisation, Wiederaufbau nach Konflikten **57 Teilnehmerstaaten**

Stand: 2017

Auslandsvertretungen

- **12** ständige Vertretungen bei internationalen Organisationen
- **153** Botschaften
- **61** Generalkonsulate und Konsulate

Stand: 2017

Berlin

M6 Sanktionen

Krieg in Libyen: Deutschland, Frankreich und Italien bereiten Sanktionen gegen Waffenschmuggler vor, 10.08.2020
Ungeachtet eines Waffenembargos der Uno gelangt Kriegsgerät weiter fast ungehindert nach Libyen. Jetzt wollen drei EU-Länder mit Sanktionen reagieren.
Außenminister Heiko Maas (SPD) sagte: „Wir wissen, dass sowohl Material als auch Söldner vielfach über gecharterte Schiffe oder Flugzeuge nach Libyen gebracht werden." Nach Sanktionen gegen Individuen und Firmen wären als zweiter Schritt auch welche gegen Staaten denkbar, aus denen Waffen oder Söldner kommen.

Maas droht Belarus mit neuen Sanktionen, 05.09.2020
Außenminister Heiko Maas (SPD) hat dem Präsidenten von Belarus (Weißrussland), Alexander Lukaschenko, mit einer weiteren Verschärfung von Strafmaßnahmen gedroht. „Wir erkennen als Europäische Union die Wahl nicht an und haben Sanktionen beschlossen. Diese setzen wir jetzt um. Wenn Lukaschenko nicht reagiert, wird es weitere Sanktionen geben" [...].

Gasstreit im Mittelmeer: EU bereitet Sanktionen gegen Türkei vor, 09.09.2020
Beim nächsten EU-Gipfel soll eine Liste mit Sanktionen auf dem Tisch liegen. Die Türkei soll dazu bewegt werden, im Gasstreit mit Griechenland und Zypern nachzugeben [...].
[...] Bundeswirtschaftsminister Peter Altmaier sieht solche Maßnahmen generell eher skeptisch. Angesprochen auf Sanktionen gegen Russland meinte er im ARD-Fernsehen, er kenne keinen Fall, in dem ein Land auf diese Weise zu einer Verhaltensveränderung bewegt worden sei [...].

M7 Deutsche Waffen für die Welt

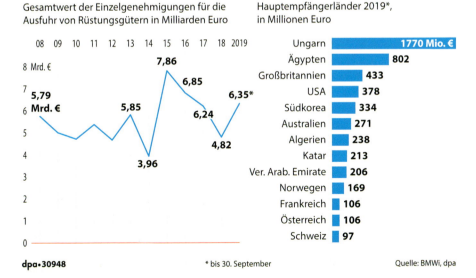

Deutschland als Rüstungsexporteur

Gesamtwert der Einzelgenehmigungen für die Ausfuhr von Rüstungsgütern in Milliarden Euro (2008–2019): 5,79 – ... – 5,85 – 3,96 – 7,86 – 6,85 – 6,24 – 4,82 – 6,35*

Hauptempfängerländer 2019*, in Millionen Euro:
- Ungarn 1770 Mio. €
- Ägypten 802
- Großbritannien 433
- USA 378
- Südkorea 334
- Australien 271
- Algerien 238
- Katar 213
- Ver. Arab. Emirate 206
- Norwegen 169
- Frankreich 106
- Österreich 106
- Schweiz 97

* bis 30. September   Quelle: BMWi, dpa

3 Überprüfen Sie, inwieweit die deutsche Außenpolitik heute noch dem Zivilmachtskonzept entspricht (M4–M7).

QUERVERWEIS
M2 S. 96, M3 S. 98

„Ohne uns!" ist vorbei – muss Deutschland international mehr Verantwortung übernehmen?

M1 Aus der Eröffnungsrede des Bundespräsidenten Gauck zur Münchner Sicherheitskonferenz 2014

Joachim Gauck Bundespräsident 2012–2017

„Tun wir, was wir tun könnten, um unsere Nachbarschaft zu stabilisieren, im Osten wie in Afrika? Tun wir, was wir tun müssten, um den Gefahren des Terrorismus zu begegnen? Und wenn wir überzeugende Gründe dafür gefunden haben, uns zusammen mit unseren Verbündeten auch militärisch zu engagieren, sind wir dann bereit, die Risiken fair mit ihnen zu teilen? Tun wir, was wir sollten, um neue oder wiedererstarkte Großmächte für die gerechte Fortentwicklung der internationalen Ordnung zu gewinnen? Ja, interessieren wir uns überhaupt für manche Weltgegenden so, wie es die Bedeutung dieser Länder verlangt? Welche Rolle wollen wir in den Krisen ferner Weltregionen spielen? Engagieren wir uns schon ausreichend dort, wo die Bundesrepublik eigene und eigens Kompetenz entwickelt hat – nämlich bei der Prävention von Konflikten?"

bundespraesident.de: Eröffnung der 50. Münchner Sicherheitskonferenz, https://www.bundespraesident.de/SharedDocs/Reden/DE/Joachim-Gauck/Reden/2014/01/140131-Muenchner-Sicherheitskonferenz.html, 31.03.2014 (Zugriff 23.01.2021)

M2 Dies sind Deutschlands neue Aufgaben

Frank-Walter Steinmeier, Bundespräsident seit 2017, zum Zeitpunkt des nebenstehenden Textes noch Bundesaußenminister

Welche Rolle soll Deutschland spielen in der Welt? [...] Deutschland wird geschätzt dafür, wie es sich weltweit für die friedliche Beilegung von Konflikten, für Rechtsstaatlichkeit und ein nachhaltiges Wirtschaftsmodell einsetzt. Gleichzeitig zeigt [sich...], dass unsere Partner eine aktivere deutsche Außenpolitik erwarten [...]. Am Ende obliegt es den Deutschen selbst, die schwierigen Fragen zu beantworten: Wo liegen unsere Interessen? Wie weit reicht unsere Verantwortung? Was ist, kurz gesagt, die „DNA" der deutschen Außenpolitik?

Die Grundkoordinaten der deutschen Außenpolitik – engste Partnerschaft mit Frankreich innerhalb eines geeinten Europas und ein starkes transatlantisches Bündnis für Sicherheit und wirtschaftliche Verflechtung – haben sich bewährt und bleiben weiterhin der feste Rahmen unserer Politik. Darüber hinaus aber müssen wir uns künftig drei zentralen Aufgaben stärker zuwenden: dem Krisenmanagement, der sich dynamisch wandelnden internationalen Ordnung und unserer Rolle innerhalb Europas [...].

Im Umgang mit Krisen muss deutsche Außenpolitik ihren Blick verstärkt auf Prävention, Ausgleich und Mediation richten, um zu verhindern, dass uns am Ende nur noch die Schadensbegrenzung bleibt. Deutschland ist bereit, hier international noch mehr zu tun. Früher, entschiedener und substanzieller wollen wir handeln – nicht nur in der akuten Krise, sondern verstärkt in der frühzeitigen Einhegung von Konflikten, aber auch in der Nachsorge in Post-Konflikt-Situationen [...].

Dafür müssen wir unsere Instrumente schärfen und neue Werkzeuge entwickeln, von Frühwarnsystemen bis hin zu verbesserten Mechanismen internationaler Zusammenarbeit. [...Wir müssen] uns mit der gebotenen Zurückhaltung und Sorgfalt auch der schwierigen Frage stellen, ob und wann zur Absicherung politischer Lösungen auch der Einsatz militärischer Mittel erforderlich sein kann. Wir wissen nicht, wann und wo die nächste Krise ausbricht. Wir wissen nur, dass sie kommen wird – und wir müssen besser vorbereitet sein, wenn es so weit ist.

Aber Außenpolitik darf nicht nur auf Krisen schauen. Sie muss auch das Langfristige im Blick halten. Deutschland ist wie kaum ein zweites Land mit der Welt vernetzt. Deshalb ist das Ringen um eine gerechte, friedliche und belastbare internationale Ordnung ureigenes Interesse deutscher Außenpolitik [...].

Die europäische Integration bleibt das Fundament der deutschen Außenpolitik [...]. Europa muss von Deutschlands Stärke profitieren, denn wir profitieren von Europas Stärke [...].
Zugleich müssen wir den Versuchungen widerstehen, die mit der gegenwärtigen starken Rolle Deutschlands einhergehen [...]. Festigkeit in den eigenen Überzeugungen und Prinzipien muss mit einer realistischen Einschätzung der Wirklichkeit einhergehen. Die globale Vernetzung unseres Landes erlaubt weder ein Selbstverständnis als Insel noch einen Anspruch als weltpolitischer Revolutionär [...].

Frank-Walter Steinmeier: Dies sind Deutschlands neue Aufgaben, in: Welt online, https://www.welt.de/debatte/kommentare/article137829526/Dies-sind-Deutschlands-neue-Aufgaben.html, 25.02.2015 (Zugriff 23.01.2021)

M 3 Deutschland als Führungsmacht?

Die neuen Akzentsetzungen [in der deutschen Außen- und Sicherheitspolitik] sind in doppelter Hinsicht bemerkenswert: Zum einen wird nunmehr auch regierungsamtlich ein europäischer Führungsanspruch für Deutsch-land formuliert, der noch vor wenigen Jahren als anmaßend empfunden worden wäre; zum anderen liegt dieser Führungsanspruch Schaltjahre von jenen Charakterisierungen deutscher Außenpolitik entfernt, die in den 1980er und 1990er Jahren den Deutschen „Machtvergessenheit", „Angst vor der Macht" oder einen „Führungsvermeidungsreflex" attestierten [...].

Die Rede von einer „neuen deutschen Außenpolitik" kehrt berechenbar immer wieder – besonders dann, wenn es nötig scheint, Deutschlands Rolle in Europa und der Welt zu überdenken, wie etwa Mitte der 1950er Jahre (Stichwort: Wiederbewaffnung), zu Beginn der sozialliberalen Koalition unter Willy Brandt (Stichwort: Entspannungspolitik), nach der deutschen Vereinigung 1990 (Stichwort: Verantwortungspolitik) oder nach den Terroranschlägen des 11. September 2001 und dem anschließenden US-Feldzug gegen Saddam Husseins Irak 2003 (Stichwort: „deutscher Weg").

In dieses Muster fügten sich auch die bis ins Detail koordinierten Auftritte von Bundespräsident Joachim Gauck und Außenminister Frank-Walter Steinmeier bei der Münchner Sicherheitskonferenz 2014. In nahezu identischen Formulierungen proklamierten sie vor einem Fachpublikum und weltweiter medialer Aufmerksamkeit ein verändertes außenpolitisches Selbstverständnis Deutschlands: In „den Krisen ferner Weltregionen", so ihre Formulierung, müsse die Bundesrepublik sich fortan „bei der Prävention von Konflikten [...] als guter Partner früher, entschiedener und substanzieller einbringen." [...]

Die „Gestaltungsmacht Deutschland" wandert [dabei] auf einem künftig wohl noch schmaler werdenden Grat, allein weil jegliche „aktive" Führungsrolle fast schon automatisch Hegemonialverdächtigungen nach sich ziehen wird [...]. Aus diesem Grund tut jede Bundesregierung gut daran, das außenpolitische Selbstverständnis der Deutschen auch zukünftig wie zu „Bonner" Zeiten in erster Linie „zwischen Selbstbehauptung und Selbstbeschränkung" zu bestimmen. Im Kontrast zu früher werden „Macht" und „Verantwortung" aber immer seltener als Gegensätze erfahren [...]: Nur wer über Macht verfügt, kann verantwortlich gemacht werden. Aber umgekehrt gilt auch: Wer über Macht verfügt, muss Verantwortung übernehmen.

Gunther Hellmann, Zwischen Gestaltungsmacht und Hegemoniefalle. Zur neuesten Debatte über eine „neue deutsche Außenpolitik", in: bpb.de, https://www.bpb.de/apuz/230569/zur-neuesten-debatte-ueber-eine-neue-deutsche-aussenpolitik, 11.07.2016 (Zugriff: 23.01.2021)

1. Erstellen Sie im Kurs (z. B. mithilfe eines Ampelspiels) ein Meinungsbild zu den vom ehemaligen Bundespräsident Joachim Gauck aufgeworfenen Fragen (M1).
2. Stellen Sie das veränderte Selbstverständnis der deutschen Außen- und Sicherheitspolitik nach der Rede des damaligen Außenministers Frank-Walter Steinmeier (M2) dar.
3. Erklären Sie das Dilemma, in welchem sich Deutschland in Bezug auf die Frage nach mehr außen- und sicherheitspolitischer Verantwortung befindet (M3).
4. Gestalten Sie einen Videoclip, indem Sie zur Frage nach der zukünftigen Rolle Deutschland auf dem außen- und sicherheitspolitischen Parkett der Weltpolitik Stellung beziehen.

3.4 Deutschland im Fadenkreuz des internationalen Terrorismus – Sicherheit auf Kosten der Freiheit?

Der internationale Terrorismus – eine Gefahr für Deutschland?

M 1 Der Weihnachtsmarkt auf dem Berliner Breitscheidplatz im Jahr 2016

M 2 Über die Tat

Ein Sattelschlepper mit Auflieger fuhr am Montag, den 19. Dezember 2016, um 20.02 Uhr in den Weihnachtsmarkt auf dem Breitscheidplatz an der Berliner Gedächtniskirche nahe dem Bahnhof Zoo.
Der Lkw [...] fuhr [...] in die Einfahrt des Weihnachtsmarkts und dann 60 bis 80 Meter quer durch eine Gasse zwischen den Marktbuden hindurch. Schließlich durchbrach er die Budenreihe, warf eine Bude vollständig um und kam [...] am Fuße der Gedächtniskirche zum Stehen. Das automatische Bremssystem verhinderte, dass der Wagen nach dem Aufprall noch weitergesteuert werden konnte. Der Fahrer entfernte sich anschließend vom Tatort.
Der Lkw tötete elf Menschen, 45 Menschen wurden verletzt, 30 von ihnen schwer. Eine zwölfte Person wurde tot auf dem Beifahrersitz gefunden [...]. Der 37-Jährige war der ursprüngliche Fahrer des Sattelschleppers [...und] war kurz vor der Tat erschossen worden [...].

Kai Biermann, Philip Faigle, Astrid Geisler, Daniel Müller, Yassin Musharbash, Karsten Polke-Majewski, Sascha Venohr: Was wir über den Anschlag in Berlin wissen, in: Zeit online, https://www.zeit.de/gesellschaft/zeitgeschehen/2016-12/ berlin-breitscheidplatz-gedaechtniskirche-weihnachtsmarkt, 19.06.2016 (Zugriff 23.01.2021)

M3 Islamistischer Terror in Deutschland

Terroranschläge in Deutschland 2016–2018

Vollendete Anschläge
5. Februar 2016 – Hannover – Brandanschlag Täter: 1 – Verletzte: 0 – Tote: 0
26. Februar 2016 – Hannover – Messerangriff Täter: 1 – Verletzte: 1 (Bundespolizist) – Tote: 0
16. April 2016 – Essen – Sprengstoffanschlag Täter: 2 – Verletzte: 3 – Tote: 0
18. Juli 2016 – Würzburg – Beilattacke Täter: 1 – Verletzte: 5 – Tote: 1 (Angreifer)
24. Juli 2016 – Ansbach – Sprengstoffanschlag Täter: 1 – Verletzte: 15 – Tote: 1 (Angreifer)
19. Dezember 2016 – Berlin – Attacke mit LKW Täter: 1 – Verletzte: 55 – Tote: 12
28. Juli 2017 – Hamburg – Messerangriff Täter: 1 – Verletzte: 5 – Tote: 1
Anschlagversuche
26. November / 5. Dezember 2016 – Ludwigshafen – Sprengkörper Täter: 1 – Verletzte: 0 – Tote: 0

https://www.verfassungsschutz.de/static/generated/10169-terroristische-anschlaege-in-deutschland-2016-2018.jpg (Zugriff 23.06.2021)

M4 Einschätzung der Bedrohungslage durch den BND

Globalisierung einer Gewaltstrategie

Terrorgruppen verfolgen zwar unterschiedliche politische und ideologische Ziele, doch sie ähneln sich in ihrer Gewaltstrategie. Und sie alle
5 setzen auf den gleichen psychologischen Effekt: Die Verbreitung von Angst und Schrecken. In einer vernetzten Welt kann der Terror zudem schnell vom Ausland ins Inland transportiert werden. Auch nachdem der sogenannte Islami-
10 sche Staat (IS) seine gesamten Territorien in Irak und Syrien verloren hat, bleibt er die zurzeit gefährlichste Terrorgruppe. Der BND geht davon aus, dass der IS sowohl vor Ort als auch über sein internationales Netzwerk an Unter-
15 stützern aktiv bleibt. Der Hauptgrund für diese Annahme ist, dass der IS die Gräben zwischen Sunniten und Schiiten noch weiter vertieft und dem islamistisch motivierten Terrorismus damit zusätzlichen Nährboden geschaffen hat.

Bedrohungslage nach wie vor ernst

20 Europa und damit auch Deutschland stehen seit vielen Jahren im Fokus des internationalen islamistisch motivierten Terrorismus. Nach Anschlägen in Madrid, London, Paris, Brüssel, Istanbul, Barcelona und Berlin ist die Bedro-
25 hungslage nach wie vor ernst.
Terroristen suchen sich zunehmend sogenannte „weiche" Ziele. Es stehen nicht mehr nur symbolträchtige Orte und Gebäude im Zielspektrum, sondern Menschenansamm-
30 lungen jeder Art.
Ein hundertprozentiger Schutz ist praktisch unmöglich. Insbesondere radikalisierte Einzeltäter, die sich nicht innerhalb eines Netzwerks bewegen, sind im Vorfeld nur schwer zu identi-
35 fizieren. Gleichzeitig richtet sich die islamistische Propaganda inzwischen gezielt an solche Personen.

BND: Internationaler Terrorismus, https://www.bnd.bund.de/DE/Die_Themen/Internationaler_Terrorismus/internationaler_terrorismus_node.html (Zugriff: 23.01.2021)

---

1 Beschreiben Sie die Geschehnisse auf dem Weihnachtsmarkt des Berliner Breitscheidplatz am 19. Dezember 2016 (M1, M2).

2 Charakterisieren Sie die Gefährdung Deutschlands durch den internationalen Terrorismus (M3, M4).

BASISKONZEPT

Ordnung und Struktur

Zwischen Freiheit und Sicherheit – die Anti-Terror-Gesetze Deutschlands

M1 Im Glaskasten

Zeichnung: Schwarwel, 2011

M2 Antiterrorgesetze: im Namen der Sicherheit

Nach den jüngsten Anschlägen und Amokläufen – auch in Deutschland – plant die Regierung, die Sicherheitsgesetze zu verschärfen. Einmal mehr. Denn seit den Anschlägen von
5 2001 in New York und Washington wurden die Gesetze immer wieder verschärft. Ein Überblick.
2001 – Sicherheitspaket I: Das Gesetzespaket [...] wurde bereits wenige Wochen nach den Anschlägen beschlossen. Der Kern: Auch die
10 Mitgliedschaft oder Unterstützung einer ausländischen terroristischen Vereinigung wurde unter Strafe gestellt – Deutschland sollte von Terroristen nicht länger als Ruheraum genutzt werden können [...]. Außerdem wurde mit
15 dem Gesetz das Religionsprivileg abgeschafft. Alle Vereine mit religiösen Zielen können seither verboten werden [...].
2002 – Sicherheitspaket II: [...] Damit wurden vor allem die Befugnisse der Geheimdienste
20 massiv erweitert: Der Verfassungsschutz darf Informationen bei Telekommunikationsunternehmen, Banken und der Post einholen, die Personendaten dürfen wesentlich länger gespeichert werden. Auch das Bundeskriminalamt bekommt mehr Befugnisse bei der Informationsbeschaffung. Die Regelungen sind 25 zeitlich befristet, 2006 wurde das Gesetz verlängert und dabei ausgeweitet. 2011 wurde eine weitere Verlängerung bis 2015 vereinbart.
2002 – Rasterfahndung: [...] Nach den An- 30 schlägen vom 11. September wurden präventiv die Daten von mehr als acht Millionen Menschen erfasst, mehr als 1600 Menschen näher überprüft – allerdings ohne jedes Ergebnis. 2006 schränkte das Bundesverfassungsgericht 35 die Rasterfahndung erheblich ein. Die Richter stellten fest, dass dieses Instrument nur zum Einsatz kommen darf, wenn eine „konkrete Gefahr" besteht. Eine präventive Rasterfahndung – bei der die Unschuldsvermutung aufge- 40 hoben wird – sei verfassungswidrig [...].
2004 – Terrorismusabwehrzentrum: Das Zentrum soll die Arbeit der Sicherheitsbehörden auf Länder- und Bundesebne koordinieren.

Ziel ist die Bekämpfung des radikalen Islamismus. Im Zentrum arbeiten Angehörige der Landespolizei, der Bundespolizei und der Geheimdienste. Kritiker bemängeln, dass hier die Trennung von Polizei und Nachrichtendiensten aufgehoben werde. Seit 2007 ist zudem das Gemeinsame Internet-Zentrum angeschlossen.

2004 – Zuwanderungsgesetz: Der Bundestag verabschiedet das Zuwanderungsgesetz, das ab 2005 Justiz und Exekutive eine Handhabe gegen terrorverdächtige Ausländer gibt. Diese können künftig – ebenso wie „geistige Brandstifter" – leichter ausgewiesen werden.

2005 – Luftsicherheitsgesetz: [...] Das Luftsicherheitsgesetz sollte es der Bundeswehr erlauben, [...] voll besetzte Passagierjets notfalls abzuschießen, um einen Anschlag zu verhindern. Ein Jahr nach Inkrafttreten erklärte das Bundesverfassungsgericht das Gesetz allerdings für ungültig, weil es gegen den Schutz der Menschenwürde verstoße und weil der Einsatz der Streitkräfte mit militärischen Waffen im Inland von der Verfassung nicht erlaubt sei. 2012 allerdings korrigierte Karlsruhe die Entscheidung: Das Gericht stellte fest, dass die Bundeswehr durchaus im Inneren eingesetzt werden darf – allerdings nur dann, wenn eine „Ausnahmesituation katastrophischen Ausmaßes" vorliegt [...].

2005 – Biometrischer Reisepass: Reisepässe müssen ein digitalisiertes Passbild enthalten, 2007 kam ein digitalisierter Fingerabdruck hinzu [...]. Mit dem neuen Dokument soll den Sicherheitsbehörden die Fahndung erleichtert werden. Zugleich werden die Dokumente fälschungssicherer.

2006 – Anti-Terror-Datei: Polizei und Geheimdienste können auf diese gemeinsame Datei zugreifen. Die Datenbank dient bundesweit 38 Sicherheitsbehörden zum Informationsaustausch über mutmaßliche Terroristen und deren Organisationsstrukturen [...]. 2013 erklärte das Bundesverfassungsgericht Teile der Anti-Terrordatei für verfassungswidrig. Bis Ende 2014 müssen sie nachgebessert werden.

2006 – Vorratsdatenspeicherung: Das Gesetz zur Vorratsdatenspeicherung sieht eine sechsmonatige Speicherung von Verbindungsdaten aus der Telefon-, Mail- und Internetnutzung sowie Handy-Standortdaten vor. Abrufbar sind sie für Zwecke der Strafverfolgung sowie der Gefahrenabwehr [...]. 2010 kippten die Verfassungsrichter das Gesetz und ordneten die unverzügliche Löschung aller gespeicherten Daten an [...]. 2015 beschlossen Bundestag und Bundesrat freiwillig ein neues Gesetz zur Vorratsdatenspeicherung, die damit wieder eingeführten Speicherpflichten sind ab Mitte 2017 verbindlich.

2008 – BKA-Gesetz: Mit dem Gesetz kann das Bundeskriminalamt in der Gefahrenabwehr tätig werden, allerdings nur, wenn es um den internationalen Terrorismus geht. Bislang waren die Länder dafür zuständig. Dafür bekam die Behörde eine ganze Reihe neuer Befugnisse. Am umstrittensten ist die Online-Durchsuchung – also das Ausspähen heimischer Festplatten [...].

2011 – Nationales Cyber-Abwehrzentrum: In dieser Einrichtung kooperieren Sicherheitsorgane des Bundes zur Abwehr elektronischer Angriffe auf die IT-Infrastruktur. Dazu gehören unter anderem Identitätsdiebstahl, Hacking, Trojaner-Angriffe und Distributed Denial of Service-Attacken (gezielte Überlastung von Servern).

2011 – Verlängerung der Anti-Terror-Gesetze: Bundestag und Bundesrat verlängern die Maßnahmen bis 2015. Die Nachrichtendienste können künftig bei zentralen Stellen Auskünfte über Kontodaten oder Flüge einholen [...].

2015 – Anti-Terror-Gesetze erneut verlängert: Bundestag und Bundesrat verlängern die Maßnahmen bis ins Jahr 2021. Außerdem werden die Gesetze erneut verschärft. So können die Behörden künftig gewaltbereiten Islamisten den Personalausweis entziehen, um deren Ausreise zu verhindern. Außerdem wird die Finanzierung von Terrorismus unter Strafe gestellt.

2016 – Weiteres Anti-Terror-Gesetz im Bundestag: Der Bundestag beschließt ein weiteres Anti-Terror-Paket. Darin ist unter anderem ein verbesserter Austausch von Geheimdienstinformation mit ausländischen Diensten vorgesehen. Außerdem muss beim Kauf einer Handy-Prepaid-Karte ab jetzt ein Ausweis vorgelegt werden. Die Bundespolizei darf künftig verdeckte Ermittler einsetzen.

tagesschau.de: Im Namen der Sicherheit, https://www.tagesschau.de/inland/sicherheitsgesetze108.html, 11.08.2016 (Zugriff 23.01.2021)

M 3 Antiterrorgesetze schränken Grundrechte ein

Vor dem Hintergrund der Terrorgefahr und im Nachgang zu den verabscheuungswürdigen Anschlägen der vergangenen Jahre haben viele EU-Staaten im Eilverfahren unverhältnismäßig und diskriminierend ausgestaltete Gesetze verabschiedet. Dies ist das Ergebnis der zweijährigen Analyse von Antiterrormaßnahmen in 14 EU-Ländern durch Amnesty International. [...] Diese legt dar, wie in 14 EU-Mitgliedsstaaten durch im Eiltempo verabschiedete Antiterrorgesetze und Gesetzesänderungen Grundrechte ausgehöhlt und mühsam errungene Maßnahmen zum Schutz der Menschenrechte ausgehebelt werden.

„Die Bedrohung durch den Terrorismus ist sehr real und muss entschieden bekämpft werden. Allerdings ist es Aufgabe der Regierung, eine Sicherheitslage zu schaffen, in der alle Menschen ihre Rechte wahrnehmen können, anstatt die Menschenrechte unverhältnismäßig im Namen der Sicherheit einzuschränken", sagt John Dalhuisen, Direktor für die Region Europa bei Amnesty International [...].

Viele EU-Länder unterscheiden sich kaum noch von „Überwachungsstaaten", indem sie Sicherheitsbehörden und Geheimdiensten weitreichende Befugnisse zur anlasslosen Massenüberwachung ohne die notwendige rechtsstaatliche richterliche Kontrolle einräumen. So sind beispielsweise in Großbritannien, Frankreich, Deutschland, Polen, Ungarn, Österreich, Belgien und den Niederlanden Befugnisse zur Massenüberwachung erteilt beziehungsweise erweitert worden, die das anlasslose Abgreifen und den Zugang zu den Daten von Millionen von Menschen erlauben.

Zur Gefahrenabwehr schränken Behörden zunehmend Rechte wie Bewegungsfreiheit, Versammlungsfreiheit oder Privatsphäre ein [...]. Besonders stark von diskriminierenden Maßnahmen betroffen sind Menschen muslimischen Glaubens und ausländische Staatsangehörige beziehungsweise Personen, die für solche gehalten werden. Diskriminierendes Handeln seitens der Staatsgewalt scheint vor dem Hintergrund der nationalen Sicherheit zunehmend als „akzeptabel" angesehen zu werden [...].

amnesty.de: Antiterrorgesetze in vielen EU-Staaten schränken Grundrechte ein, https://www.amnesty.de/2017/1/17/antiterrorgesetze-vielen-eu-staaten-schraenken-grundrechte-ein, 17.01.2017 (Zugriff 23.01.2021)

INFO
Redebeiträge der Bundestagsdebatte als Video

https://www.bundestag.de/dokumente/textarchiv/2015/kw45-de-terrorismus-393064

Stephan Mayer (CSU)

M 4 Bundestagsdebatte zur Verlängerung der Antiterrorregelungen

Der Bundestag hat den Weg zur Verlängerung befristeter Regelungen zur Terrorismusbekämpfung frei gemacht. Einem entsprechenden Gesetzentwurf der Bundesregierung [...] stimmte das Parlament am Donnerstag, 5. November 2015, gegen die Stimmen der Oppositionsfraktionen Die Linke und Bündnis 90/Die Grünen [...] zu. Danach sollen Vorschriften nach den Terrorismusbekämpfungsgesetzen, die hauptsächlich nach den Terroranschlägen vom 11. September 2001 eingeführt wurden, um weitere fünf Jahre in Kraft sein.

CDU/CSU: Auskunftsmöglichkeiten maßvoll genutzt

Dabei geht es nach den Worten des CSU-Abgeordneten Stephan Mayer vor allem um nachrichtendienstliche Auskunftsbefugnisse gegenüber Reiseunternehmen, Fluggesellschaften, Kreditinstituten und Telekommunikationsdienstleister, die derzeit bis zum 10. Januar 2016 befristet sind. Eine Evaluierung der Regelungen im Zeitraum von November 2013 bis November 2014 habe gezeigt, dass „in sehr maßvoller, in sehr verantwortungsvoller Weise von diesen Auskunftsmöglichkeiten für die Nachrichtendienste Gebrauch gemacht wurde", sagte Mayer. Insgesamt sei es in diesem Zeitraum zu 72 Auskunftsersuchen gekommen. Dies mache deutlich, „dass hier keine massenhafte Totalüberwachung des deutschen Volkes stattfindet". Zugleich habe in einem Fall aufgrund der erteilten Auskunft ein Täter der Mitgliedschaft in einer terroristischen Organisation überführt werden können. Der Evaluierungsbericht zeige klar, dass sich das Gesetz bewährt habe und richtig sei.

Linke: Tiefe Einschnitte in die Grundrechte

Für Die Linke kritisierte dagegen ihre Parlamentarierin Ulla Jelpke, es seien „tiefe Einschnitte in die Grundrechte", den Geheimdiensten zu erlauben, „Konten zu überwachen, Kommunikationsdaten einzusehen, Reisebewegungen zu beobachten und erfassen und vieles mehr".

Bei der Einführung dieser Gesetze im Jahr 2002 sei noch gesagt worden, dass „alles nur vorübergehend sei". Heute sehe man, dass sie regelmäßig verlängert würden, „ohne dass ihr praktischer Nutzen für die Terrorbekämpfung tatsächlich nachgewiesen wurde".

Das Bundesinnenministerium habe den inhaltlichen und zeitlichen Rahmen für die Evaluierung „so eng angesetzt, dass eine wirkliche, sorgfältige Prüfung des Themas verhindert wurde". Ihre Fraktion habe „erhebliche Zweifel" am Nutzen der Antiterrorgesetze. Bis heute habe noch niemand „nachweisen können, dass wegen der neuen Gesetze auch nur ein einziger Anschlag verhindert werden konnte". Daher fordere Die Linke die Abschaffung dieser Gesetze.

SPD: Sicherheitsbehörden brauchen Befugnisse weiterhin

Der SPD-Abgeordnete Uli Grötsch entgegnete, die Sicherheitsbehörden brauchten auch weiterhin die bisherigen Befugnisse. Schließlich habe sich die Gefährdungslage hinsichtlich terroristischer Bedrohung nicht entspannt oder gar erledigt. In dem jetzt vorliegenden Gesetz gehe es um den Rahmen, den der Gesetzgeber den Sicherheitsbehörden gebe, „um in angemessener Weise auf diese Bedrohungen reagieren zu können".

Zu diesem Gesetz gebe es keine Alternative. Es sehe auch vor, dass künftig nicht nur Strafverfolgungsbehörden, sondern auch Nachrichtendienste verdeckt in Grundbücher und Grundakten schauen könnten, um etwa herauszufinden, „wem das Grundstück gehört, auf dem sich beispielsweise regelmäßig rechte Vereinigungen oder islamistische Vereinigungen treffen". Dabei sei es richtig, dass dem Eigentümer die Grundbucheinsicht für eine bestimmte Dauer nicht mitgeteilt werden dürfe, um Ermittlungen nicht zu gefährden.

Grüne: Koalition will Befugnisse „ganz nebenbei" ausweiten

Die Grünen-Abgeordnete Irene Mihalic monierte, die Evaluierung der Terrorismusbekämpfungsgesetze sei „hart am Thema vorbei" erfolgt. Wenn der Nutzen eines Gesetzes unter dem Aspekt der Verhältnismäßigkeit ermittelt werden solle, müsse man auch den Erfolg der Maßnahmen nach klaren Kriterien überprüfen. Genau dies sei nicht geschehen. So sei überhaupt nicht ermittelt worden, ob die zusätzlichen Befugnisse der Geheimdienste in nur einem einzigen Fall dazu beigetragen haben, Terroranschläge zu verhindern.

Ohne einen klaren Beweis für den Erfolg der Terrorismusbekämpfungsgesetze sei das Parlament überhaupt nicht in der Lage, die Verhältnismäßigkeit dieser Befugnisse festzustellen. Gleichwohl wolle die Koalition die Befugnisse „ganz nebenbei" ausweiten, indem nach ihrem Willen auch die Nachrichtendienste Grundbücher einsehen können sollen, ohne der betreffenden Person darüber Auskunft zu erteilen [...].

Uli Grötsch (SPD)

Irene Mihalic (Bündnis 90/ Die Grünen)

Ulla Jelpke (Die Linke)

bundestag.de: Antiterrorregelungen um fünf Jahre verlängert, https://www.bundestag.de/dokumente/textarchiv/2015/kw45-de-terrorismus-393064, 05.11.2015 (Zugriff 23.01.2021)

1 Analysieren Sie die Karikatur (M1).
2 Stellen Sie dar, wie die Antiterrorgesetze zum Schutz der deutschen Bevölkerung beitragen sollen (M2).
3 Überprüfen Sie anhand des Grundgesetzes, inwieweit die Kritik von Amnesty International an der Anti-Terror-Gesetzgebung der EU-Staaten auch auf Deutschland zutrifft (M2, M3).
4 Arbeiten Sie die unterschiedlichen Positionen in der Bundestagsdebatte Ende des Jahres 2015 zur Verlängerung der befristeten Regelungen zur Terrorismusbekämpfung heraus (M4).
5 „Wer die Freiheit aufgibt, um Sicherheit zu gewinnen, wird am Ende beides verlieren", so Benjamin Franklin (1706–1790), der als einer der Gründerväter der Vereinigten Staaten von Amerika gilt. Bewerten Sie diese Aussage vor dem Hintergrund der Antiterrorgesetzgebung Deutschlands.

3.5 Globales Regieren – ein realistisches Konzept?

Global Governance: Konzept – Ebenen – Formen

M 1 Nichts als Konferenzen …?

UN-Generalversammlung, New York, 2015

a) Globale Probleme, wie zum Beispiel die Corona-Pandemie oder die Bewältigung des Klimawandels, können nur durch internationale Zusammenarbeit gelöst werden, auch wenn es oft sehr mühsam und langwierig ist, zu Lösungen zu kommen. Angesichts wachsender Weltprobleme wird Global Governance in Zukunft wichtiger.
b) Auf den letzten großen UN-Weltgipfeln konnten sich die Staaten nur auf Minimallösungen einigen. Global Governance hat deshalb keine Zukunft.
c) Internationale Zusammenarbeit ist wichtig, muss aber effektiver werden. Bisher genießen große Weltkonferenzen und internationale Organisationen zwar große öffentliche Aufmerksamkeit, bewirken aber wegen ihrer mangelnden Sanktionsmöglichkeiten nur wenig.
d) Die Interessen von Staaten sind so unterschiedlich und gegensätzlich, dass sie sich kaum in Abkommen und für alle verbindliche internationalen Regeln pressen lassen. Vielversprechender sind daher Abkommen zwischen zwei oder zumindest sehr wenigen Staaten.

Autorentext

M 2 Was ist Global Governance?

Auf Deutsch versteht man unter „Global Governance" Ordnungspolitik, Weltinnenpolitik, oder auch strittig, Weltordnungspolitik. Mit letztangeführtem Begriff gibt es insofern Probleme, als dass er eine „Weltordnung" oder Weltmacht/Weltregierung implizieren könnte – das soll aber gerade nicht angedeutet werden. Ferner versteht der Neorealismus unter der „Global Governance" schlicht internationale Politik mit Bezug zu den Problemen der Globalisierung, die Breite der Politik- und die Sozialwissenschaften jedoch „die lösungsorientierte Politik in Zeiten der Globalisierung bei Abwesenheit einer Weltregierung".
Dirk Messner definiert „Global Governance" wie folgt: „Die Entwicklung eines Institutionen- und Regelsystems und neuer Mechanismen internationaler Kooperation, die die kontinuierliche Problembearbeitung globaler Herausforderungen und grenzüberschreitender Probleme erlauben." Und die UN Commission of Global Governance: „Ordnungspolitik bzw. Governance ist die Gesamtheit der zahlreichen Wege, auf denen Individuen sowie öffentliche und private Institutionen ihre gemeinsamen Angelegenheiten regeln.
Es handelt sich um einen kontinuierlichen Prozess, durch den kontroverse und unterschiedliche Interessen ausgeglichen werden und kooperatives Handeln initiiert werden kann. Der Begriff umfasst sowohl formelle Institutionen und mit Durchsetzungsmacht versehene Herrschaftssysteme als auch informelle Regelungen, die von Menschen und Institutionen vereinbart oder als im eigenen Interesse angesehen werden."

Jenny Louise Becker, Global Governance, in: https://reset.org/knowledge/global-governance, Januar 2009

M 3 Global Governance als Mehrebenen-Politik

Das Global Governance-Projekt hat verschiedene Dimensionen. Unter anderem verbinden sich nach dem Konzept der Global Governance die verschiedenen politischen Systeme und Ebenen zu einer subsidiären Mehr-Ebenen-Politik. Entsprechend dem Schlussbericht der **Enquete-Kommission** des Deutschen Bundestages von 2002, „Globalisierung der Weltwirtschaft-Herausforderungen und Antworten" […] könnte ein solches Modell des verzahnten Regierens verschiedener Ebenen durch **drei Elemente** gekennzeichnet sein:

Staaten, die von grenzüberschreitenden Problemen betroffen sind, entwickeln gemeinsam mit nichtstaatlichen Akteuren Vorschläge für internationale Regelungen. Diese beinhalten bestimmte Zielvorgaben, die von dafür legitimierten Staaten vereinbart werden, z. B. Rahmenrichtlinien.

Nationale und subnationale politische Einheiten setzen diese Rahmenrichtlinien auf Grund ihrer Ressourcenhoheit um. Dabei behalten die Nationalstaaten nach wie vor das Gewaltmonopol und das Recht, Steuern zu erheben.

Staatliche und nichtstaatliche Akteure wie **Greenpeace** und **Amnesty International,** die aufgrund ihrer Unbestechlichkeit und Autori-

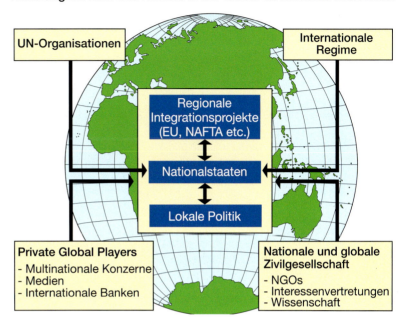

Handlungsebenen und Akteure in der Global Governance-Architektur

tät ohne staatliche Abhängigkeit in der Lage sind, Menschen zu mobilisieren, kontrollieren die Umsetzung der internationalen Richtlinien sowie die Einhaltung grundlegender Rechte.

lernhelfer.de: Global Governance als Mehrebenenpolitik, https://www.lernhelfer.de/schuelerlexikon/politikwirtschaft/artikel/global-governance-als-mehrebenenpolitik, (Zugriff: 02.02.2021)

1 Ordnen Sie den Positionen a) bis d) jeweils eine Ecke Ihres Klassenzimmers zu. Platzieren Sie sich in der Ecke, die Ihrem Standpunkt am ehesten entspricht, und tauschen Sie sich in Kleingruppen zur Überschrift von M1 aus.
2 Vergleichen Sie die Definitionen von Global Governance (M2).
3 Erläutern Sie anhand des Beispiels „Durchsetzung von Menschenrechten" den Beitrag der verschiedenen Ebenen und Akteure (M3).

Macht und Entscheidung

Gobales Regieren in Zeiten gegenläufiger Trends der Weltpolitik

M 1 Verrechtlichung versus Entrechtlichung

Der internationale Gerichtshof in Den Haag gilt als Rechtsprechungsorgan der UNO und Symbol der **Verrechtlichung**.

Entrechtlichung: Im Syrienkonflikt brachen fast alle beteiligten Parteien mehrfach das Völkerrecht – praktisch ohne Konsequenzen.

Stand bis Mitte des letzten Jahrhunderts noch internationales Recht in den Bereichen Sicherheit und territoriale Hoheitsansprüche im Fokus, hat es sich zunehmend auf andere Bereiche wie Wirtschaft, Umwelt und Soziales ausgebreitet. Heute erstreckt sich Völkerrecht von der Nutzung des Meeresbodens bis hin zur Haftbarkeit für Weltraumschrott, von Rüstungsbeschränkungen über Handelszölle bis hin zu Quoten für Treibhausgasemissionen. Dabei betrifft Völkerrecht nicht nur zwischenstaatliche Kooperation, sondern hat auch zunehmend direkten Einfluss auf nichtstaatliche Akteure. Es reicht bis in den innerstaatlichen Rechtsraum hinein, da viele Politikfelder, die früher ausschließlich nationalstaatlicher Regulierung unterlagen, nun zumindest teilweise völkerrechtlich reguliert werden.

Allgemein formuliert beschreibt internationale Verrechtlichung einen Prozess, in dem internationale Kooperation zunehmend rechtsstaatlichen Prinzipien unterworfen ist. Wenngleich sich bislang keine einheitliche internationale Rechtsordnung im Rahmen eines Weltstaates herausgebildet hat, finden sich jedoch Ansätze zu Rechtsstaatlichkeit. [...] Doch Verrechtlichung beinhaltet mehr als eine rein zahlenmäßige Zunahme an internationalen Gesetzen, sprich eine Verregelung. Darüber hinaus existieren Verfahrensregeln, welche die Rechtssetzung, – durchsetzung und – auslegung unter Einhaltung wichtiger rechtsstaatlicher Prinzipien festschreiben. Beispielsweise wird im Falle der internationalen Gesetzgebung vorab reglementiert, welche Mehrheiten für bestimmte Entscheidungen erforderlich sind. Daneben werden die Mechanismen bestimmt, mit denen die Regeleinhaltung überprüft werden sollen. [...]

Da es bislang weder eine Weltregierung noch eine Weltpolizei oder ein Weltgericht gibt, können internationale Regeln nicht in gleicher Weise wie im Nationalstaat durchgesetzt werden. Daher warnen Skeptiker vor utopischen Erwartungen an das Völkerrecht. Zwar existieren viele internationale Gesetze auf dem Papier, sind aber in der Praxis aufgrund fehlender Sanktionsmechanismen nicht immer durchsetzbar.

Tanja Abendschein-Angerstein, Internationale Verrechtlichung, in: Informationen zur politischen Bildung, 325/2015, S. 10 ff.

M 2 Staatlichkeit versus Entstaatlichung der Weltpolitik

Linkes Bild:
Staaten sind weiterhin zentrale Akteure der Weltpolitik.

Rechtes Bild:
Bewegungen wie Fridays for Future beeinflussen als neue Akteure zunehmend die Weltpolitik.

In der Tat ist unübersehbar, dass im Verlauf des vergangenen Jahrhunderts Staaten als die zentralen Akteure der internationalen Politik allein durch ihre stark angestiegene Zahl, vor allem
5 aber durch die exponentielle quantitative Zunahme und das wachsende Gewicht anderer, nichtstaatlicher Akteure zunehmend in die Defensive gedrängt wurden und um ihren Einfluss ringen mussten. Zu diesen „neuen" Akteuren
10 gehörten Internationale Organisationen, Nicht-Regierungsorganisationen und Transnationale Unternehmen (TNCs). Heute stellen TNCs unter den hundert größten Wirtschaftseinheiten der Welt bereits die Mehrheit, vergleicht man das
15 Bruttosozialprodukt der Staaten mit dem Umsatz der Unternehmen. Diese Zahlen sind keineswegs nur ökonomisch, sondern auch politisch bedeutsam: Die mit der starken Zunahme der Zahl, der Töchter und der Aktivitäten von
20 TNCs einhergehende Globalisierung der Produktion entzieht den Staaten Einfluss über die Wirtschaftsaktivitäten auf ihrem Territorium. Insgesamt reflektiert der Aufstieg der nichtstaatlichen Akteure das wachsende Gewicht der
25 [...] drei anderen zentralen Strukturen der internationalen Beziehungen neben der Sicherheitsstruktur: der Produktionsstruktur, der Finanzstruktur und der Wissensstruktur, in denen Staaten keine Schlüsselpositionen einnehmen.
30 [Dennoch scheint die skeptische Diagnose zu den Zukunftsaussichten von Staaten überzogen]

Darauf deutet erstens die Tatsache, dass sich [...] die Zahl der Staaten im Verlauf der vergangenen 50 Jahre auf derzeit 200 rund verdrei-
35 facht hat. Dies belegt die ungebrochene Nachfrage nach Staatlichkeit, und in der Tat ist der Staat als Vehikel für die politische Selbstbestimmung eines Kollektivs, für gemeinsame Problemlösungen und als Garant der Sicherheit
40 gegen äußere Gewalt bislang bis auf weiteres ohne wirkliche Alternative: [...] Nach wie vor verfügen allein Staaten über ein Gewaltmonopol auf ihrem Territorium und damit über Autorität gegenüber ihrer Bevölkerung [...]. Damit
45 sind sie auch in der Lage, Rahmenbedingungen für die Interaktion der Akteure in den internationalen Beziehungen zu setzen und sie haben die Möglichkeit über die Zusammenarbeit mit anderen Staaten und nichtstaatlichen Akteu-
50 ren ihre Macht zu steigern. [...] In dem Maße, in dem die Leistungsfähigkeit des Staates nicht ausreicht, um die Gesellschaft von den Chancen der Globalisierung profitieren zu lassen und sie gegen Globalisierungsrisiken zu schützen,
55 kann es zu Staatsschwäche (failing, fragile, precarous staates) und Staatszerfall (failed states) kommen. In der Regel überdauern Restelemente von Staat-lichkeit freilich auch unter diesen Bedingungen, werden aber dann zumeist
60 zweckentfremdet und zugunsten bestimmter Gruppen und Partikularinteressen instrumentalisiert.

INFO

Transnationale Unternehmen
weltweit tätige Unternehmen mit Produktionsstätten und Niederlassungen in vielen Staaten.

Hanns W. Maull, Staat/Staatlichkeit im Wandel, in: Handwörterbuch Internationale Politik, Bonn, 2016, S. 461 ff.

1 Erläutern Sie die in M1 und M2 beschriebenen Trends an Beispielen aus der internationalen Politik. Berücksichtigen Sie dabei Ihre bisherigen Arbeitsergebnisse.
2 Überprüfen Sie an einem der in M1 und M 2 beschriebenen Trend, wie sich dieser auf die Realisierungschancen von Global Governance auswirkt.
3 Erörtern Sie, ob und inwiefern härtere und bessere Sanktionsmöglichkeiten (zum Beispiel Entzug finanzieller Fördermittel, wirtschaftliche Sanktionen oder zeitweise Ausschluss aus Institutionen) die Durchsetzung internationaler Regeln verbessern könnte.

🔑 **BASISKONZEPT**

Ordnung und Struktur

Gobal Governance vor neuen Herausforderungen

M 1 Informelle Formen des globalen Regierens – die effektivere Alternative zur Lösung globaler Probleme?

Internationales Elitenetzwerk ‚World Economic Forum', hier der kanadische Premierminister Trudeau in einer Diskussion mit der Friedensnobelpreisträgerin Malala Yousafzai, 2018.

Staatenclubs wie die G20 (Gruppe der 20 wichtigsten Industrie- und Schwellenländer) streben an, neue Regeln für ausgewählte Politikfelder zu setzen, in denen sie Regulierungs-
5 defizite ausmachen. Zu den wichtigsten Clubs auf globaler Ebene gehören neben der G20 die G7/8, aber auch lockerere Gruppierungen wie die BRICS (= Brasilien, Russland, Indien, China, Südafrika). Im Unterschied zu den UN,
10 die prinzipiell allen Staaten offenstehen, oder zu Regionalorganisationen wie der Afrikanischen Union oder der Organisation Amerikanischer Staaten, die ihre Mitglieder nach geografischen Kriterien bestimmen, entscheiden Clubs selbst über ihre Mitgliedschaft. 15
Clubs regieren nicht im formellen Sinne durch den Erlass von Gesetzen oder gesetzesähnlichen Regelungen. Sie ermöglichen es ihren Mitgliedern, ihre Interessen und Präferenzen zu sondieren und aufeinander abzustimmen. 20
Das zeigt sich bei den meist jährlichen Gipfeltreffen auf Ebene der Staats- und Regierungschefs, die einen direkten Austausch im kleinen Rahmen ermöglichen. [...] Clubs setzen also auf eine Form zwischenstaatlicher Global 25
Governance, die auf Abstimmung und Koordination mächtiger Staaten basiert. [...]. Dieses Regieren kann nur effektiv sein, wenn sich die mächtigen Staaten über die Probleme und die notwendigen Maßnahmen einig sind. [...] 30
Elitennetzwerke, bei denen Individuen Staaten, Unternehmen, Medien, Verbände oder Nichtregierungsorganisationen repräsentieren, sind noch informellere Formen von Global Governance. Bei ihren Treffen, wie etwa 35
dem jährlich in Davos stattfindenden World Economic Forum (WEF), werden Konsens und Dissens über das ausgelotet, was im globalen Geschehen wichtig oder weniger wichtig ist und entsprechend mehr oder weniger poli- 40
tischer Aufmerksamkeit bedarf. So werden Themen auf die Agenda gesetzt und können politische oder ökonomische Präferenzen und Interessen informell und diskret abgestimmt werden. [...] 45
NGOs, transnationale Netzwerke oder öffentlich-private Partnerschaften können als Vorreiter freiwillig Regeln setzen oder globale Politikziele lokal umsetzen helfen. Derartige Initiativen sind sehr vielfältig im Hinblick auf 50
ihre Ziele, Gestalt und Herangehensweise – und auch hinsichtlich ihres mehr oder weniger erfolgreichen Beitrags zur Gestaltung der Globalisierung.

Marianne Beisheim, Lars Brozus, Neue Formen des globalen Regierens, 15.04.2015, in: https://www.bpb.de/izpb/204674/neue-formen-des-globalen-regierens?p=all (Zugriff 21.06.2021)

M2 Zukunftsperspektiven

In einer Welt, in der Großmächte ihre militärischen und wirtschaftlichen Zwangsmittel immer direkter zum eigenen geopolitischen und geoökonomischen Vorteil einsetzen, ist Multilateralismus für kleinere Staaten und auch für Mittelmächte wie Deutschland unverzichtbares Gegenmittel. Gleichzeitig sehen sich Verfechter dieses Instruments mit dem Ende multilateraler Gewissheiten konfrontiert. Noch vor zehn Jahren wären Spekulationen über ein Ende der NATO, EU oder WTO als absurd belächelt worden. Heute kann Deutschland nicht mehr sicher sein, ob diese für das Land zentralen multilateralen Institutionen auch noch in zehn Jahren Bestand haben. Doch das ist nicht die einzige Gewissheit, die heute verloren ist.

[...] Heute ist klar, dass die Großmachtkonflikte (insbesondere zwischen den USA und China) zentrale Rahmenbedingung für Multilateralismus sind. Und statt sich geräuschlos in die westlich geprägte Ordnung hinein zu fügen, wollen nichtwestliche Staaten heute Einfluss auf multilaterale Regelbildung nehmen. Das gilt nicht nur für eine Großmacht wie China, die parallel die Gründung eigener multilateraler Institutionen wie der Asian Infrastructure Investment Bank (AIIB) verfolgt. Auch kleinere nichtwestliche Staaten wollen heute nicht nur Regelempfänger sein. Hinzu kommt, dass multilaterale Vereinbarungen auch in Demokratien in wachsendem Maße unter innenpolitischen Beschuss geraten. Nationalismus und Souveränitäts-Absolutismus sind nicht nur Phänomene in Trumps Amerika. [...]

Angesichts dieser neuen Rahmenbedingungen reicht es nicht mehr aus, den multilateralen Geist zu beschwören und den Nationalismus abzukanzeln [...]. Die [vom damaligen] Außenminister Heiko Maas betriebene „Allianz für Multilateralismus" geht weiter. Maas verfolgt mit der Initiative einen Dreiklang. Erstens will er internationale Normen und Vereinbarungen verteidigen, wo sie verletzt werden oder unter Druck geraten. Zweitens will er die bestehende Architektur reformieren, um sie inklusiver und effektiver zu machen. Und drittens will er multilaterale Vereinbarungen in Bereichen vorantreiben, die bislang nicht geregelt sind. Nichts davon ist ein Selbstläufer. Aber der Dreiklang gibt eine Richtung vor, wie man pragmatisch Multilateralismus unter schwierigen Bedingungen stärken kann. [...]

Die von Deutschland und Frankreich maßgeblich betriebene „Allianz für Multilateralismus" ist keine Allianz mit fester Mitgliedschaft, Satzung und Gremien. Sie ist ein Netzwerk, das je nach Problem in flexiblen Konfigurationen als Katalysator zur Stärkung des Multilateralismus fungieren kann. Sie ist kein Klub liberaler Demokratien, sondern steht je nach Thema auch Nichtdemokratien offen.

Außenminister Heiko Maas will möglichst viele „multilaterale Überzeugungstäter" mobilisieren, gerade unter Staaten, die sich nicht als Teil des Westens verstehen. Um diese glaubwürdig anzusprechen, sollten Deutschland und Europa die Bereitschaft demonstrieren, auf überkommene Privilegien innerhalb multilateraler Institutionen zu verzichten.

Thorsten Brenner, Multilateralismus: Sechs Thesen auf dem Prüfstand, in: https://www.gppi.net/2019/11/04/multilateralismus-sechs-thesen-auf-dem-pruefstand, 04.11.2019 (Zugriff: 10.06.2021)

1. Die vorhergehenden Unterkapitel haben mehrere klassische Institutionen der Global Governance thematisiert. Bewerten Sie spontan in einer Redekette deren Effektivität bei der Bewältigung globaler Herausforderungen (1 = nicht effektiv bis 5 = sehr effektiv).
2. Vergleichen Sie die Arbeitsweise der klassischen Institutionen mit den informellen Formen globalen Regierens (M1).
3. Erläutern Sie die gewandelten Rahmenbedingungen für globales Regieren (M2).
4. Erörtern Sie, ob der vom Autor von M2 geforderte Verzicht europäischer Staaten auf Privilegien ein geeignetes Mittel ist, um „multilaterale Überzeugungstäter" zu mobilisieren.

Die UNO als Akteur in der internationalen Politik

M1 Die Rolle der UNO in der Global-Governance-Architektur

Das UNO-Emblem unterstreicht den weltweiten Geltungsanspruch der UN-Charta: Es zeigt eine Weltkarte, umrahmt von zwei Olivenzweigen als Friedenssymbole. Die Farbe Weiß gilt als Friedensfarbe, Blau steht für die Farbe unseres Planeten.

Geht es um die Perspektiven einer internationalen Ordnungspolitik in einer globalisierten Welt, werden die Vereinten Nationen an vorderster Stelle genannt. [...]

Die Vereinten Nationen spielen in den Diskussionen um die Zukunft der internationalen Politik eine eigentümliche Rolle. Obwohl bereits 1945 gegründet [...] hat es mitunter den Anschein, als müsste die Weltorganisation erst gegründet werden. Denn sei es die Friedenssicherung, die Stärkung der Menschenrechte, die Steuerung der globalen Umweltprobleme oder zuletzt der Kampf gegen den internationalen Terrorismus mitsamt seinen vielschichtigen Ursachen – es gibt einerseits kaum ein globales Problem, bei dessen Bearbeitung den VN nicht eine Schlüsselrolle zugeschrieben würde. Andererseits wird im gleichen Atemzug darauf hingewiesen, dass es dafür einer Erneuerung der VN und eines grundsätzlichen Umdenkens zumal der mächtigen Mitgliedstaaten bedürfe. Offensichtlich besteht zwischen der Notwendigkeit einer starken und handlungsfähigen VN-Organisation und ihren tatsächlichen Möglichkeiten nach wie vor ein erhebliches Gefälle. [...]

Dass die VN in einer solchen Breite von Politikfeldern als Akteur und Forum nachgefragt wird, ist zunächst darauf zurückzuführen, dass sie [...] einen nahezu universalen Zuschnitt aufweisen. Es liegt aber zum andern daran, dass sich die VN als weit gespanntes, globales Forum für internationale Zusammenarbeit verstehen. Die Vereinten Nationen wurden nicht nur hinsichtlich ihrer Mitglieder, sondern auch mit Blick auf die Breite ihrer Aufgaben als eine umfassende Organisation geschaffen, der eine umfängliche Kompetenz zugesprochen wurde. Sicherheitspolitiker werden daher den Aspekt der Friedenssicherung betonen, Menschenrechtspolitiker den der Menschenrechte, entwicklungspolitisch Interessierte den der Entwicklungszusammenarbeit, Umweltpolitiker den Umweltaspekt.

Johannes Varwick, Wilhelm Knelangen, Die Rolle der Vereinten Nationen in der internationalen Politik, in: Aus Politik und Zeitgeschichte, Bundeszentrale für politische Bildung, 27-28/2002, Bonn, 07/2002

M2 Kann die Weltorganisation den Erwartungen entsprechen?

Im folgenden Text nimmt der ehemalige deutsche UN-Botschafter Harald Braun Stellung zu häufig geäußerten Kritikpunkten an der UNO und ihren Leistungen auf verschiedenen globalen Politikfeldern.

„Wir, die Völker der Vereinten Nationen – fest entschlossen, künftige Geschlechter vor der Geißel des Krieges zu bewahren ...", heißt es in der Charta der Vereinten Nationen, die 1945 auf der Gründungskonferenz in San Francisco verabschiedet wurde. Doch Krieg wurde nicht gebannt, und auch sonst steht die Weltorganisation oft stark in der Kritik – zu Recht? [...]

Der UN-Sicherheitsrat taugt nicht als Weltregierung und ist zu oft handlungsunfähig

Vorsicht! Der Begriff „Weltregierung" ist irreführend. Anders als eine Regierung, die tagtäglich über sämtliche Bereiche des Lebens einer Nation entscheidet, ist der Sicherheitsrat gemäß UN-Charta lediglich für einen bestimmten, wenngleich sehr zentralen Bereich zuständig: die Wahrung des Weltfriedens und der internationalen Sicherheit, einem der Gründungsziele der Vereinten Nationen. Durch diese Funktion nimmt der Sicherheitsrat unleugbar eine dominante Stellung im UN-System ein. Wir sollten jedoch nicht übersehen, dass andere wichtige Fragen, die für unser globales Zusammenleben von entscheidender Bedeutung sind, in anderen Gremien und Formaten diskutiert und verhandelt werden – als Beispiel seien noch einmal die Verhandlungen für die nachhaltige Entwicklungsagenda 2030 genannt.

Es wäre zudem falsch, den Blick nur auf Vetos und Blockaden zu richten und die Handlungsfähigkeit des Sicherheitsrats grundsätzlich infrage zu stellen.. [..] Selbst beim Thema Syrien, bei dem der Rat mehrmals durch Vetos blockiert wurde, wurden Resolutionen verabschiedet – zu erwähnen sei hier die erfolgreiche Chemiewaffenzerstörung oder die Einigung über grenzüberschreitende humanitäre Hilfe. [...]

Und nicht zuletzt: In vielen Krisen bleiben die Vereinten Nationen eine Art „last resort". Nachdem andere Akteure aufgegeben haben, sind es häufig die Vermittler der UN – gesteuert durch den Sicherheitsrat oder an diesen berichtend –, die den Gesprächsfaden zu den Konfliktparteien nicht abreißen lassen, um sich unbeirrt selbst unter schwierigsten Bedingungen für eine politische Lösung einzusetzen. Dies ist derzeit etwa mit Blick auf Syrien und Jemen zu beobachten. [...]

Die UN sind unglaubwürdig, wenn im Menschenrechtsrat die größten Verletzer sitzen

Im Gegenteil. Immer stärker setzt sich die Erkenntnis durch, dass Frieden, Sicherheit und Entwicklung in einem Umfeld nur nachhaltig möglich sind, in dem die Rechte Einzelner nicht mit Füßen getreten werden. Auch wenn einige Mitgliedstaaten es vorziehen würde, systematische und gravierende Menschenrechtsrechtsverletzungen ausschließlich im Menschenrechtsrat zu behandeln, geht der Trend in der den Vereinten Nationen doch eindeutig zu einem „Menschenrechts-Mainstreaming". Das bedeutet, dass Menschenrechte immer häufiger als ein Querschnittsthema angesehen werden, das vielfach Verknüpfungen zu anderen Themenbereichen aufweist. [...] Durch die „Human Rights up Front"-Initiative von 2013 hat UN-Generalsekretär Ban Ki-moon das Thema Menschenrechte weiter in den Mittelpunkt gerückt. Ziel dieses Vorhabens ist nichts Geringeres als die Herbeiführung eines Kulturwandels. Der Schutz der Menschenrechte soll als eine das gesamte UN-System umfassende Kernaufgabe betrachtet werden. [...]

Die Vereinten Nationen sind nicht reformierbar, aber wir haben nichts Besseres

Die erste Aussage ist falsch, die zweite richtig. [...] Das UN-System sollte nicht mit Erwartungen überfrachtet werden, die es realistischer Weise nicht erbringen kann – denn es ist immer zu bedenken: Das UN-System ist auf die Unterstützung sämtlicher 193 UN-Mitgliedstaaten angewiesen, und deren politischer Wille ist für den Erfolg oder Misserfolg insgesamt verantwortlich. [...] Die Vereinten Nationen stecken gerade mitten im größten Reformprozess ihrer jüngeren Geschichte. Die „Nachhaltige Entwicklungsagenda 2030" wird die internationale Entwicklungsarchitektur grundlegend verändern. [...] Alle Prozesse zeigen, dass die Vereinten Nationen nach wie vor der Ort sind, an dem über die großen Menschheitsfragen entschieden wird – vorausgesetzt, die Mitgliedstaaten bringen den nötigen politischen Willen dazu auf.

https://internationalepolitik.de/de/vereinte-nationen, Zugriff: 31.07.2021

1 Beschreiben Sie die Rolle der UNO in der internationalen Ordnungspolitik (M1).
2 Arbeiten Sie die Kernargumente aus M2 heraus
3 Wählen Sie ein in M2 behandeltes Politikfeld aus und beurteilen Sie die Argumentation des Autors.
4 Wird die UNO der zugedachten Schlüsselrolle bei der Bewältigung globaler Probleme gerecht? Bewerten Sie in einem Kommentar die Leistungen der UNO in der Friedenssicherung, beim Schutz der Menschenrechte und der Förderung nachhaltiger Entwicklung. Beziehen Sie dabei auch ihre Arbeitsergebnisse aus den Kapiteln 2.7 bis 2.10 mit ein.

3.6 Beispiel Klimapolitik: Kann die Erderwärmung noch begrenzt werden? – Ein Planspiel

Einstieg – Ausgangssituation – Ablauf

M 1 Placemat: Klimawandel und Klimapolitik aus Ihrer Sicht

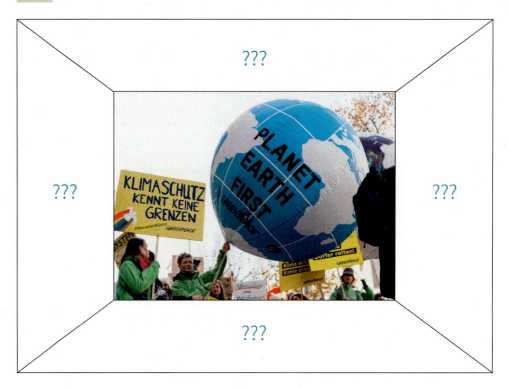

Placemat heißt übersetzt „Platzdeckchen" und bezeichnet eine Methode zum schriftlichen Austausch in Gruppen.

1. Bilden Sie Gruppen à vier Personen. Jede Gruppe bereitet ein großes Blatt vor (siehe oben). Der Platz in der Mitte bleibt zunächst frei. Legen Sie eine Zeit zur Bearbeitung fest.
2. Wählen Sie ein Feld aus, das Sie beschriften wollen und notieren Sie dort Ihre Gedanken zu folgenden Themen:
    - Welche Gefühle löst der Klimawandel bei Ihnen aus?
    - Was halten Sie von Schulstreiks oder sonstigen Aktionen von Klimaaktivisten?
    - Reichen die bisherigen Maßnahmen aus, um den Klimawandel zu bremsen?
    - Welchen Beitrag zum Klimaschutz sollten reiche Industriestaaten leisten?
3. Nach der Bearbeitung lesen alle die Antworten in den Feldern. Klären Sie auch Verständnisfragen.
4. Diskutieren Sie anschließend über die Antworten.
5. Fassen Sie die Ergebnisse der Diskussion in dem mittleren Feld zusammen und stellen Sie diese im Plenum vor.

3.6 Beispiel Klimapolitik: Kann die Erderwärmung noch begrenzt werden? – Ein Planspiel

M 2 Situationsbeschreibung

Chancen und Grenzen eines Planspiels

In einem Planspiel können Sie Entscheidungsprozesse simulieren, die in der Realität ganz ähnlich ablaufen – in diesem Beispiel eine UN-Klimakonferenz. Sie nehmen dabei die Rolle einer teilnehmenden Delegation ein und versuchen, ein Ergebnis zu erzielen, das Ihren Interessen bestmöglich entspricht. Wie jedes Planspiel verkürzt und vereinfacht es natürlich die Realität. Ein wesentlicher Unterschied zu tatsächlichen UN-Konferenzen besteht darin, dass an dieser Konferenz nur sechs Delegationen teilnehmen. Zudem können Sie Mehrheitsentscheidungen treffen, während in der UNO sich alle teilnehmenden Staaten auf eine Abschlusserklärung einigen müssen. Auch sind Nichtregierungsorganisationen zwar beratend im Hintergrund tätig, haben jedoch auf UN-Konferenzen kein Stimmrecht.

Doch bietet Ihnen der Modellcharakter des Spiels die Chance, bereits während Ihrer Schulzeit die politische Realität nicht nur zu analysieren, sondern in einer Simulation des globalen Regierens die besonderen Herausforderungen multilateraler Kooperation persönlich nachzuvollziehen und in einem solchen Umfeld tragfähige Kompromisslösungen auszuhandeln.

Ausgangssituation

An der Konferenz beteiligen sich insgesamt sechs Delegationen:
- die EU
- der Inselstaat Tuvalu
- die USA
- China
- Indien
- Die Klimaretter

Sie treffen sich, um wie im Pariser Klimaschutzabkommen vereinbart neue, ehrgeizigere Klimaschutzziele zu vereinbaren. Das Abkommen sieht vor, dass sich jeder Staat in Folgekonferenzen von Mal zu Mal zu ehrgeizigeren Klimazielen verpflichtet. Dieser Verpflichtung sind die teilnehmenden Staaten bisher nur unzureichend nachgekommen. In dieser Konferenz sollen substanzielle Fortschritte vereinbart werden. Die Klimaaktivisten verstehen sich als das Sprachrohr der besorgten Weltöffentlichkeit und wollen unbedingt größere Anstrengungen zum Klimaschutz durchsetzen.

Vorbereitung:
1. Bilden Sie sechs Gruppen in Ihrem Kurs und verteilen Sie einzelnen Rollen. Jede Gruppe bereitet sich gesondert, eventuell arbeitsteilig vor.
2. Alle Gruppen bringen sich auf den gleichen Informationsstand. Arbeiten Sie aus den Materialien **„Der Klimawandel als globale ökologische Herausforderung", Seite 134 f.** sowie **„Der lange Weg zum Klimaschutz" Seite 136 f.** Informationen heraus, die Ihre Position unterstützen.
3. Lesen Sie Ihre **Rollenkarte (Seite 131 ff.) sowie die Hintergrundinfos zu Ihrem Land** aufmerksam durch. *Tipp:* Es empfiehlt sich auch, die Rollenkarten der anderen Gruppen zu lesen. So können Sie die Verhandlungsstrategie der anderen in Ihrer Argumentation berücksichtigen.
4. Bereiten Sie in Ihrer Gruppe ein Statement für die erste Verhandlungsrunde vor, in dem Sie ihre Position darlegen.
5. Entwickeln Sie auch eine Verhandlungsstrategie mit einem Minimal- und Maximalziel. Überlegen Sie, in welchen Punkten Sie sich kompromissbereit zeigen wollen und wo Sie keinesfalls nachgeben wollen.

| M3 | Ablauf des Planspiels im Überblick |

1. Phase: Bildung von Gruppen und Entwicklung einer Strategie
- Bestimmung eines Moderatorenteams
- Erarbeitung des Informationsmaterials
- Formulierung eines Statements
- Entwicklung einer Verhandlungsstrategie

2. Phase: Erste Plenumssitzung
- Vorstellung der Gruppen und ihrer Statements
- Teilnehmende notieren Ansatzpunkte für Verhandlungen (Gemeinsamkeiten, mögliche Kompromisse)
- Moderatoren fassen aktuellen Stand zusammen und bestimmen Ziele für die nächste Plenumsrunde

3. Phase: Verhandlungsrunde
- Jede Gruppe verhandelt mit anderen Gruppen
- Ausloten der Spielräume für Kompromisse
- Festlegung erster Lösungsansätze
- Jede Gruppe erstellt eine Zusammenfassung der ersten Ergebnisse

4. Phase: Zweite Plenumssitzung
- Jede Gruppe stellt ihre Ergebnisse inklusive noch offener Fragen vor
- Diskussion der noch offenen Fragen im Plenum
- Entscheidungsfindung (eventuell durch Abstimmung)
- Moderatoren fassen Ergebnisse zusammen

5. Phase: Auswertung
- Jede Gruppe bewertet zunächst für sich den Ablauf und die Ergebnisse der Konferenz. Welche Ziele wurden erreicht, welche nicht?
- Alle legen ihre Rollen ab – das Plenum diskutiert gemeinsam über den Ablauf, eventuelle Schwierigkeiten und Erfolge.

Rollenkarten

EU

Ihre Rolle:
Sie vertreten die EU, die sich mit ihrem Green Deal als Vorreiterin in der Klimapolitik sieht. Sie verweisen darauf, dass die EU plant, bis 2050 klimaneutral zu sein und sich bis zu diesem Zeitpunkt von Verbrennungsmotoren und fossilen Energien verabschiedet hat. Damit haben Sie einen berechenbaren Fahrplan für die Klimaneutralität Europas vorgelegt. Die Länder Europas haben stark unter der Wirtschaftskrise 2020/2021 gelitten. Bei weiteren, noch ehrgeizigeren Klimaschutzmaßnahmen wären in Europas Schlüsselindustrien Millionen von Arbeitsplätzen gefährdet. Deshalb könnten Sie Ihrer Bevölkerung eine solche Klimapolitik nicht vermitteln. Doch sind Sie bereit, Ihre Verpflichtungen zur Unterstützung der ärmeren Länder zu erfüllen und diese bei der Umstellung auf klimafreundliche Technologien zu unterstützen.

Ihre Verhandlungsstrategie:
- Sie wollen Ihre zugesagten Klimaziele erreichen und verweisen darauf, dass Europa gut im Zeitplan liege.
- Sie sind nicht bereit, vor 2050 komplett aus fossilen Brennstoffen auszusteigen und den Verkehr abgasfrei zu gestalten. Stattdessen verweisen Sie darauf, dass bereits der Green Deal erhebliche Anstrengungen der einzelnen Länder erfordere.
- Sie bieten an, die Mittel für Forschung für alternative Energien neue Antriebe aufzustocken.
- Sie versprechen, die Zusagen für ärmere Länder einzuhalten und sind eventuell bereit, diese zu erhöhen.

Tuvalu

Ihre Rolle
Als viertkleinstem Land der Erde ist Ihnen bewusst, dass Sie nur über die Weltöffentlichkeit Druck auf Ihre übermächtigen Verhandlungspartner ausüben können. Ihr natürlicher Partner ist daher die Delegation der NGOs. Sie vertreten die asiatischen und pazifischen Inselstaaten, die infolge des Klimawandels drohen, im Meer zu versinken. Sie sind stolz darauf, bei der Pariser Konferenz das 1,5 Grad-Ziel durchgesetzt zu haben, befürchten allerdings, dass vor allem die Industrieländer ihre Zusagen nicht einhalten werden. Sie sehen in den Industrieländern die Verursacher des Klimawandels und verlangen, dass diese Verantwortung dafür übernehmen und die Hauptlast der Maßnahmen tragen.

Ihre Verhandlungsziele
- Aufstockung der Mittel für Maßnahmen gegen den Klimawandel (Bau von Dämmen, Umsiedlungsprojekte, Umstellung auf klimafreundliche Technologien etc.).
- Sie verweisen darauf, dass es nur noch ein kleines Zeitfenster gibt, um den Klimawandel zu bremsen.
- Von den Industrieländern als Verursacher fordern sie erheblich größere Anstrengungen beim Klimaschutz
- Sie fordern den sofortigen Ausstieg aus fossilen Brennstoffen sowie ein Verbot von Verbrennungsmotoren noch in den zwanziger Jahren.
- Bis spätestens 2030 müssen die Industrieländer klimaneutral wirtschaften, damit sie überhaupt noch eine Überlebenschance haben.
- Sie wollen von den Industrieländern die Zusage, Klimaflüchtlingen von Ihren Inseln Asyl zu gewähren.

USA

Ihre Rolle
Unter dem Präsidenten Joe Biden sind die USA 2021, nach einer klimapolitischen Durststrecke während der Präsidentschaft Donald Trumps, erneut dem Pariser Klimaschutzabkommen beigetreten. Sie wollen die multilaterale Zusammenarbeit wiederbeleben und insbesondere die Klimaschutzmaßnahmen und Umweltauflagen erheblich hochfahren, um die „verlorenen" Jahre aufzuholen. Zu diesem Zweck sollen rund 2 Billionen US-Dollar investiert werden. Doch müssen auch die Interessen der Wirtschaft berücksichtigt werden: Allein die Erdöl- und Fracking-Industrie zählte 2021 über zwei Millionen Beschäftigte. Doch haben Sie in Ihrem Staat eine einflussreiche Umweltschutzbewegung, die die Regierung bei ihnen Anstrengungen zum Klimaschutz unterstützt. Sie verweisen darauf, dass in den USA der Ausstoß von CO_2 dank neuer Technologien in den letzten Jahren bereits abgenommen habe und die USA bei der E-Mobilität eines der führenden Länder der Erde sind.

Ihre Verhandlungsstrategie
- Sie kündigen an, dass die USA bis 2050 klimaneutral werden wollen.
- Bis 2035 wollen die USA aus fossilen Brennstoffen aussteigen und dafür national über zwei Billionen US-Dollar investieren.
- Sie sehen sich weltweit an der Spitze der Klimaschutzbewegung und fordern von anderen Staaten ähnlich ehrgeizige Anstrengungen.
- Wegen der enormen nationalen Anstrengungen für die Klimaschutzziele sehen Sie sich nicht imstande, ärmere Länder erheblich finanziell zu unterstützen. Eher können Sie sich einen Technologie-Transfer und Beratungsleistungen vorstellen.

Indien

Ihre Rolle
Ihr Staat steht bei den Emissionen von CO_2 nach China und den USA an dritter Stelle. Doch sehen Sie vor allem die Industrieländer als die im historischen Vergleich eigentlichen Verursacher des Klimawandels in der Pflicht. Da Ihr Land die Auswirkungen des Wandels bereits spürt, hat es in den letzten Jahren eine Energiewende eingeleitet und ist bereit, seine Anstrengungen zu intensivieren – allerdings hat die Armutsbekämpfung immer noch hohe Priorität. Dieses Ziel erfordert es, noch eine geraume Zeit an fossilen Brennstoffen festzuhalten. Sie treten als Stimme der Schwellenländer vehement dafür ein, dass die Industrieländer Ihrer Verantwortung gerecht werden und ihre Klimaschutz-Maßnahmen intensivieren. Die Schwellenländer erwarten nicht nur Lippenbekenntnisse, sondern konkrete Unterstützung, nicht nur finanziell.

Ihre Verhandlungsstrategie
- Sie verweisen darauf, dass Indien beim Klimaschutz in den letzten Jahren viele Vorleistungen erbracht hat und sich als „grüner Pionier" sehe.
- Sie können die 2015 formulierten Klimaziele erfüllen, möglicherweise schon früher.
- Ein Ausstieg aus der Kohleverstromung ist allerdings für Sie keine Option.
- Sie sehen den Ball bei den Industrieländern: Diese sollten nach dem Verursacherprinzip als Erste schon mittelfristig komplett auf erneuerbare Energien umstellen.
- Sie verlangen, dass die Industrieländer Schwellen- und Entwicklungsländer stärker bei Maßnahmen zum Schutz gegen den Klimawandel finanzieren.

China

Ihre Rolle

Bisher hat sich China auf den großen Klimakonferenzen nicht als besonders engagierter Klimaschützer hervorgetan. Nun sehen Sie jedoch die Chance gekommen, sich anstelle Ihres großen Rivalen als Vorreiter für den Klimaschutz zu profilieren und dadurch auch Ihren internationalen Einfluss zu verstärken. Ihr Land hat in den letzten Jahren einige Erfolge im Klimaschutz vorzuweisen, wie Sie hervorheben. Die hohe Steigerung der Emissionen ist auf die rasante wirtschaftliche Entwicklung zurückzuführen. Sie erlaubt China, Hunger und Armut in dem Riesenreich dauerhaft zu überwinden. Sie appellieren deshalb an die teilnehmenden Staaten, Ihrem Land noch etwas Zeit für eine nachholende Entwicklung zu lassen und betonen, dass Sie Ihre Klimaziele erreichen und ab 2030 die Emissionen deutlich senken werden.

Ihre Verhandlungsstrategie
- Sie verweisen auf die Maßnahmen und Anstrengungen Chinas im Klimaschutz und betonen, dass China auch bei der Erforschung und Anwendung klimafreundlicher Technologien eine führende Rolle anstrebt.
- Die 2015 gesetzten Klimaziele wird Ihr Staat erreichen, er ist aber nicht bereit, bereits ab sofort die Emissionen zu reduzieren.
- Ein Ausstieg aus fossilen Brennstoffen vor 2050 ist für Sie nicht akzeptabel, eher könnten Sie sich vorstellen, im Verkehr komplett auf alternative Antriebe zu setzen.
- Sie verweisen auf die umfangreiche Entwicklungszusammenarbeit im Rahmen des Seidenstraßenprojektes und lehnen darüber hinausgehende finanzielle Zusagen an Entwicklungsländer ab.

Die Klimaretter* e. V.

Sie vertreten als Mitglieder der Klimaretter* die Nichtregierungsorganisationen bei der internationalen Konferenz. Sie wollen alle Mittel ausschöpfen, um Druck auf die teilnehmenden Länder auszuüben, höhere Ziele im Klimaschutz zu setzen. Sie sehen bei dem derzeitigen Tempo der Umsetzung des Pariser Abkommens das Klimaziel von 1,5 Grad höchst gefährdet und warnen alle Beteiligten, dass es für die Rettung des Klimas „fünf vor zwölf" sei. Konsequenter Klimaschutz ist für Sie die wichtigste Überlebensfrage der Menschheit und sollte auf der internationalen Agenda ganz oben stehen. Sie treten als unermüdliche Mahner auf. Dabei sehen Sie sich auch als Anwalt der ärmeren Länder, die dringend mehr Unterstützung im Klimaschutz brauchen.

Ihre Verhandlungsstrategie
- Sie fordern von den anderen Staaten, die Pariser Beschlüsse radikal und konsequent umzusetzen und kritisieren hart das bisherige Tempo der Klimamaßnahmen.
- Sie weisen alle nochmals auf die verheerenden Folgen einer Erderwärmung von mehr als zwei Grad hin.
- Sie fordern die komplette Abschaltung aller Kohlekraftwerke bis 2030, ebenso ein Verbot für Verbrennungsmotoren.
- Bis spätestens 2035 müsse die Welt klimaneutral wirtschaften, wenn man das 1,5-Grad-Ziel noch erreichen wolle.
- Sie sehen die Industrieländer in einer historischen Verantwortung: Sie müssten beim Klimaschutz in Vorleistung treten und als Vorbilder fungieren.

* Die Klimaretter e. V. sind eine fiktive NGO. Der Name steht stellvertretend für alle Gruppen, die sich im Klimaschutz engagieren.

Der Klimawandel als globale ökologische Herausforderung

M1 Prognose: 3,5 Milliarden Menschen von großer Hitze betroffen

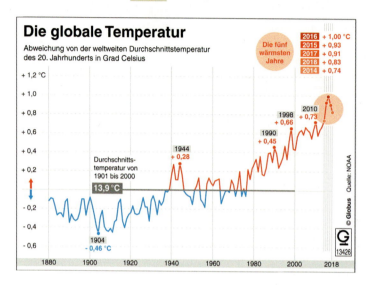

Wenn der Ausstoß der Treibhausgase nicht gemindert wird, könnten in 50 Jahren 3,5 Milliarden Menschen unter großer Hitze leiden. Sie würden in Gebieten leben, in denen
5 die jährliche Durchschnittstemperatur mehr als 29 Grad Celsius beträgt – so sie denn nicht auswandern.

Damit befänden sie sich außerhalb der klimatischen Nische, die der Mensch seit mindestens 6000 Jahren bewohnt, berichten Wissenschaftler 10 um Marten Scheffer von der Wageningen University (Niederlande) in den „Proceedings" der US-Nationalen Akademie der Wissenschaften. [...] Die Modellrechnungen ergaben, dass sich Gebiete mit einer Jahresdurchschnittstempe- 15 ratur von mehr als 29 Grad Celsius von jetzt 0,8 Prozent der weltweiten Landfläche (vor allem in der Sahara) bis 2070 auf 19 Prozent ausdehnen werden. Die Gebiete lägen vor allem in Südamerika, Afrika, Indien, Südostasien und 20 Nordaustralien. Allein in Indien wäre mehr als eine Milliarde Menschen davon betroffen, in Nigeria, Pakistan, Indonesien und Sudan jeweils mehr als 100 Millionen Menschen.
[...] Solche Temperaturanstiege bedeuteten 25 nicht zwangsläufig, dass die Menschen aus den betroffenen Gebieten auswandern würden; denn für Migration gebe es ein komplexes Bündel an Gründen. Dennoch sieht Scheffer die Ergebnisse der Studie als Appell an die 30 Weltgemeinschaft an, den Ausstoß an Kohlendioxid (CO_2) rasch zu senken.

dpa: Drittel der Weltbevölkerung könnte unter großer Hitze leiden, in: Zeit online, https://www.zeit.de/news/2020-05/05/drittel-der-weltbevoelkerung-koennte-unter-grosser-hitze-leiden, 05.05.2020 (Zugriff: 23.01.2021)

M2 Bedrohlicher Anstieg der Meeresspiegel

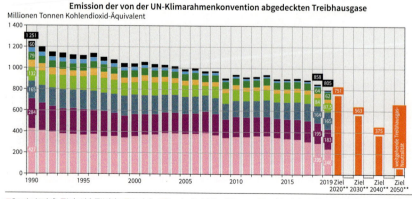

Der Meeresspiegel steigt höher als bisher vorausgesagt, Gletscher und Permafrost-Böden schmelzen noch schneller als gedacht, und die Wirbelstürme in den Tropen werden stärker. Das sind 5 Kernpunkte des neuen Sonderberichts des Weltklimarates IPCC zum Einfluss der Erderwärmung auf die Ozeane und die Eisgebiete (Kryosphäre), der am Mittwoch in Monaco vorgestellt wur- 10 de.
Die Wissenschaftler warnen davor, dass sich die Wasser-Ökosysteme aufgrund des fortschreitenden Klimawandels immer stärker verändern und dadurch 15 auch immer mehr Menschen bedrohen

werden. Die Staaten müssten dringend den Treibhausgas-Ausstoß verringern, um die gravierendsten Folgen noch zu verhindern. „Die offene See, die Arktis, die Antarktis und das Hochgebirge dürften für viele Menschen sehr weit weg sein", sagte der IPCC-Vorsitzende Hoesung Lee. „Aber wir sind von ihnen abhängig." [...]

Da die Zahl der Bewohner von Küstenregionen bis dahin nach Prognosen von derzeit 670 Millionen auf über eine Milliarde ansteigen wird, seien immer mehr Menschen von den Folgen des Klimawandels direkt betroffen. Auf kleinen Inseln leben zurzeit rund 65 Millionen Menschen. „Einige Inseln werden wahrscheinlich unbewohnbar werden", so der IPCC.

Ursache für die Meeresspiegelerhöhung sind das Schmelzen der Eismassen und die Ausdehnung des Wassers aufgrund der Erwärmung. Gletscher werden laut den Experten bis 2100 im globalen Durchschnitt um ein Drittel schrumpfen, wenn die CO_2-Emissionen nicht gesenkt werden, in Europa droht sogar ein Verlust von vier Fünftel des Eisvolumens.

Der Meeresspiegel, der im 20. Jahrhundert um 16 Zentimeter angestiegen ist, droht sich laut dem Report bis 2100 um weitere 84 Zentimeter zu erhöhen, falls der Ausstoß der Treibausgase wie bisher weiter stark zunimmt. Obere Schätzungen gehen sogar von 110 Zentimetern aus.

Der Anstieg sei derzeit etwa doppelt so hoch wie im Mittel des letzten Jahrhunderts, nämlich 3,6 Millimeter pro Jahr. Mit schnellen und beherzten Emissionsminderungen könne das Plus in etwa halbiert werden. Ohne CO_2-Minderung würde sich der Anstieg nach 2100 sogar weiter beschleunigen, im Jahr 2300 könne dann ein Plus von 5,4 Metern erreicht sein. [...] Für den neuen Report haben über 100 Forscher aus 36 Ländern rund 7.000 wissenschaftliche Schriften zusammengefasst und bewertet.

Joachim Wille, Wir sind von den Meeren abhängig, in: klimareporter.de, https://www.klimareporter.de/erdsystem/wir-sind-von-den-meeren-abhaengig, 25.09.2019 (Zugriff: 10.01.2021)

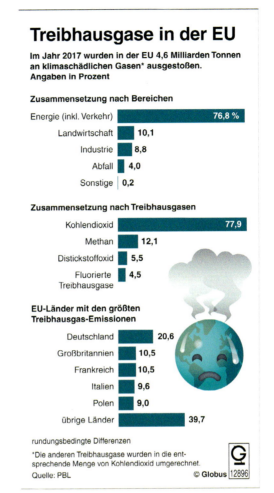

Zeichnung: Klaus Stuttmann, 2013

1 Erstellen Sie eine Mindmap, in der Sie die wichtigsten Fakten zum Klimawandel zusammenfassen.
2 Analysieren Sie die Karikatur in M2.

Der lange Weg zum Klimaschutz

M1 UN-Klimapolitik

Überblick über die Ergebnisse		
1988	Gründung des Weltklimarats (IPCC)	Sitz: Genf; Expertengremium, das wissenschaftliche Erkenntnisse zum Klimawandel zusammenfasst und Handlungsoptionen erarbeitet.
1992	Verabschiedung der Klimarahmenkonvention (UNFCC) auf der UN-Konferenz für Umwelt und Entwicklung in Rio de Janeiro	Seit 1994 in Kraft; schreibt erstmals das Ziel fest, Treibhausgase so zu reduzieren, dass für den Menschen schädliche Auswirkungen des Klimasystems verhindert werden.
1997	Kyoto-Protokoll	38 Industrieländer verpflichten sich, CO_2-Emissionen bis 2012 um 5,2 % zu reduzieren, und Entwicklungsländern bei der Bewältigung des Klimawandels zu unterstützen, Emissionshandel wird ermöglicht.
2001	Ausstieg der USA aus dem Kyoto-Protokoll	USA zieht sich als größter Emittent von CO_2 aus der internationalen Regulierung zurück.
2009	UN-Klimakonferenz in Kopenhagen	Einigung auf ein Kyoto-Nachfolge-Protokoll scheitert, teilnehmende Staaten legten sich das Zwei-Grad-Ziel als Grenzwert für die noch tolerable Erderwärmung fest, allerdings ohne rechtsverbindliche Verpflichtungen für die einzelnen Staaten.
2013	UN-Klimakonferenz in Warschau	Industrieländer sagen zu, von 2020 an 100 Milliarden Dollar an Entwicklungsländer zu leisten, um Folgen des Klimawandels zu mildern, und finanzieren welt-weit Aufforstungsprogramme (Programm „Loss and Damage").
2015	UN-Klimakonvention von Paris	184 Staaten einigen sich auf für alle geltende Klimaziele: ▪ Als Obergrenze für die Erderwärmung wird zwei Grad festgelegt, wenn möglich sollen 1,5-Grad Erwärmung erreicht werden. Über die Fortschritte wird regelmäßig berichtet. ▪ Ab Mitte des Jahrhunderts soll die Welt klimaneutral werden. Das bedeutet, dass die Menge an Treibhausemissionen auf einen Wert reduziert wird, den die Erde aufnehmen kann. Die Energieversorgung muss dafür komplett auf erneuerbare Energien umgestellt werden. ▪ Industrieländer unterstützen ärmere Länder bei Klimaschutzmaßnahmen mit technischen Hilfen und einem Betrag von 100 Milliarden Euro. ▪ Jeder Staat legt Klimaziele fest, die von Mal zu Mal höher ausfallen müssen. Er meldet den Stand an das Klimasekretariat der UNO. Alle fünf Jahre überprüfen und aktualisieren die Staaten ihre Klimaziele.
2019	Weltklimakonferenz in Madrid	Die teilnehmenden Staaten können den hohen Erwartungen, die das Pariser Abkommen geweckt hat, nicht gerecht werden. Sie einigen sich auf einen Appell, die Klimaschutz-Anstrengungen zu intensivieren.
2020	Ausstieg der USA aus dem Pariser Abkommen	Die USA verlassen das Pariser Abkommen, nachdem sie es im November 2019 gekündigt haben.
2021	Erneuter Beitritt der USA	Die USA treten im Februar unter dem neugewählten Präsidenten Joe Biden erneut dem Pariser Klimaabkommen bei.

Eigene Zusammenstellung

M2 Wie steht es um den Klimaschutz?

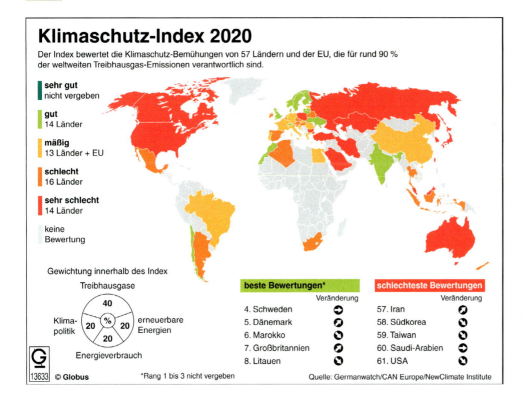

INFO
Die Ränge 1–3 werden nicht vergeben, da kein Land die Bewertung „sehr gut" erhalten hat.

Alle fünf Jahre, so steht es nun im Weltklimavertrag, müssen die Staaten ihre Klimaziele „überprüfen und aktualisieren". [...] Der US-Thinktank World Resources Institute hat all
5 das in einer eigenen Klimaziel-Buchführung berücksichtigt und kommt damit auf real 110 [...] Länder, die bisher bei der kollektiven Klimaziel-Aufstockung mitmachen wollen. [...]
„Wir beobachten Führungswillen bei einer
10 großen Zahl verletzlicher und anderer kleiner und mittelgroßer Länder, die zusammen die große Mehrheit der Staaten des Paris-Abkommens ausmachen", sagt David Waskow vom World Resources Institute. „Was aber offen-
15 kundig fehlt, ist Führungswille bei den großen Emittenten – da sollten die Alarmglocken angehen."
Zu den Ländern, die sich bislang komplett in Schweigen hüllen, zählen China, Indien und
20 die arabischen Ölstaaten, aber auch Kanada. „Das Paris-Abkommen war nicht als statisches Dokument gedacht", sagt Mohamed Adow vom kenianischen Thinktank Power Shift Africa. Es erfülle seinen Zweck nur, wenn die
25 Länder kontinuierlich ihre Klimaziele erhöhen, so der langjährige Beobachter der Klimaverhandlungen. „Die Regierungen, die sich nun zu neuen Klimazielen bekannt haben, erkennen das an und der Rest der Welt muss
30 dringend nachziehen."

INFO
Thinktank
weltweit tätige Unternehmen mit Produktionsstätten und Niederlassungen in vielen Staaten.

Susanne Schwarz, Große Emittenten hadern mit Paris-Versprechen, 14.01.2020, in: https://www.klimareporter.de/klimakonferenzen/grosse-emittenten-hadern-mit-paris-versprechen, Zugriff: 02.06.2020

1 Nennen Sie drei wichtige Stationen auf dem Weg zum Klimaschutz und begründen Sie Ihre Auswahl.
2 Die Klima-Konvention von Paris wird häufig als „Meilenstein des Klimaschutzes" bezeichnet. Erläutern Sie diese Aussage.
3 Beurteilen Sie den Stand der Umsetzung des Abkommens.

Materialien: Klimapolitische Ziele

Zur Primärenergie zählen
- fossile Energieträger wie Steinkohle, Braunkohle, Torf, Erdgas und Erdöl,
- regenerative Energien wie Sonnenenergie, Biomasse, Windenergie, Wasser- und Wellenkraft und Geothermie.

Endenergie ist Energie, die beim Verbraucher ankommt, etwa in Form von Brennstoffen, Kraftstoffe oder elektrischer Energie.

M 1 Die EU – ein Vorbild für den Klimaschutz?

a) Klimaziele der EU

	2020	2030	2050
Treibhausgase			
Treibhausgasemissionen im Vergleich zu 1990	mindestens 20 %	50 bis 55 %	treibhausgasneutrale Wirtschaft
Steigerung des Anteils EE am Energieverbrauch			
Anteil erneuerbarer Energien am Bruttoendenergieverbrauch	20 %	32 %	
Reduktion des Energieverbrauchs und Steigerung der Energieeffizienz			
Senkung des Primär- oder Endenergieverbrauchs (P/EEV)	20 % PEV gegenüber 2008	32,5 %	

Zahlen: Bundesministerium für Umwelt, Naturschutz, Bau und Reaktorsicherheit, Stand 21.01.2021

b) Der Green Deal – ein Meilenstein zur Klimaneutralität?

Ab 2050 will die EU klimaneutral sein, also keine Treibhausgase mehr in die Atmosphäre ausstoßen. Um dieses Ziel zu erreichen, müsste bis dahin ein Großteil der Emissionen, die durch fossile Brennstoffe wie Öl, Kohle oder Erdgas entstehen, vermieden und ein kleinerer Teil der Emissionen gespeichert werden. Die neue Chefin der EU-Kommission, Ursula von der Leyen, will die Klimaneutralität bis 2050 per Gesetz festschreiben lassen. [...]
Energie: Hier liegt der Schwerpunkt auf dem Wandel hin zu erneuerbaren Energien. Dafür sollen bestehende EU-Gesetze zur Energieeffizienz und zum Ausbau erneuerbarer Energien teilweise angepasst oder ergänzt werden. Vor allem das produzierende Gewerbe soll langfristig nur noch mithilfe erneuerbarer Energiequellen arbeiten. [...]. Ein weiterer Punkt ist das Einsparen von Energie, beispielsweise durch das Modernisieren und Sanieren von Gebäuden. [...]
Verkehr: Die EU will die E-Mobilität weiter vorantreiben und dafür bis 2025 mindestens eine Million Ladestationen für E-Autos errichten. Der Flugverkehr soll eingedämmt werden. Dafür hat der Vizepräsident der EU-Kommission, Frans Timmermans, eine Kerosinsteuer ins Spiel gebracht. Auch im Schiffsverkehr sieht der „Green Deal" strengere Regeln vor.
Industrie: Die Gewerke sollen möglichst CO_2-arm produzieren, beispielsweise die Stahlbranche. Die EU will durchsetzen, dass nur noch „sauberer Stahl" mithilfe von Wasserstoff als Energieträger hergestellt wird.
Finanzierung: Um den „Green Deal" umsetzen, müssten laut EU-Kommission pro Jahr mindestens 260 Milliarden Euro an zusätzlichen Investitionen aufgebracht werden – sowohl aus dem privaten als auch aus dem öffentlichen Sektor. Einen Weg sieht die EU in günstigen Krediten, die die Europäische Investitionsbank gewähren und so die Bereitschaft, zu investieren, steigern soll. [...]
Und die EU will Regionen, in denen sich die Umstellung auf die Klimaneutralität schwieriger gestaltet, finanziell unterstützen. Das betrifft etwa Gebiete, die von fossilen Brennstoffen abhängig sind. Für die finanzielle Hilfe sieht der „Green Deal" vor, einen „Just Transition-Fonds" einzurichten. Bis zu 100 Milliarden Euro plant die EU hierfür ein.

tagesschau.de: Was sich der „Green Deal" vornimmt, 11.12.2019, Zugriff: 15.06.2020

M 2 „Tuvalu retten, um die Welt zu retten"?

Kurz vor der UN-Klimakonferenz in Madrid (2019) äußerte sich der ehemalige Premierminister Enele Sosene Sopoaga in einem Interview mit dem ZDF zu den Problemen und Forderungen der Inselstaaten.

Es ist beängstigend zu sehen, wie schleppend industrialisierte Länder in Sachen Klimawandel voranschreiten. Nachdem Sie die Erderwärmung zu verantworten haben, welche den Klimawandel verursacht – unter dem meine Leute jetzt schon zu leiden haben in Tuvalu. Und auch auf zahlreichen anderen kleinen Inseln. [...] Es geht schlicht um Menschenleben. Vor allem um die Leben derer, die auf den kleinen Inseln leben, die nur wenig über dem Meeresspiegel liegen.
Und das gilt nicht nur für die Inselstaaten im Pazifik, sondern auch in der Karibik, dem indischen Ozean und sogar für flache Regionen von Nordamerika. Manhattan und Florida zum Beispiel sind genauso bedroht, genau wie einige küstennahe Gebiete in Europa. [...]
Die größten industrialisierten Länder machen sich immer zuerst Sorgen um ihre Wirtschaft. [...] Ich kann nicht begreifen, wie man neue Kohlebergwerke in Betrieb nehmen kann, nur um mehr Jobs zu schaffen. Dann lassen sich die Verantwortlichen ins Parlament wählen, während das eigene Volk auf der Straße stirbt. Durch Buschbrände, Überschwemmungen und Dürren. [...]
... also muss doch endlich der Warschauer Aktionsplan über „Loss and Damage" umgesetzt werden. Immerhin ist das ja im Artikel 8 des Pariser Klimaschutzabkommens von 2015 festgehalten. [...] Wenn ich einen Schaden erleide und mir per Gesetz eine Entschädigung zusteht, kann man vor Gericht gehen. Das bezieht sich vor allem auf das Einklagen der grundsätzlichen Menschenrechte. Vielleicht müssen wir tatsächlich darüber nachdenken, Gerichtsverfahren einzuleiten und die Gerichte für uns entscheiden lassen. [...] Wir schätzen die Unterstützung Deutschlands und der Europäischen Länder für ihren Beitrag zu der Finanzierung bei „Loss and Damage". Aber die Gelder sind insbesondere für Anpassungsmaßnahmen an die Veränderungen durch den Klimawandel gedacht. Bei Ihnen in Europa geht das noch: Sie ergreifen ein paar Maßnahmen, passen sich

Bereits 2009 hielt die maledivische Regierung eine Kabinettssitzung unter Wasser ab, um auf die verzweifelte Situation der Inselstaaten im Indischen und Pazifischen Ozean aufmerksam zu machen.

also an, weil ihre Insel, also Ihr Land, ja noch da ist. Aber wir haben bald nichts mehr, was wir anpassen können, bei uns fallen die Menschen einfach runter in die Ozeane. [...]
[Zu Fridays for Future:] Also, kann irgendein Anführer, irgendein Regierungschef der Welt diese Art von Nachrichten etwa ignorieren? Ich bin sicher, die jungen Leute sind überall unterwegs. Greta aus Schweden verbreitet eine sehr mächtige Botschaft, und die jungen Menschen aus Tuvalu unterstützen diese Nachricht voll und ganz und sagen: „Tut etwas. Wir hoffen immer noch". Sie glauben immer noch an die Qualitäten der Führungen dieser Welt. Auch viele amerikanische Wissenschaftler unterstützen übrigens die Berichte des Weltklimarates, IPCC. Sie schlagen sogar Klimaschutzmaßnahmen vor. Nur das Weiße Haus reagiert nicht.
Ich habe das bei der 23. Klimakonferenz [...] in Bonn gesagt und ich tue es jetzt wieder: Wir befinden uns alle im gleichen Kanu. Wir dürfen unsere Leute nicht im Stich lassen. Wir müssen das Kanu sichern, es schwimmfähig halten. Und wir müssen auf alle Menschen im Kanu aufpassen.

Volker Angres: Tuvalu retten und damit unsere Erde retten, in: https://www.zdf.de/nachrichten/heute/interview-tuvalu-retten-heisst-welt-retten-interview-mit-enele-sopoaga-100.html, 08.12.2019, Zugriff: 12.06.2020

M 3 USA – Kehrtwende in der Klimapolitik

a) Keine Zeit verlieren

US-Präsident Joe Biden macht den Klimaschutz zu einem zentralen Bestandteil der Außen- und Sicherheitspolitik der Weltmacht USA. [...] „Wir haben mit dieser Klimakrise schon zu lange gewartet. Wir können nicht länger warten", sagte Biden. „Es ist Zeit zu handeln". Am ersten Tag im Amt hatte Biden [...] die Rückkehr zu dem Pariser Abkommen eingeleitet, dem die USA vom 19. Februar [2021] wieder angehören werden. Der neue Präsident betonte [...]: „Wir brauchen dringend eine einheitliche nationale Antwort auf die Klimakrise." Die USA müssten sich weltweit an die Spitze der Klimaschutzbewegung stellen, weil sie die Bedrohung nicht alleine bewältigen könnten. [...] Biden betonte: „Wir werden auf die Wissenschaft hören." In einem [...] Memorandum ordnete er an, dass Bundesbehörden sich bei ihren Beschlüssen von wissenschaftlichen Erkenntnissen leiten lassen müssen. [...] Biden hat Ex-Außenminister John Kerry zum Klima-Sonderbeauftragen ernannt, der in dieser Funktion dem Nationalen Sicherheitsrat im Weißen Haus angehört. „Die Welt wird uns daran messen, was wir hier zu Hause tun können."

Verzögerter Ausstieg aus fossilen Brennstoffen

dpa-Meldung vom 28.01.2021, https://www.t-online.de/nachrichten/ausland/usa/id_89364010/usa-biden-stellt-klimaschutz-ins-zentrum-der-us-aussenpolitik.html (Zugriff 02.02.2021)

b) Emissionen drastisch reduzieren ist möglich

Eine starke Koalition aus Bundesstaaten, Städten, Unternehmen und Universitäten hat erklärt, dass sie „immer noch dabei" sind und die notwendigen Schritte unternehmen, um die amerikanischen Verpflichtungen im Klimaschutz zu erfüllen.

[...] Die aus über 3.800 Akteuren bestehende Koalition steht für 65 Prozent der amerikanischen Bevölkerung, beinahe 70 Prozent des amerikanischen BIPs – das entspricht einer Volkswirtschaft, die größer ist als die Chinas – sowie für mehr als die Hälfte der US-Emissionen. So haben sich 145 Städte in den USA zur Versorgung ihrer Kommune mit 100 Prozent sauberem Strom verpflichtet, sechs dieser Städte haben dieses Ziel bereits erreicht. Dem gerade veröffentlichten dritten Bericht der Initiative unter dem Titel „Accelerating America's Pledge" zufolge könnten nachdrücklichere Maßnahmen der Bundesstaaten, Städte und Unternehmen die Treibhausgasemissionen der USA bis 2030 um 37 Prozent sinken lassen, verglichen mit dem Niveau von 2005. [...]

Der Bericht von America's Pledge zeigt, dass ein entschlossener Wiedereinstieg in den Klimaschutz auf nationaler Ebene in den USA die Emissionen bis 2030 um 49 Prozent verringern und das Land damit auf Kurs bringen könnte, bis Mitte des Jahrhunderts Netto-Null-Emissionen zu erreichen.

Jules Kortenhorst, Andrew Steer, Wie Klimaschutz auch ohne Staatsführer funktioniert, https://www.tagesspiegel.de/politik/nach-minimal-kompromiss-in-madrid-wie-klimaschutz-auch-ohne-staatsfuehrer-funktioniert/25337154.html, 15.12.2019 (Zugriff: 15.06.2020)

M 4   Indien – auf dem Weg zum grünen Pionier?

Nur wenige Länder werden unter dem Klimawandel so leiden wie Indien. Zugleich gehört Indien aber auch zu den wenigen Ländern, die großen Anteil daran haben könnten, das Schlimmste noch zu verhindern.

Im vergangenen Jahr stiegen die weltweiten CO_2-Emissionen um 2,1 Prozent – der Anstieg geht vor allem auf den Kohlehunger in China und in Indien zurück. Das Land ist der drittgrößte Klimasünder nach den USA und China, auch wenn sein Pro-Kopf-Ausstoß gering ist. Dabei wird es nicht bleiben: Indien ist eine schnell wachsende Volkswirtschaft. Hier leben Millionen Menschen, die sich demnächst Wohlstandsgüter leisten können werden: einen Kühlschrank, eine Klimaanlage, ein Auto. Der Energieverbrauch auf dem Subkontinent wird sich binnen der nächsten zwei Jahrzehnte mindestens verdoppeln. [...]

Neue Verpflichtungen zum Klimaschutz sollen dem Fortschritt möglichst nicht im Wege stehen, zumal das Wirtschaftswachstum zuletzt deutlich abgenommen hat. Stattdessen weist der Bericht [des indischen Finanzministeriums] auf die Kosten der nötigen Anpassungen hin und erinnert an die Versprechen der Industrieländer: Diese hätten sich verpflichtet, ab 2020 jedes Jahr 100 Milliarden Dollar für den Klimaschutz in ärmeren Ländern bereitzustellen. Und darauf bestehe man nun.

Denn Indien mag seine Verantwortung als zweitbevölkerungsreichstes Land der Welt zwar anerkennen, aber es sieht bei sich selbst keine Schuld: Trotz seiner Größe war es im vergangenen Jahr nur für fünf Prozent der globalen Emissionen verantwortlich, über die Zeit betrachtet sind es sogar nur drei Prozent (die USA und die EU sind für fast die Hälfte aller jemals ausgestoßenen Treibhausgase verantwortlich).

„Manche Industrieländer versuchen, auch noch die kleinste historische Verantwortung abzuschütteln", heißt es in dem Bericht. [...]

Premier Modi kann auch eine ganze Reihe von Erfolgen vorweisen.

Indien hat 2018 seine Stromerzeugungskapazität um 16,3 Gigawatt ausgebaut. 70 Prozent davon entfielen auf erneuerbare Energien, rund 27 Prozent auf Kohle. Schon in drei Jahren soll die Stromerzeugungskapazität aus regenerativen Quellen auf 227 Gigawatt gesteigert werden, das käme einer Verdopplung gleich (Auch wenn Experten anzweifeln, dass dieses Ziel so schnell erreicht werden kann). Derzeit macht Kohle noch 54 Prozent der Kapazität aus (erneuerbare Energien: 35 Prozent, sonstige: 9 Prozent). Bis 2030 soll sie auf 40 Prozent fallen. [...]

Hitzewellen mit Temperaturen bis zu 50 Grad, Dürre und Überschwemmungen: Indien leidet besonders stark unter dem Klimawandel

Indiens Energieeffizienz ist in den letzten Jahren deutlich gestiegen, auch dank Initiativen wie dieser: Das staatliche Unternehmen EESL hat 300 Millionen LED-Lampen verkauft, einen Gewinn von zehn Millionen Euro eingefahren und damit geholfen, 30 Millionen Tonnen Treibhausgase einzusparen – ganz ohne staatliche Subventionen.

[2018] wurde in Indien zum ersten Mal mehr Geld in erneuerbare Energien investiert als in fossile.

Indien wird laut dem Forschungskonsortium Climate Action Tracker seine im Pariser Klimaabkommen selbst gesteckten Ziele erreichen – und zwar vor Ablauf der Frist. Die USA, China und Deutschland werden ihre Ziele wohl verfehlen.

Indiens Emissionen werden weiter – und wahrscheinlich noch für viele Jahre – rapide ansteigen. Aber gerade im Vergleich mit anderen großen Volkswirtschaften ist der Klimasünder Indien zurzeit ein grüner Pionier.

> **INFO**
>
> **Klimaziele nach Pariser Klimakonferenz (2015)**
> - Minderung der Treibhausgasemissionen bis 2030 um 33 bis 35 Prozent im Vergleich zu 2005.
> - Massiver Ausbau der Solar-, Wasser- und Windenergie

Laura Höflinger, Indien nimmt den reichen Westen in die Pflicht, in: https://www.spiegel.de/politik/ausland/indien-reichere-laender-sollen-fuer-klimaschutz-zahlen-a-1287666.html, 20.09.2019 (Zugriff: 15.06.2020)

M5 China – widersprüchliche Klimapolitik

China auf der Klima-Überholspur: Das ist die Botschaft, die der chinesische Vize-Umweltminister Zhao Yingmin mitgebracht hat. [...] „Chinas CO_2-Ausstoß pro Einheit des Bruttoinlandsprodukts ist 2018 um vier Prozent im Vergleich zum Vorjahr gefallen. Wir liegen jetzt besser als unser Jahresziel für 2020." Der Anteil aus nicht-fossilen Energieträgern betrage heute 14,3 Prozent des gesamten Energieverbrauchs. „Das sind die hart erkämpften Resultate unserer Politik, in China eine grüne und kohlenstoffarme Wirtschaft aufzubauen."

Dann teilt der chinesische Vize-Umweltminister aus und wirft den westlichen Industrieländern einen mangelnden Willen zum Klimaschutz vor. Dies sei das größte Problem bei den Bemühungen um ein Umsteuern in der Klimapolitik. In der Selbstwahrnehmung hat sich China vom klimapolitischen Saulus zum Paulus gewandelt – die Bösen sind jetzt die anderen.

Tatsächlich ist in China einiges passiert, bestätigt Ma Jun, Direktor des unabhängigen Pekinger Umwelt-Instituts IPE. „Durch all die Anstrengungen, die China unternommen hat, sind die Emissionen deutlich zurückgegangen", erzählt er. „Verantwortlich dafür sind vor allem die Kontrolle und Reduzierung der Kohleverbrennung und eine Umstrukturierung der Schwerindustrie. Außerdem strengere Auflagen für verschmutzungsintensive Industrien, staubintensive Baustellen und für den Autoverkehr."

Aber das Bild bleibt höchst widersprüchlich: Seit 2005 stößt China in absoluten Zahlen weltweit am meisten CO_2 aus. Dreckige Kohle ist immer noch der mit Abstand wichtigste Energieträger. China verringert zwar die eigene Abhängigkeit von der Kohle, verkauft aber gleichzeitig Kohlekraftwerke als Exportschlager ins Ausland. Zudem ist das Bewusstsein in der Bevölkerung für klimafreundliches Verhalten kaum vorhanden. Das, was passiert, ist von oben verordnet.

In der Klimapolitik bleibt also auch für China viel Luft nach oben. Das gibt selbst Vize-Umweltminister Zhao zu: „Wir stehen weiter vor der Herausforderung, unsere Wirtschaft zu entwickeln, den Lebensstandard der Bevölkerung zu verbessern, Armut zu senken und unsere Umwelt sauberer zu machen." Trotz dieser Herausforderungen und Schwierigkeiten werde sich China dem Kampf gegen den Klimawandel und dem Pariser Klimaschutzabkommen voll und ganz verpflichtet fühlen. „Ebenso wie dem klimafreundlichen Umbau unserer Wirtschaft."

China [will] als der starke und wichtige Partner in der internationalen Klimapolitik wahrgenommen werden. [...] Zudem sieht China alles, was mit Green Economy zu tun hat, als Wachstumstreiber der Zukunft. In der internationalen Klimapolitik ist China nicht mehr der Blockierer.

> **INFO**
>
> **Klimaziele nach der Pariser Klimakonferenz (2015)**
> - Bis maximal 2030 sollen die CO_2-Emissionen steigen, danach deutlich sinken
> - Die Wirtschaft soll deutlich energieeffizienter arbeiten. Für das gleiche Produktionsergebnis soll bis 2030 65 Prozent weniger CO_2 verbraucht werden als 2005.
> - Der Anteil nicht-fossiler Energien soll bis 2030 auf 20 Prozent gesteigert werden.

Smog ist in chinesischen Großstädten ein großes Problem. Mehr als 80 Prozent der Energie stammt aus Kohle und Öl. Der Klimawandel verstärkt nach einer internationalen Studie die Luftverschmutzung in China noch.

Axel Dorloff, China gibt sich als Klimaretter, 02.12.19, in: https://www.tagesschau.de/ausland/china-klimawandel-101.html, Zugriff: 20.06.2020

M 6 NGOs – die unermüdlichen Mahner

a) Welche Ziele verfolgen die Klimaaktivistinnen und -aktivisten?

Sie blockieren Straßen, legen U-Bahnen sowie öffentliche Plätze lahm – und sorgen für Kontroverse. [...] Eine Klimabewegung gibt es nicht erst seit Fridays for Future, auch existiert sie nicht nur im Kosmos von Greenpeace und anderen Umweltschutzorganisationen. Schon 2006 machte der ehemalige US-amerikanische Vizepräsident Al Gore öffentlichkeitswirksam den Klimawandel zum Thema seiner Präsidentschaftskandidatur. [...]

Die Klimakrise thematisieren: Die Veränderung unseres Klimas und die damit verbundenen Gefahren müssen Gesprächsthema werden – und bleiben. Ob in der Politik, der Wirtschaft oder am Küchentisch.

Den Klimawandel nicht schönreden, Klimawandel-Leugner enttarnen: Die Veränderung unseres Klimas ist ein Fakt, der nicht beschönigt werden darf [...]

Handeln: Nicht nur reden, sondern etwas tun, denn die Zeit drängt. So fordern Klimaaktivist*innen z.B. das Ausrufen des Klimanotstands und das Vorantreiben konkreter Maßnahmen zum Klimaschutz. Dazu gehören die Energiewende und der Kohleausstieg sowie das Einhalten der Ziele des Pariser Abkommens. Eine der dazu nötigen Maßnahmen, eine unumgängliche sogar, ist die Energiewende und somit ein möglichst schneller Ausstieg aus der Kohle. Mit dem Festhalten an Kohle, Gas und Öl wird es unmöglich, die Folgen des Klimawandels zu begrenzen. Regierungen sollten alles daransetzen, den Ausbau der Erneuerbaren Energien voranzutreiben, auch weil sie sich mit dem Pariser Abkommen dazu verpflichtet haben.

Klimagerechtigkeit: Das Konzept der Klimagerechtigkeit betrachtet den Klimawandel auch als Frage der sozialen Gerechtigkeit und als Folge eines vom Wachstum getriebenen Wirtschaftssystems. Während wir als Teil der westlichen Welt maßgeblich für den Klimawandel verantwortlich sind, bekommen wir die Folgen weder als Erstes noch am stärksten zu spüren.

Das Beispiel „Fridays for future"

„Skolstrejk för klimatet": Mit nichts als einem Schild protestierte Greta Thunberg, das Gesicht der neuen Klimabewegung, vor dem Schwedischen Reichstag in Stockholm und begründete damit die Schulstreik-Bewegung von Fridays for Future.

Neben (Schul-)Streiks und Protestaktionen ist Aufklärungsarbeit ein entscheidender Bestandteil des Klimaschutz-Aktivismus [...] Klimaaktivist*innen wollen Medienecho erzeugen und dieses nutzen, um die eigenen Anliegen zu verbreiten. Fridays for Future gelang genau das: Klimaschutz wurde zum Thema.

Annelie Brandner, Die neuen Klimaaktivisten, in: https://utopia.de/ratgeber/die-neuen-klimaaktivisten-von-fridays-for-future-bis-extinction-rebellion/, 29.10.2019, Zugriff: 25.06.2020

b)
Forderungen für Deutschland

Fridays For Future fordert die Einhaltung der Ziele des Pariser Abkommens und des 1,5 °C-Ziels. Explizit fordern wir für Deutschland:
- Nettonull 2035 erreichen
- Kohleausstieg bis 2030
- 100% erneuerbare Energieversorgung bis 2035 [...]
- 1/4 der Kohlekraft abschalten
- das Ende der Subventionen für fossile Energieträger
- eine CO_2-Steuer auf alle Treibhausgasemissionen. Der Preis für den Ausstoß von Treibhausgasen muss schnell so hoch werden wie die Kosten, die dadurch uns und zukünftigen Generationen entstehen. Laut UBA [Umweltbundesamt] sind das **180 €** pro Tonne CO_2.

fridaysforfuture.de: Unsere Forderungen an die Politik, Zugriff: 25.06.2021

Ausblick: Welche Erfolgsaussichten hat internationale Klimapolitik?

M 1 Sind die Klimaziele noch erreichbar?

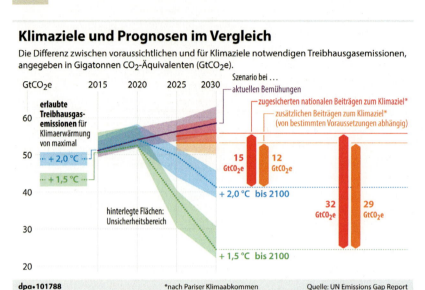

M 2 Kaum Chancen auf gemeinsames Handeln?

Der Klimawandel ist eine Gefahr für Leib und Leben, die auf uns zukommt und die sogar gravierendere Konsequenzen haben wird als die eben grassierende [Corona-]Pandemie. Doch anders als das Virus, das innerhalb weniger Wochen weltweite Präsenz erreicht hat, entfaltet sich der Klimawandel auf einer Zeitskala, die in Dekaden misst. Schon Aristoteles wies auf die zentrale Bedeutung des Zeitfaktors hin, als er sagte, dass Gefahren, die langsam und weit entfernt zu sein scheinen, die Menschen, die heute leben, nicht kümmern. Daher beschäftigen sich vor allem die Jüngeren mit dem Klimawandel, denn sie wissen, dass sie es sind, die mit den Folgen werden umgehen müssen, auch wenn sie als politisch Handelnde besonders machtlos sind. Der wichtigste Unterschied aber ist, dass sich die Corona-Epidemie auf nationaler Ebene wirksam eindämmen lässt. Der Klimawandel hingegen könnte nur in einer koordinierten internationalen Anstrengung verlangsamt werden.

Hier liegt das Problem, wie die Klimapolitik der vergangenen drei Jahrzehnte zeigt. So wurde durch „die Staatengemeinschaft" in Paris das 1,5-Grad-Ziel beschlossen. Doch wie kommt man durch politisches Handeln innerhalb von zehn bis zwanzig Jahren zu einer Welt, die null Tonnen Kohlendioxid emittiert, ja die sogar keine Mühen scheut, Kohlendioxid wieder aus der Luft herauszuholen? Nur eine global koordinierte Notstandspolitik könnte diese Transformation mit der Aussicht auf Erfolg bewerkstelligen. Auf globaler Ebene aber gibt es nur eine Welt von Staaten, doch keinen handlungsfähigen Weltstaat. Und gäbe es einen, dann wäre völlig unklar, ob in einem solchen Weltstaat die politische Willensbildung so stattfände, wie man sich das in Europa vorstellt. Weil also der Klimawandel sich so langsam bewegt, weil er nur durch global koordiniertes Handeln gebremst werden könnte, nicht durch Alleingänge einzelner Staaten, findet die notwendige Mobilisierung nicht statt.

Jens Soentgen, Klima: Was heißt nun politisches Handeln? https://www.zeit.de/2020/21/klimapolitik-international-klimawandel-massnahmen-zukunft, 18.05.2020, Zugriff: 25.06.2020

M3 Vision „Leben 2050"

Gerade noch rechtzeitig hat die Weltgesellschaft, hat die Staatengemeinschaft die Kurve gekriegt: Die Klimaerwärmung konnte auf zwei Grad begrenzt werden. Die EU war der
5 Vorreiterin der Klimaschutzpolitik. Die USA zogen nach, weil Europas Politik erfolgreich war und Hurrikane, Dürren und andere Wetterextreme zu einer Massenbewegung pro Klimaschutz geführt haben. Die Entwick-
10 lungsländer und Schwellenländer sahen, dass die Industrieländer ernsthaft dem Stopp des Klimawandels Priorität in ihrer Politik gaben, dass sie ihre Verantwortung als Verursacher des Klimawandels anerkannten und Maßnah-
15 men zur Anpassung an das sich verändernde Klima in den Ländern des Südens finanzierten. Daraufhin setzten sich diese Länder eigene Klimaziele, um die Wirtschaftsentwicklung mit möglichst geringen Steigerungen im CO_2-
20 Ausstoß zu erreichen.

Seit die Industrieländer sich von dem früher vorherrschenden Ziel des Wirtschaftswachstums – als Wachstum des Bruttoinlandsprodukts – verabschiedet haben, steht das gesell-
25 schaftliche Wohlergehen im Zentrum der Politik. Weil keine ständig steigenden staatlichen Mittel mehr zur Verfügung stehen, ist die Initiative des Einzelnen, sind bürgerschaftliche Netze, gemeinschaftliche Unter-
30 nehmen wie z. B. Genossenschaften wichtiger geworden. Dies hat zu vielfältigen Aktivitäten und Veränderungen geführt, von der Kindheit bis ins Alter. Frauen und Männer teilen sich nach ihren Präferenzen die Erwerbsarbeit und
35 die Aufgaben in der Familie. Die wöchentliche Arbeitszeit beträgt durchschnittlich 20 Stunden, es gibt eine Vielzahl unterschiedlicher Arbeitszeitmodelle. Das gibt die Zeit für eine teilweise Selbstversorgung in der Ernährung;
40 überall gibt es Balkon-, Dach-, Community-Gärten, auch Schrebergärten sind beliebt. Zeit fürs Kochen und gemeinsames Essen, für eigenes Werken, unterstützt durch „Häuser der

Eigenarbeit" in allen Stadtteilen, wo Werkstätten und fachliche Anleitung da sind, das 45 Schreinern, Metallarbeiten, die Fahrradreparatur, das Nähen. Zeit auch dafür, mit anderen Menschen mehr Zeit zu verbringen, bei gemeinsamen Aktivitäten über Sport bis Musik und auch, um sich um andere Menschen zu 50 kümmern. [...] Soziale Beziehungen, Wissen und Können, Kunst und Kultur, Natur und Natur erleben, Gesundheit und Sport sind wichtiger in einer Postwachstumsgesellschaft.

Das Ziel, den Klimawandel und den Verlust der 55 Artenvielfalt zu stoppen, war der Haupttreiber der Veränderung. Hinzu kamen der Tierschutz und eine zunehmende Wertschätzung der vielfältigen Landschaft und Naturschönheit. 2050 wird auf der gesamten Fläche nach den Grund- 60 sätzen der biologischen Landwirtschaft und der naturverträglichen Forstwirtschaft produziert. Der Flächenverbrauch durch den Bau von Wohnungen, Gewerbeansiedlungen und Straßen ist längst gestoppt. Die Straßenbau- 65 verwaltungen haben vorwiegend die Aufgabe, Straßen zu erhalten und setzen das Straßenrückbauprogramm um, bei dem Straßen verschmälert oder zu Rad- und Feldwegen umgewandelt werden – oder auch zu Wiese und 70 Wald werden können. Die Natur ist sichtbarer, eigenständiger, vielfältiger geworden. Die Menschen schätzen und schützen sie.

Angelika Zahrnt, „Vision Leben 2050", in: Rat für Nachhaltige Entwicklung (Hg.), Visionen 2050, texte Nr. 35, 01/2011, S. 174 f.

---

1. Analysieren Sie das Schaubild (M1)
2. Arbeiten Sie aus M2 die Kernaussagen heraus.
3. Vision 2050: die Zukunft, in der Sie leben möchten? Ermitteln Sie ein Meinungsbild in Ihrem Kurs, zum Beispiel mithilfe einer Abstimmung oder einer Positionslinie (M3).
4. M3 beschreibt ein Best-Case-Szenario der internationalen Klimapolitik. Bewerten Sie diese Vision.

WISSEN KOMPAKT

Außenpolitik und Global Governance

Deutschland als Zivilmacht

Der verlorene Zweite Weltkrieg, die darauf folgende Besatzung durch die Siegermächte, die Teilung Deutschlands in BRD und DDR in Verbindung mit dem im Kalten Krieg schwelenden Konflikt zwischen Ost und West prägten und prägen die Außenpolitik der BRD.

Um die Sicherheit der noch jungen Republik zu gewährleisten und die volle Souveränität sowie die Wiedervereinigung Deutschlands zu erlangen, setzte die BRD schon früh auf eine starke Einbindung in westliche, transatlantische und europäische Institutionen bzw. Bündnisse. Das klare Bekenntnis Deutschlands zum Völkerrecht, zu den Menschenrechten, zu Frieden und Gerechtigkeit in der Welt bestimmt dessen außenpolitisches Selbstverständnis bis heute.

Deutschland hat sich damit auf den Pfad einer Zivilmacht begeben. Deren normative Grundlagen, die oben aufgeführten Bekenntnisse, sich bereits in der Präambel und in Artikel 1 des Grundgesetzes wiederfinden. Diplomatie, wirtschaftliche Anreize, aber auch Sanktionen, sind die wichtigsten Instrumente zur Verwirklichung außenpolitscher Ziele. Verfolgt werden diese bevorzugt durch und im Rahmen von internationalen Organisationen. Deutschland zeigt sich hierbei sogar bereit, Teile seiner Souveränität an die EU abzugeben.

Militärische Mittel spielen hingegen eine untergeordnete Rolle und dienen ausschließlich der Verteidigung. Der Einsatz der Bundeswehr im Ausland wird durch die Vorgaben des Grundgesetzes zwar nicht ausgeschlossen, ist aber an strikte Voraussetzungen gebunden. Auslandeinsätze müssen der Wahrung von Sicherheit und Frieden dienen, bedürfen der Zustimmung des Bundestages und sind nur eingebunden in Systeme kollektiver Sicherheit möglich.

Deutschland in internationalen Organisationen

Zu diesen gehört auch das Verteidigungsbündnis der NATO. Bis heute gilt die Mitgliedschaft als ein Garant für Sicherheit und Stabilität und bildet zugleich den Rahmen für eine mit seinen Verbündeten abgestimmte Strategie, diese Bestrebungen auch international zu verfolgen.

Ob die BRD ihrerseits einen ausreichenden Beitrag zur NATO leistet, ist allerdings umstritten. Das von den Bündnispartnern vereinbarte Ziel, zwei Prozent des jeweiligen Bruttoinlandprodukts in Form von Verteidigungsausgaben zu investieren, verfehlt die BRD seit Jahren. Die Effektivität der NATO werde dadurch gefährdet, so die Kritik.

Deutschland verweist hingegen lieber auf seinen Beitrag in absoluten Zahlen. Es gehöre sowohl was die Verteidigungsausgaben als auch die Truppenstärke anbelangt zu den Spitzenreitern in der NATO. Außerdem lasse sich der Beitrag zur Verteidigungsfähigkeit des Bündnisses nicht allein über die Militärausgaben bestimmen.

Im Gegensatz zur Diskussion um Deutschlands unzureichenden Beitrag zur NATO geht es hinsichtlich seiner Mitgliedschaft in der UNO um die Forderung der Bundesrepublik nach einem Mehr an Verantwortung. Deutschland strebt nach einem ständigen Sitz im UN-Sicherheitsrat im Zuge einer umfassenden Reform der Vereinten Nationen. Die Welt habe sich seit der Gründung der UNO maßgeblich verändert und diese müsse sich anpassen, um weiterhin als starke, anerkannte und handlungsfähige Institution im Rahmen einer multilateralen Weltordnung bestehen zu können. Deutschland nehme hierbei eine bedeutsame Rolle ein, nicht nur als einer der größten Beitragszahler, sondern auch als Unterstützer und Vertragspartei vieler und maßgeblicher Abkommen bzw. Konventionen. Nicht zuletzt sei Deutschland ein starker Verfechter und Motor des geordneten Multilateralismus.

Fraglich bleibt allerdings, ob die Möglichkeit, mehr Verantwortung zu übernehmen, von einem ständigen Sitz im UN-Sicherheitsrat abhängt und nicht auch anderweitig mehr Engagement möglich ist.

Die Zukunft der deutschen Außen- und Sicherheitspolitik

Ob Deutschland hinsichtlich seiner Außen- und Sicherheitspolitik heute insgesamt mehr Verantwortung übernehmen sollte bzw. müsste, wird im In- und Ausland kontrovers diskutiert. Auch hier spielt die Geschichte eine wesentliche Rolle. Während immer noch Vorbehalte gegen eine aufstrebende Position Deutschlands im internationalen System existieren, wird dessen Zurückhaltung zunehmend als ein Wegducken kritisiert. Die heutige Verflechtung Deutschlands in einer globalisierten Welt lege die Übernahme von mehr Verantwortung nahe. Dass sich Deutschland hiermit schwertut, zeigen nicht zuletzt die Auseinandersetzungen um die Auslandseinsätze der Bundeswehr, wie in Mali. Während einerseits von einer Entgrenzung der Verantwortung gesprochen wird, wird andererseits die Verantwortung, sowohl moralisch in Bezug auf den Schutz der Menschen in Krisengebieten als auch politisch gegenüber den verbündeten Staaten, betont. Entscheidend seien aber auch die Sicherheitsinteressen Deutschlands selbst, die angesichts der Flüchtlingsströme und des internationalen Terrorismus eine Bekämpfung der Ursachen vor Ort erforderten.

Deutschland im Fadenkreuz des internationalen Terrorismus

Die Bedrohungslage Deutschlands hinsichtlich des internationalen Terrorismus ist laut Einschätzung des Bundesnachrichtendienstes nach wie vor ernst. Spätestens mit den Terroranschlägen in New York im Jahr 2001 schlägt sich dies auch in der Gesetzgebung des Bundes deutlich nieder. So wurden noch in den Jahren 2001/2002 die Sicherheitspakete I und II verabschiedet, welche nicht nur verschärfte Strafen gegen die Mitgliedschaft und die Unterstützung von terroristischen Vereinigungen beinhalteten, sondern auch die Ausweitung der Befugnisse von Sicherheitsbehörden zur Überwachung der Bevölkerung. Weitere Gesetze folgten.

Gemeinsam ist diesen, dass sie dem Zwecke der Sicherheit dienen, indem sie dazu beitragen, terroristische Aktivitäten frühzeitig zu erkennen und zu verhindern. Allerdings bedeuten diese zugleich auch einen erheblichen Eingriff in die Grundrechte der Menschen, z. B. bezüglich des Fernmeldegeheimnisses. Umstritten bleibt, ob hierbei die richtige Balance zwischen Freiheit und Sicherheit eingehalten wird.

Global Governance

Global Governance wird häufig auch als Weltinnenpolitik bezeichnet. Die Bezeichnung kam im Zusammenhang mit der Globalisierung auf, eine einheitliche Definition existiert aktuell nicht. Während einige Wissenschaftler/-innen darunter lediglich internationale Politik mit Themenbezug auf Probleme der Globalisierung verstehen, fasst die UNO den Begriff sehr viel weiter und versteht darunter die Wege und Regeln, mit denen öffentliche und private Institutionen auf der ganzen Welt ihre gemeinsamen Angelegenheiten regeln. Es handelt sich hier um einen ständigen Prozess, in dem die kontroversen und unterschiedlichen Interessen ausbalanciert werden. Als Akteure treten danach neben Staaten, sondern auch Multinationale Unternehmen, NGOs, Verbände, Medien und Wissenschaftliche Einrichtungen auf. Die Weltpolitik ist aktuell durch gegenläufige Trends gekennzeichnet: Während einerseits die Zahl der rechtlichen Regelungen in den vergangenen Jahren zugenommen hat (Verrechtlichung), steigt parallel auch die Zahl der Regelbrüche zum Beispiel in Kriegen (Entrechtlichung). Während sich die Zahl der Staaten in den letzten fünfzig Jahren in etwa verdreifacht hat (Staatlichkeit), sind daneben im gleichen Zeitraum nichtstaatliche Akteure wie zum Beispiel multinationale Konzerne und Nichtregierungsorganisationen sehr einflussreiche und effektive Akteure in der internationalen Politik geworden (Entstaatlichung der Politik).

Klimapolitik

Besonders dringlich erscheint die internationale Kooperation im Bereich der Klimapolitik. Bereits 1992 wurde in der UN-Klimarahmenkonvention von Rio de Janeiro beschlossen, die Erderwärmung zu begrenzen. Als Hauptverursacher sollen vor allem die großen Industriestaaten in die Verantwortung genommen werden. Nachdem die Folgekonferenzen nur wenige Fortschritte brachten, wurden 2015 die Pariser Klimabeschlüsse als großer Durchbruch in der UN-Klimapolitik gefeiert, als sich erstmals fast alle Staaten der Welt auf ein verbindliches Klimaziel einigten: die Erderwärmung auf 1,5 Grad zu begrenzen. Die Grenzen multilateraler Zusammenarbeit zeigten sich schon wenig später, als 2016 die USA vorübergehend aus dem Abkommen austraten. Wenn ein Staat die ambitionierten Klimaziele nicht mittragen will, hat die Weltgemeinschaft keine Druckmittel, diese durchzusetzen. NGOs fordern fast einhellig vor allem den zeitnahen Ausstieg aus fossilen Brennstoffen. Nur dann könnte die Erderwärmung noch auf 1,5 Grad begrenzt werden. Möglicherweise kann auch die Corona-Pandemie mit der Reduzierung klimaschädlicher Mobilität dazu beigetragen, die Klimaziele zu erreichen. Wissenschaftler/-innen verweisen jedoch, dass das Zeitfenster für wirksame Maßnahmen inzwischen immer kleiner werde. Sie fordern erheblich größere Anstrengungen vor allem der großen Staaten.

TRAINING

Mehr Verantwortung übernehmen – auch militärisch?

M1 Grundsatzrede der Verteidigungsministerin

Zeichnung: Kostas Koufogiorgos, 2015

[...E]s besteht breite Übereinstimmung, dass Deutschland angesichts der [...] Herausforderungen aktiver werden muss. Dass wir, um unsere Werte und Interessen zu schützen, mehr tun müssen. Das gilt besonders für eine Sicherheits- und Verteidigungspolitik, die eine dienende Funktion hat, indem sie die Voraussetzung für Entwicklung, Wohlstand und Freiheit schafft. Wir schicken Sie [die Bundeswehrsoldaten] nicht in den Einsatz, nur um sagen zu können, Sie sind im Einsatz. Sie gehen dahin, um Voraussetzungen zu schaffen, damit in vielen Krisengebieten dieser Welt, ziviler Wiederaufbau, Leben im Rahmen einer humanitären Ordnung erst wieder möglich werden.
Und das gilt vor allem bei der Lösung von Konflikten. Hier sollte sich Deutschland, wie der damalige Bundespräsident Gauck gesagt hat, „früher, entschiedener und substanzieller einbringen." [...] Ein Land unserer Größe und unserer wirtschaftlichen und technologischen Kraft, ein Land unserer geostrategischen Lage und mit unseren globalen Interessen, das kann nicht einfach nur am Rande stehen und zuschauen. Nicht einfach nur abwarten, ob andere handeln, und dann mehr oder weniger entschlossen mittun, oder auch nicht mitzutun. [...] Denn wir sind es doch, die wie kaum eine andere Nation von der liberalen Ordnung profitieren, die nach dem Zweiten Weltkrieg aufgebaut und ausgeweitet wurde [...]. Sie hat das, was wir heute sind, ausgemacht. Deswegen haben wir heute eine besondere Verpflichtung, uns dafür einzusetzen. [...] Lange haben andere den Großteil der dafür erforderlichen Energie aufgebracht, allen voran die USA [...]. Derzeit schwinden aber in den USA der Wille und die Kraft, überproportionale Beiträge zu leisten. Und deswegen sind wir für die Zukunft gefordert, wie andere auch, die für eine verlässliche und freiheitliche Ordnung einstehen. [...]
Wir Deutsche sind oft besser darin, hohe Ansprüche, auch moralisch hohe Ansprüche zu formulieren, an uns und an andere, als selbst konkrete Maßnahmen vorzuschlagen und umzusetzen. Das gilt insbesondere für unsere militärischen Beiträge [...]. Wir sprechen von unserer „Kultur der Zurückhaltung", verweisen auf alle möglichen Rücksichtnahmen und Zwänge. Dabei haben wir allen Grund, mutiger zu handeln. Nicht nur, weil die strategische Lage ernster wird. Sondern auch, weil unser Deutschland fest in seiner demokratischen und rechtsstaatlichen Tradition steht – tief verwurzelt im transatlantischen Bündnis und in der Europäischen Union. Es ist an der Zeit, dass wir daraus die Kraft und das Selbstvertrauen schöpfen, gemeinsam mit unseren Partnern und Verbündeten die Welt und unsere Zukunft stärker zu gestalten. [...]
Den Aufruf dazu höre ich aus allen Richtungen [...] – überall werde ich gefragt: „Könnt ihr Deutschen bitte noch mehr tun?" [...] Aber was heißt nun „mehr tun"? [...] Dazu gehört letztendlich auch die Bereitschaft, gemeinsam mit unseren Verbündeten und Partnern das Spektrum militärischer Mittel wenn nötig auszuschöpfen. [...]

Bundesministerium der Verteidigung: Rede der Ministerin an der Universität der Bundeswehr München, https://www.bmvg.de/de/aktuelles/rede-der-ministerin-an-der-universitaet-der-bundeswehr-muenchen-146670, 07.11.2019 (Zugriff 21.12.2020)

M 2 Lob der Ladehemmung

[...D]ie Bundesregierung [hat] gerade einen prominenten Versuch gestartet, außenpolitische Verantwortung zu übernehmen. Allerdings geht es bei ihrer Libyen-Initiative gerade nicht um eine militärische Intervention, sondern darum, die desaströsen Folgen einer solchen Intervention mit den Mitteln der Diplomatie einzudämmen. Dem Nato-Einsatz im März 2011, der ein Massaker im libyschen Bengasi verhindern sollte, hatte sich Angela Merkel damals verweigert. Die Deutschen stehlen sich aus der Verantwortung, sie lassen ihre Bündnispartner im Stich, sie manövrieren sich in die Isolation – so lautete damals [...] der Tenor der Kritik. Angesichts der katastrophalen Zustände, die neun Jahre nach dem gewaltsamen Sturz des Diktators Muammar al-Gaddafi in Libyen noch immer herrschen, erscheint die deutsche Skepsis heute in einem anderen Licht. Die moralische Gewissheit, mit der Einwände beiseite gewischt und Zurückhaltung als Drückebergerei diskreditiert wurden, erscheint nicht länger angebracht. Auch dann nicht, wenn flagrante Menschenrechtsverletzungen oder absehbare Massaker an der Zivilbevölkerung den Einsatz militärischer Gewalt geboten erscheinen lassen. Denn [...] auch eine in erster Linie humanitär motivierte Intervention, wie in Libyen, kann ins Desaster führen.

Seit dem Ende des Kalten Krieges gerät die deutsche Tradition militärischer Zurückhaltung, die auf den Erfahrungen des Nationalsozialismus gründet, in Widerspruch zu den Herausforderungen des weltpolitischen Umbruchs. [...] Wie sehr die deutsche Politik den neuen Anforderungen zu entsprechen suchte, zeigte sich im Frühjahr 1999 während des Kosovo-Krieges. [...A]uf dem Weg zur militärischen „Normalisierung" bedeutete [der] Einsatz eine Zäsur. Die deutsche Vergangenheit, mit der die militärische Zurückhaltung zuvor begründet worden war, verwandelte sich jetzt in ein moralisches Argument für eine Intervention: Die Deutschen hatten einen Völkermord begangen – nun sollten sie mithelfen, einen neuen Völkermord zu verhindern. [...]

[...D]ie Intervention [konnte sich] auf humanitäre Ziele berufen. Für den nächsten Krieg des Westens galt das nicht mehr. Beim Angriff auf Afghanistan mischte sich das Rachebedürfnis [der USA] nach den Anschlägen vom 11. September mit einer neuen Strategie militärischer Terrorbekämpfung. [...] Für die Deutschen brachte der Einsatz eine neue verteidigungspolitische Doktrin: „Deutschlands Sicherheit wird auch am Hindukusch verteidigt" – so schlug der damalige Verteidigungsminister Peter Struck den Bogen vom traditionellen Verteidigungsauftrag der Bundeswehr zur Terrorbekämpfung in Afghanistan. Die Behauptung allerdings, dass die Kämpfe „am Hindukusch" den islamistischen Terror eindämmen und die deutsche Sicherheitslage verbessern würden, war ein notdürftiges Konstrukt, das mit der Dauer des Einsatzes nicht plausibler wurde. [...] Achtzehn Jahre nach dem Beginn des Krieges erklärte [die Verteidigungsministerin Kramp-Karrenbauer]: „Wir können heute feststellen, dass es Fortschritte gibt." Im Einsatz für diese schwer greifbaren Fortschritte haben auch 54 deutsche Soldaten ihr Leben verloren. [...]

Es scheint, als ignoriere die Ministerin, dass es für die Bundeswehr nicht nur immer neue militärische Herausforderungen gibt, sondern auch gute Gründe, diesen mit äußerster Nüchternheit zu begegnen. [...] Die Massenvernichtungswaffen, die den Irak-Krieg legitimieren sollten, wurden nie gefunden. Und auf den schnellen Sieg im Frühjahr 2003 folgte der totale Zerfall der staatlichen Ordnung. Aus den „Geburtswehen eines neuen Mittleren Ostens" [...] entwickelte sich das chaotisch umkämpfte Machtvakuum, in das Jahre später der „Islamische Staat" vorstieß. [...]

Matthias Geis, Lob der Ladehemmung, ZEIT online, https://www.zeit.de/2020/08/militaer-deutsche-verteidigungspolitik-bundeswehr-zurueckhaltung/komplettansicht, 12.02.2020 (Zugriff 21.12.2020)

1. Analysieren Sie die Karikatur in M1.
2. Vergleichen Sie die Positionen in M1 und M2 hinsichtlich eines Ausbaus des Engagements der Bundeswehr.
3. Bewerten Sie die Forderung Gaucks, dass Deutschland sich, notfalls auch militärisch, „früher, entschiedener und substantieller" (M2, Z. 20f.) in die Lösung von Konflikten einbringen müsse.

HILFEN ZU AUFGABEN

Seite 17, Aufgabe 4 — Überprüfen Sie mögliche Auswirkungen des Machtanspruchs auf die europäische Wirtschaft und Politik sowie die Vereinbarkeit mit europäischen Normen und Werten. Hilfsfrage zur Bewertung: Wird der Machtanspruch möglicherweise zur Gefahr für die europäische Politik oder ist er eher bedeutungslos?

Seite 19, Aufgabe 5 — Mögliche Kriterien sind die Realisierbarkeit eines solchen Modells (politische Trends in Europa beachten! Akzeptanz in der Bevölkerung) sowie die Effektivität einer europäischen Republik (Wie wahrscheinlich treten die Vorhersagen ein? Lösen Sie die Probleme?)

Seite 25, Aufgabe 4 — Hier sollten Sie zunächst definieren, was Sie unter human verstehen. Hilfsfragen für die Erörterung: Für wen sind Drohnen humaner? Welche Schäden können unbeabsichtigt auftreten?

Seite 29, Aufgabe 4 — Listen Sie zunächst sicherheitsrelevante Folgen des Klimawandels auf (zum Beispiel Dürren etc.). Entwickeln Sie auf dieser Grundlage Vorschläge zur Bekämpfung.

Seite 33, Aufgabe 4 — Erklären Sie im ersten Schritt, was mit „globaler Sicherheit" gemeint ist. Überprüfen Sie diesen Anspruch auf der Grundlage der aktuellen Entwicklung der Sicherheitslage (Als Argumentationshilfen können Sie auf die Karten auf den Seiten 26, 31 und 34 zurückgreifen.

Seite 39, Aufgabe 5 — Hilfsfrage: Welche Maßnahmen sind geeignet, um das Misstrauen (das ja Ursache des Rüstungswettlaufs ist) abzubauen?

Seite 42, Aufgabe 3 — Hinweise zur Lösung der Aufgabe finden Sie in M 2 unter dem Abschnitt: „Wie können Kooperationshinweise überwunden werden?" Übertragen Sie diese Ideen auf die Situation im Gefangenendilemma.

Seite 55, Aufgabe 4 — Um die Friedensbegriffe nach dem Kriterium der Realisierbarkeit zu beurteilen, können Sie von historischen Erfahrungen und Entwicklungen sowie den aktuellen Tendenzen (M2) sowie von Ihrer Antwort zu Aufgabe 2 ausgehen.

Seite 71, Aufgabe 4 — In einem Kommentar bewerten Sie die Bewerbung. Hilfsfragen: Welche Auswirkung hätte ein deutscher ständiger Sitz für die Arbeit des Sicherheitsrats? Wäre das ein wesentlicher Schritt zur Lösung der Probleme?

Seite 75, Aufgabe 4 — Als Beispiele eignen sich zum Beispiel Punkt 1,2 oder 8. Kriterium ist die Realisierbarkeit des Ziels: Wie wahrscheinlich wird dieses Ziel bis 2030 erreicht. Tipp: Recherchieren Sie zusätzlich die bisherige Entwicklung.

Seite 81, Aufgabe 2 — Listen Sie zunächst die Handlungsmöglichkeiten nach der UN-Charta auf (M2, Seite 65). Mögliches Kriterium zu Beurteilung: Effektivität.

Hilfen zu Aufgaben

Seite 85, Aufgabe 4

Hilfsfragen: Von welcher Seite bekam der Menschenrechtsrat Lob, wer kritisierte ihn? Welche Auswirkungen auf die Arbeit hat die Zusammensetzung des Menschenrechtsrats?

Seite 103, Aufgabe 5

Die unterschiedlichen Positionen der Parteien zur Verlängerung des Bundeswehreinsatzes in Mali werden in den Zusammenfassungen der Redebeiträge der jeweilgen Fraktionsmitglieder dargelegt. Hier werden unterschiedliche Aspekte angesprochen, welche beim Vergleich zu berücksichtigen sind. Dazu gehören:
– das Abstimmungsverhalten der Fraktion,
– die von den Parteien mit dem Einsatz verbundenen Ziele bzw. Motive sowie deren Bewertung,
– die in diesem Zusammenhang relevanten Einschätzungen in Bezug auf
- die Situation vor Ort und deren zukünftigen Entwicklung
- den Nutzen und die Folgen des Bundeswehreinsatzes sowohl für Mali als auch für Deutschland
- die Effizienz des deutschen Engagements
- organisatorische Gesichtspunkte des Einsatzes

Seite 107, Aufgabe 5

Hier bietet sich neben der in M6 und M7 geführten Diskussion um den angemessenen Beitrag Deutschlands zu einer starken NATO auch die Auseinandersetzung mit der Frage nach alternativen Verwendungsmöglichkeiten der für die Erfüllung des 2-Prozent-Ziels notwendigen finanziellen Mittel an.

Seite 123, Aufgabe 3

Die Anti-Terror-Gesetze Deutschlands berühren wesentliche Grundrechte, welche den Menschen in Deutschland durch die Verfassung zugesichert werden. Unter bestimmten Umständen, auch das ist im Grundgesetz verankert, können diese allerdings auch zum Teil eingeschränkt werden.
In Bezug auf die Darlegungen der im Rahmen der Anti-Terror-Gesetze beschlossenen Maßnahmen in M2 und der von Amnesty International ausgesprochenen Kritik in M3 sind hier vor allem die Bestimmungen im ersten Abschnitt des Grundgesetzes, insbesondere Art. 1-5, 8-11, 13, 17a, 18, 19 GG, von Bedeutung.
In M3 genannte Ansatzpunkte sind zu finden in Z. 34–40, Z. 44–53, Z. 74–82 und Z. 90–93.

Seite 129, Aufgabe 4

Hilfsfragen können sein: Welche Staaten werden bisher durch europäische Privilegien benachteiligt? Was fordern sie? Welche Vorteile hat der Verzicht auf Privilegien für sie?

Seite 139, Aufgabe 3

Ausgangspunkt kann die Karte sein: Beurteilen Sie vor allem die Einstufung großer Staaten, die aktuell noch hohe CO_2-Emissionen aufweisen, und ziehen Sie dazu auch die Aussagen im Text heran.

OPERATORENTRAINER

Operatoren verstehen

Wie in den Klassen 8, 9 und 10 werden auch in der Kursstufe in Aufgaben die sogenannten Operatoren (handlungsorientierende Verben) verwendet. Sie sind in drei Anforderungsbereiche eingeteilt.
- Reproduktion (AFB I)
- Reorganisation (AFB II)
- Transfer/ Bewertung (AFB III)

Die Anforderungsbereiche bauen aufeinander auf. In Klausuren, z. B. in der Abiturprüfung, zeigt sich das darin, dass zunächst Aufgaben aus den Anforderungsbereichen I und II gestellt werden und die Prüfung mit Aufgaben aus dem Anforderungsbereich III abschließen. Dabei ist zu beachten, dass der Anforderungsbereich III die Anforderungsbereiche I und II und der Anforderungsbereich II den Anforderungsbereich I immer mit einschließt. Ein Analysieren (II) benötigt etwas ein vorheriges Beschreiben (I), ein Bewerten (III) ein Erläutern (II) der zu bewertenden Sachverhalte.

Für eine erfolgreiche Bearbeitung der Aufgaben in diesem Buch und in Prüfungen ist es deshalb wichtig, dass man weiß, was jeweils verlangt wird. Im folgenden sind alle Operatoren aufgeführt, anschließend werden die wichtigsten Operatoren noch einmal ausführlicher erklärt.

Anforderungsbereich I umfasst das Wiedergeben und Beschreiben von Inhalten und Materialien (**Reproduktionsleistungen**).

Operator	Beschreibung laut Operatorenkatalog des Bildungsplans von 2016
Anforderungsbereich I	
beschreiben	Sachverhalte schlüssig wiedergeben
bezeichnen	Sachverhalte (insbesondere bei nichtlinearen Texten wie zum Beispiel Tabellen, Schaubildern, Diagrammen oder Karten) begrifflich präzise formulieren
nennen	Sachverhalte in knapper Form anführen

Anforderungsbereich II (AFB II) umfasst das selbstständige Erklären, Bearbeiten und Ordnen bekannter Sachverhalte sowie das angemessene Anwenden gelernter Inhalte und Methoden auf andere Sachverhalte (**Reorganisation und Transferleistung**).

Operator	Beschreibung laut Operatorenkatalog des Bildungsplans von 2016
Anforderungsbereich II	
analysieren	Materialien oder Sachverhalte systematisch und gezielt untersuchen und auswerten
begründen	Aussagen (zum Beispiel eine Behauptung, eine Position) durch Argumente stützen, die durch Beispiele oder andere Belege untermauert werden
charakterisieren	Sachverhalte mit ihren typischen Merkmalen und in ihren Grundzügen bestimmen
darstellen	Sachverhalte strukturiert und zusammenhängend verdeutlichen

ein-, zuordnen	Sachverhalte schlüssig in einen vorgegebenen Zusammenhang stellen
erklären	Sachverhalte schlüssig aus Kenntnissen in einen Zusammenhang stellen (zum Beispiel Theorie, Modell, Gesetz, Regel, Funktions-, Entwicklungs- und/oder Kausalzusammenhang)
erläutern	Sachverhalte mit Beispielen oder Belegen veranschaulichen
erstellen	Sachverhalte (insbesondere in grafischer Form) unter Verwendung fachsprachlicher Begriffe strukturiert aufzeigen
herausarbeiten	Sachverhalte unter bestimmten Gesichtspunkten aus vorgegebenem Material entnehmen, wiedergeben und/oder gegebenenfalls berechnen
vergleichen	Vergleichskriterien festlegen, Gemeinsamkeiten und Unterschiede gewichtend einander gegenüberstellen sowie ein Ergebnis formulieren

Anforderungsbereich III (AFB III) umfasst den reflexiven Umgang mit neuen Problemstelllungen, eingesetzten Methoden und gewonnenen Erkenntnissen, um zu Begründungen, Urteilen und Handlungsoptionen zu gelangen **(Reflexion und Problemlösung).**

Operator	Beschreibung laut Operatorenkatalog des Bildungsplans von 2016
Anforderungsbereich III	
beurteilen	Sachverhalte, Aussagen, Vorschläge oder Maßnahmen untersuchen, die dabei zugrunde gelegten Kriterien benennen und ein begründetes Sachurteil formulieren
bewerten	Sachverhalte, Aussagen, Vorschläge oder Maßnahmen beurteilen, ein begründetes Werturteil formulieren und die dabei zugrunde gelegten Wertmaßstäbe offenlegen
entwickeln	zu einer vorgegebenen oder selbst entworfenen Problemstellung einen begründeten Lösungsvorschlag entwerfen
erörtern	zu einer vorgegebenen These oder Problemstellung durch Abwägen von Pro- und Contra-Argumenten ein begründetes Ergebnis formulieren
gestalten	zu einer vorgegebenen oder selbst entworfenen Problemstellung ein Produkt rollen- beziehungsweise adressatenorientiert herstellen
überprüfen	Aussagen, Vorschläge oder Maßnahmen an Sachverhalten auf ihre sachliche Richtigkeit hin untersuchen und ein begründetes Ergebnis formulieren

Operatorentrainer

Die hier vorgestellten Erklärungen dienen einer beispielhaften Auseinandersetzung mit den Anforderungen der Operatoren. Die Erklärungen und die Beispielaufgaben sollen einen Anhaltspunkt bieten, um im Abitur aber auch in diesem Schulbuch jede Aufgabe erfolgreich beantworten zu können.

Herausarbeiten (II) und Vergleichen (II)

Herausarbeiten

Der Operator „Herausarbeiten" verlangt, dass aus vorgegebenem Material, z.B. Statistiken oder Texten, unter bestimmten Gesichtspunkten Informationen und Sachverhalte entnommen werden. Dabei geht es nicht um eine bloße Zusammenfassung. Mit dem „Gesichtspunkt" ist gemeint, dass zu einem Thema oder einer Fragestellung aus den Materialien einzelne Punkte ausgewählt werden. Auf Basis dieser Auswahl muss dann die Argumentation aufgebaut werden. Einleiten sollte man diese Aufgabenbearbeitung mit einem Satz, in dem Autor, Titel, Quelle und die Hauptaussage des Textes vorgestellt werden.

Vergleichen

Der Operator „Vergleichen" kann vorkommen, wenn z.B. zwei Konzepte oder Theorien vorgestellt und kontrastiert werden sollen. Häufiger werden gegenteilige Standpunkte in unterschiedlichen Materialien vorgegeben, die verglichen werden müssen. Meist sind das Texte, es kann aber auch eine Karikatur vorkommen.
Wie beim „Herausarbeiten" ist ein Einleitungssatz notwendig, in dem die Materialien vorgestellt werden. Der Vergleich sollte dann anhand von Kriterien erfolgen, die Texte sollten also nicht einfach zusammengefasst werden. Was sind die Übereinstimmungen in den Materialien (z.B. das wahrgenommene Problem)? Worin liegen die Unterschiede in den Standpunkten (z.B. mit welchen Maßnahmen auf das Problem reagiert werden soll)? Am Ende erfolgt ein Fazit, in dem z.B. der Hauptunterschied nochmals zusammenfassend dargestellt wird.

Richtig zitieren

Bei beiden Operatoren gilt es, die formalen Regeln des Zitierens zu beachten, die z.B. auch im Fach Deutsch gelten. Wichtig ist dabei immer die Angabe der Quelle, egal ob direkt oder indirekt zitiert. Sie können wörtlich zitieren, dann ist das Zitat in Anführungszeichen zu setzen: „Russland ist durch seine militärische Stärke eine Bedrohung für den Frieden in Europa." (M4, Z. 14) Lücken im Zitat werden durch Auslassungszeichen dargestellt: „Russland ist [...] eine Bedrohung für den Frieden in Europa." In indirekter Rede ist der Konjunktiv nötig, um deutlich zu machen, dass die dargestellte Meinung die einer anderen Person ist: Der Autor in M1 behauptet, Russland sei eine Bedrohung für Europa (Z. 14) Auch eine Paraphrase, also die Wiedergabe in eigenen Worten, ist möglich: Der Autor weist auf die Bedrohung Europas durch Russland hin. (M4, Z. 14)

1. Arbeiten Sie aus M1 die Position des Autors zum bedingungslosen Grundeinkommen heraus.
2. Vergleichen Sie die Positionen der Autoren in M4 und M5 zur deutschen Rolle innerhalb der NATO.
3. Vergleichen Sie angebots- und nachfrageorientierte Maßnahmen zur Reaktion auf die Wirtschaftskrise in Griechenland. (ohne Materialbezug)

Analysieren (II) und Charakterisieren (II)

Analysieren
Der Operator „Analysieren" kann sich auf Sachverhalte oder Materialien beziehen. Zumeist bezieht er sich auf Materialien und dann meistens auf Karikaturen oder Statistiken. Verlangt ist ein Einleitungssatz zum Thema, eine formale und inhaltliche Beschreibung (siehe unten) und, je nach Fragestellung, eine Bewertung oder Interpretation.

Karikaturenanalyse

1. Was sind Karikaturen?
Karikaturen sind satirische Darstellungen von Menschen, gesellschaftlichen Zuständen oder politischen Problemen. Sie streben eine inhaltlich verdichtete, auf das Wesentliche konzentrierte Aussage an. Sie überzeichnen, übertreiben und deformieren die Wirklichkeit. Durch die so bewirkte Veränderung des gewohnten Wirklichkeitsbildes schaffen sie Distanz und eröffnen neue Sichtweisen. Karikaturen wollen schockieren und provozieren. Sie verstehen sich als ein kritisches Medium, das die Unvollkommenheiten der Welt aufdeckt, ohne jedoch Lösungen anzubieten.

2. Karikaturenanalyse
Karikaturen sind subjektive politische Kommentare. Sie sind folglich parteilich. Sie fordern deshalb zu einer Stellungnahme des Betrachters heraus.
Eine solche Stellungnahme verlangt indes, dass der Betrachter die Karikatur zuvor genau analysiert hat, um ihre Aussage zu verstehen. Die Analyse ist nicht immer einfach, weil Karikaturen kontextgebunden sind. Der Betrachter muss ein Vorwissen über den dargestellten Sachverhalt besitzen, wenn er die Botschaft der Karikatur verstehen will.
Die Analyse folgt einem Dreischritt: **Beschreiben – Interpretieren – Werten**.

3. Analysekriterien

a) Beschreiben
- Name des Karikaturisten, Veröffentlichungsdatum;
- Akteure (Politiker, Prominente, typisierte Personen, gegebenenfalls Tiere);
- Körpersprache (Haltung, Aussehen, Gestik, Mimik der Personen/Tiere);
- räumliche Umgebung;
- zeichnerische Stilmittel (Übertreibung, Verzerrung, Symbolisierung konkreter und abstrakter Gegebenheiten);
- Text (Sprechblasen, Unterschrift).

b) Interpretieren
- Deutung der Stilmittel;
- Einschätzung des Übertreibungs- und Verzerrungsgrades der Wirklichkeit;
- Formulierung der zentralen Botschaft der Karikatur;
- vermutete Wirkungsabsicht beim Betrachter.

c) Werten
- Qualität der Karikatur (Verständlichkeit, angemessenes Verhältnis zwischen der Wirklichkeit und der von der Karikatur gezeichneten Wirklichkeit);
- Zustimmung zur/Ablehnung der von der Karikatur vermittelten Botschaft;
- Formulieren einer eigenen Meinung zur dargestellten Problematik.

1 Analysieren Sie die Karikatur (z.B. S. 67, M4).

Umgang mit Statistiken

„Statistik ist für mich das Informationsmittel der Mündigen. Wer mit ihr umgehen kann, kann weniger leicht manipuliert werden."

(Elisabeth Noelle-Neumann, 1916–2010)

Statistische Daten helfen, Entwicklungen und Fakten in einen Gesamtzusammenhang einzuordnen oder Annahmen und Aussagen zu belegen. Statistiken erwecken den Eindruck objektiver Tatsachen, spiegeln oft aber nur einen begrenzten Teil der Realität wieder und können den Betrachter somit auch „falsch informieren" bzw. manipulieren.

Um Tabellen, Diagramme oder auch Karten zu erstellen, sind oft umfangreiche Vorarbeiten nötig. Zudem kann man Daten auch in die jeweils gewünschten Zusammenhänge stellen und somit „vordeuten". So lassen sich z. B. bei der Präsentation von Zahlen in einem Diagramm schon durch die Wahl des Maßstabs oder der Bezugspunkte Unterschiede besonders betonen oder einebnen. Deshalb ist bei der Interpretation ein kritischer Blick nicht nur auf die Zahlen und auf die grafische Gestaltung, sondern auch auf die verwendeten Begriffe nötig.

Außerdem ist zu bedenken, dass viele statistische Daten Durchschnittswerte ausdrücken oder aus Teilgrößen zusammengesetzt sind. Beispiel: Wenn die Arbeitnehmer in Deutschland im Durchschnitt einen Jahresverdienst von X Euro haben, sagt das noch nichts über den Jahreslohn einer bestimmten Person im Jahr Y aus. Diese Person kann als Minijobber weniger Lohn beziehen, exakt den Jahresverdienst erhalten oder weit höhere Bezüge haben. Auch über die Verteilung der Einkommen innerhalb einer Gesellschaft drückt der Durchschnittswert des Einkommens erst einmal nichts aus.

Trotzdem sind Durchschnittswerte aussagekräftig. Man kann daraus z. B. schließen, welches Lohn- oder Einkommensniveau in einem Staat oder einer Region im Vergleich zu anderen Staaten/Regionen erreicht ist oder – wenn man die Entwicklung über mehrere Jahre vergleicht –, ob die Menschen im Durchschnitt mehr oder weniger verdienen. So kann man begründet einschätzen, ob sich das Wohlstandsniveau erhöht oder gesenkt hat.

Bezogen auf die Art der Darstellung, lassen sich Statistiken in Tabellen und Diagramme unterscheiden.

1. Die wichtigsten Diagrammtypen

	Wenn Anteile einer 100-prozentigen Menge im Verhältnis zueinander dargestellt werden sollen (z. B. Wahlergebnisse, Marktanteile), dann eignet sich v. a. das Kreis- oder Tortendiagramm. Die wichtigste Teilmenge beginnt dabei i. d. R. mit der 12-Uhr-Position. Visualisiert werden meist Strukturvergleiche und Mengenverhältnisse (z. B. prozentuale Anteile, Zusammensetzungen).
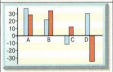	Mit dem Säulendiagramm lassen sich Vergleiche, Unterschiede und auch Trends über einen bestimmten Zeitraum darstellen (z. B. die Entwicklung des Ölpreises im Verhältnis zum Gaspreis). Teilmengen können anschaulich miteinander verglichen werden. Von Vorteil ist diese Darstellungsform zudem, weil sich auch negative Daten darstellen lassen. Im Gegensatz zum Balkendiagramm können mit dem Säulendiagramm Mengen in einer zeitlichen Abfolge dargestellt werden (Zeitreihe), die x-Achse dient dabei als Zeitachse.
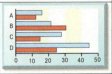	Sollen verschiedene Mengen miteinander verglichen werden (z. B. die Anzahl der Schulformen in den verschiedenen Bundesländern), dann eignet sich dazu das Balkendiagramm. Dieser Diagrammtyp betont das Verhältnis der Teilmengen untereinander. Oft werden Balkendiagramme dazu verwendet, um eine Rangfolge oder einen Vergleich zu visualisieren; es werden dabei entweder prozentuale Werte oder absolute Zahlen angegeben.
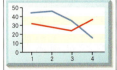	Das Linien- oder Kurvendiagramm findet v. a. Verwendung zur Darstellung einer Entwicklung, eines Verlaufs oder einer Zeitreihe (z. B. bei Wahlergebnissen oder Preisentwicklungen). In einem Liniendiagramm können aber auch Abhängigkeiten und Brüche (z. B. der Pillenknick bei der demografischen Entwicklung) dargestellt werden. Dieser Diagrammtyp eignet sich ideal, um Extremata (Höchstwerte/Tiefstwerte) miteinander zu vergleichen.

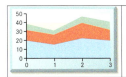 Das Flächendiagramm zeigt an, wie sich Daten im Lauf der Zeit verändern (z. B. die Entwicklung der Wirtschaftssektoren zueinander). Auch lässt sich die Beziehung von Teilen zum Ganzen darstellen.

2. Auswertung einer Statistik

Beschreibung
- Was ist das Thema der Tabelle oder des Diagramms?
- Von wem und von wann stammt die Statistik?
- Wo ist die Statistik erschienen (Zeitung, Internet, Statistisches Bundesamt etc.)?
- Welche Darstellungsform ist gewählt, Tabelle oder Diagramm (Diagrammart)?
- Welche Bezugsgrößen sind genannt (z. B. „Beschäftigte pro Jahr")?
- Wie sind die Begriffe, zu denen Aussagen gemacht werden, definiert?
- Welche Zahlenarten (absolute Zahlen, Prozentzahlen) werden verwendet?

Inhalt
- Was ist die Hauptaussage (Trend)? Welche Teilaussagen (Einzelaspekte) lassen sich ableiten? (Verbalisierung der statistischen Aussage)
- Auf welche Fragen antwortet das Material, auf welche nicht?
- Welche Entwicklungen sind erkennbar? Welche Auffälligkeiten zeigen sich?
- Welche Thesen werden gestützt oder infrage gestellt?

Kritische Bewertung
- Wie aktuell ist das Datenmaterial?
- Welcher Maßstab/welche Proportionen sind verwendet (Einteilungen, Verhältnis der Maßstäbe der beiden Achsen)?
- Wie wurden die Daten gewonnen bzw. von wem wurden sie bezogen? Welche mögliche Intention hatte der Verfasser?
- Stellungnahme zu der Aussageabsicht der Statistik!

3. Achtung Manipulation

Dramatischer Wählerrückgang? Zwei Säulendiagramme zur Wahlbeteiligung bei Bundestagswahlen

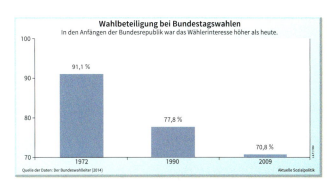

1 Vergleichen Sie die beiden Säulendiagramme auf dieser Seite miteinander.

2 Führen Sie ggf. arbeitsteilig am Beispiel der beiden Diagramme auf S. 36 umfassende Statistikanalysen durch. Nutzen Sie hierfür die unter Punkt 2: Auswertung einer Statistik genannten Fragestellungen.

Charakterisieren

Derr Operator „Charakterisieren" nimmt i.d.R. Bezug auf mehrere Materialien, aus denen dann typische Merkmale und Grundzüge bestimmt werden müssen. Seltener kommt dieser Operator ohne Materialen vor.

1. Analysieren Sie die Wahlbeteiligung in Deutschland anhand von M1.
2. Charakterisieren Sie das Entscheidungsverfahren in der WTO (ohne Materialbezug).
3. Charakterisieren Sie den demografischen Wandel in Deutschland anhand vom M1 bis M4.

Überprüfen (III)

„Richtig" und „Falsch"
Im Gemeinschaftskundeunterricht gibt es häufig kein „richtig" oder „falsch", sondern unterschiedliche Standpunkte zu einer Sachfrage und nachvollziehbare und weniger nachvollziehbare Argumente. Zum Beispiel kann ein Mindestlohn oder ein Wahlsystem nicht an sich richtig oder falsch sein. Man muss Kriterien aufstellen, z. B. „Effektivität" oder „Gerechtigkeit" und kann dann den Mindestlohn oder ein Wahlsystem daraufhin „überprüfen". Allerdings gibt es auch Aussagen, die als sachlich „richtig" oder „falsch" bezeichnet werden können und dahingehend überprüft werden können. Als Grundlage der Überprüfung dienen dann etwa Statistiken oder Gesetzestexte, zumeist dann das Grundgesetz. Zunächst wird bei der Bearbeitung die zu überprüfende Aussage, der zu überprüfende Vorschlag oder die zu überprüfende Maßnahme nochmals vorgestellt und dann erläutert nach welchen Kriterien (Richtigkeit, Effektivität, ...) anhand welcher Art von Material überprüft werden soll. Es folgt die formale Beschreibung des zugrundeliegenden Materials und die Überprüfung (Stimmigkeit von Aussage, Vorschlag oder Maßnahme in Bezug auf das Material). Zuletzt soll ein begründetes Urteil formuliert werden.

1. Überprüfen Sie anhand von M2 bis M4, ob es einen Zusammenhang zwischen sozialem Status und Wahlverhalten in Deutschland gibt.
2. Überprüfen Sie anhand von M1 (= Grundgesetz), inwiefern in der Bundesrepublik Deutschland ein pluralistisches System im Sinne Fraenkels institutionell verankert ist.

Erörtern (III), Beurteilen (III) und Bewerten (III)

Erörtern
Das „Erörtern" erfordert die Gegenüberstellung von Argumenten, die sich z. B. für eine Aussage, eine politische Maßnahme oder eine gesellschaftliche Entwicklung aussprechen oder dagegen. Dabei kommt es nicht darauf an, eine Vielzahl von Argumenten lediglich zu nennen, sondern die vorgebrachten Argumente mit Belegen und Beispielen zu stützen und auch aufeinander zu beziehen. Im Abitur kann dabei auch häufig auf Materialien zurückgegriffen werden, um die eigene Argumentation zu erweitern. Wie im Fach Deutsch brauchte man zunächst einen Einleitungssatz, in dem das Thema knapp erläutert wird und wichtige Begriffe definiert werden. Dann werden Argumente der Pro- und Contra-Seite gegenübergestellt und am Ende die eigene Position begründet dargelegt.

Beurteilen und Bewerten – gibt es da einen Unterschied?
Zunächst ein Überblick darüber, was beim „Beurteilen" verlangt wird. Wie beim „Überprüfen" gibt es Kriterien, an denen man sich beim „Beurteilen" orientiert. Welche Kriterien können das z. B. sein? Effektivität: Wird z. B. durch eine Maßnahme ein Ziel erreicht/ ein Problem gelöst? Ist sie überhaupt realisierbar? Effizienz: Wie ist das Verhältnis von Nutzen und Ertrag einer Maßnahme? Auch sollten unterschiedliche Perspektiven (Folgen für unterschiedliche Akteure) und Ebenen (Individuen, Gesellschaft, globale Ebene) beachtet werden.

Das „Bewerten" verlangt ein Werturteil und die Offenlegung der zugrunde gelegten Wertmaßstäbe. Der Begriff der Legitimität spielt dabei eine große Rolle, also auf welcher Grundlage eine Entscheidung oder Maßnahme anerkannt wird. Wird sie als gerecht oder ungerecht empfunden? Dann sollte der zugrundeliegende Gerechtigkeitsbegriff erläutert werden. Unterschiedliche Wertmaßstäbe können dabei auch miteinander in einen Konflikt treten (z. B. Leistungs- vs. Verteilungsgerechtigkeit, Freiheit vs. Gleichheit, Gemeinwohl vs. Gruppen- oder Individualinteressen)

Ähnlich wie beim „Erörtern" muss bei der Bearbeitung der Aufgabe zunächst geklärt werden, was zu beurteilen oder zu bewerten ist. Fachbegriffe sollten definiert werden, die Auswahl der Kriterien und die zugrunde gelegten Wertmaßstäbe (beim „Bewerten") genannt und nach Möglichkeit auch begründet werden. Der Text endet dann mit einem abschließenden „Urteil".

1. Erörtern Sie den Einfluss sozialer Medien auf die politische Teilhabe in Deutschland.
2. Erörtern Sie Vor- und Nachteile eines ständigen Sitzes Deutschlands im UN-Sicherheitsrat.
3. Beurteilen Sie die (Effektivität der) in M5 vorgestellten Sozialstaatsreform. (Kriterien können vorgegeben werden oder müssen selbst ausgewählt werden.)
4. Bewerten Sie zwei selbst gewählte Maßnahmen zur Regulierung des Arbeitsmarktes.
5. Bewerten Sie das Wahlsystem zum Deutschen Bundestag.

Entwickeln (III) und Gestalten (III)

Adressatenorientierung und Problemlösung

Die beiden Operatoren verlangen das Erstellen eines schriftlichen „Produktes". Meist sind Meinungstexte, etwa ein Zeitungskommentar oder eine Rede, verlangt, die dann „adressatenorientiert" gestaltet werden sollen. Zu beachten ist also sowohl die Perspektive oder einzunehmende „Rolle"(z. B. ein Gewerkschafter oder eine Unternehmerin oder ein Bürgermeister…) als auch wer angesprochen werden soll (z. B. Wähler der eigenen Partei, die Gesellschaft als Ganzes, Jugendliche, …). Bei einem Streitgespräch treffen unterschiedliche Positionen aufeinander, die aufeinander bezogen werden sollten. Beim Entwickeln ist keine Adressatenorientierung verlangt. Hier geht es darum, zu einem Problem eine Lösungsidee oder -strategie aufzuzeigen.

Die politische Rede

Wer eine Rede hält, will normalerweise mehr als nur informieren. Es geht um die Darlegung der eigenen Position und normalerweise auch den Versuch, die Zuhörer von dieser Position zu überzeugen. Unterschiedliche Strategien der Überzeugung sind Bestandteil des Deutschunterrichts und sollen deshalb an dieser Stelle nicht vertieft werden. Beginnen sollte eine Rede mit einem gelungenen Einstieg, in dem das Thema benannt, seine Relevanz begründet und abschließend zum Hauptteil hingeführt werden sollte. Hier sollten die Argumente präsentiert werden und zum Schluss ein Fazit gezogen werden, in dem mögliche Folgen oder aus der Argumentation abgeleitete Forderungen benannt werden können. Eine Gefahr bei der Rede ist das „rhetorische Überdrehen", also der Versuch sprachlich zu brillieren und dabei die Stichhaltigkeit der inhaltlichen Argumentation zu vergessen. Neben der Frage des angemessenen Ausdrucks und der Beachtung der Adressaten ist aber auch bei diesem „gestalterischen" Operator die Sachkenntnis und Logik des argumentativen Aufbaus wichtig.

1. Gestalten Sie einen Leserkommentar aus Sicht einer Bezieherin der Grundsicherung im Alter zu dem in M3 vorgeschlagenen Reform der Rentenversicherung.
2. Gestalten Sie eine Rede eines Teilnehmers an einem Jugendkongress zum Thema „Neue Partizipationsmöglichkeiten zur besseren Einbeziehung der Jugend in die Politik".
3. Erstellen Sie eine Strategie zur Sicherung des Standorts Deutschland im Zeitalter der Digitalisierung.

Die Pro-Kontra-Diskussion – Trainingslager der Argumente

Der Wettstreit der Argumente ist ein wichtiger Bestandteil demokratischer Gesellschaften. Dabei sollte sich nicht der durchsetzen, der sich am besten ausdrücken kann, sondern derjenige, der durch gute Argumente inhaltlich zu überzeugen weiß.

Die Pro-Kontra-Diskussion ist dafür das perfekte Trainingslager. Sie kann auf alle Entscheidungsfragen, also Fragen die man mit „Ja" oder „Nein" beantworten kann, angewendet werden.

Eine Besonderheit der Pro-Kontra-Diskussion ist, dass man mitunter nicht seine eigene Position vertreten muss, sondern, weil das Los so entschieden hat, die Gegenseite. Aber ist das sinnvoll? Auf jeden Fall, denn so lernt man, dass es nicht nur Argumente für die eigene Meinung gibt und diese natürlich die „richtige" ist. Man muss sich in eine andere Perspektive hineinversetzen können. Und diese Fähigkeit ist ein weiterer wichtiger Bestandteil einer demokratischen Gesellschaft.

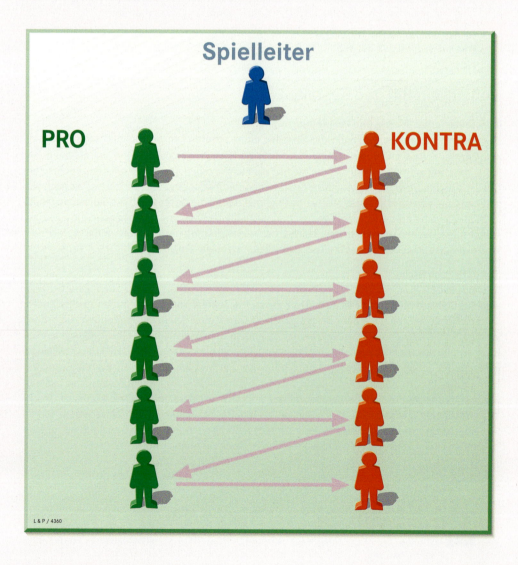

METHODE

Vorgehen	Beispiel: „Brauchen wir in Deutschland auf Bundesebene mehr Elemente direkter Demokratie?"
1. Zu Beginn muss die Fragestellung genau geklärt werden.	Die Frage bezieht sich auf die Bundesebene, also Abstimmungen in ganz Deutschland über Themen die ganz Deutschland betreffen, d. h. keine Entscheidung um eine Ortsumgehung.
2. Eine erste Abstimmung wird durchgeführt, bevor Argumente besprochen wurden.	Die Abstimmung kann z. B. per Handzeichen oder durch geheime Stimmzettel erfolgen.
3. Eine Pro- und eine Kontra-Gruppe werden gebildet, am besten nach dem Zufallsprinzip. (Alternative Variante A: Eine dritte Gruppe wird gebildet, die der Diskussion lediglich als Beobachter beiwohnt.)	Es können z. B. Lose oder Spielkarten unterschiedlicher Farbe gezogen werden.
4. Die Gruppen beschäftigen sich nun anhand von Materialien mit den Argumenten ihrer Seite und der Gegenseite. Dies kann in den Gruppen auch arbeitsteilig geschehen.	Die Materialien bekommen Sie von Ihrer Lehrkraft.
5. Es werden Gruppensprecher bestimmt.	Die Sprecher können in der Gruppe auch gewählt oder per Los bestimmt werden.
6. Eine geeignete Sitzordnung wird gewählt. Vorne sitzt ein Gesprächsleiter, die Gruppen sitzen sich gegenüber. (Alternative Variante B: Bei erfahrenen Diskussionsgruppen kann die Rolle des Gesprächsleiters wegfallen.)	Die Sitzordnung des britischen Unterhauses kann zum Beispiel als Vorbild dienen.
7. Der Gesprächsleiter eröffnet die Diskussion, nennt das Thema und erläutert die Regeln sowie Dauer der Diskussion. (Fällt in der alternativen Variante B weg.)	„Unser heutiges Thema ist … Die Pro-Seite wird vertreten von … Die Kontra-Seite wird vertreten von … Ich erteile jeweils das Wort/Das Wort erteilen sich die Gruppen jeweils gegenseitig. Nach 20 Minuten beende ich die Diskussion."
8. Die Gruppensprecher halten jeweils ein knappes Eingangsstatement.	„Angesichts sinkender Wahlbeteiligung wird die Forderung nach mehr direkter Beteiligung der Bürger an der Politik auf Bundesebene immer lauter. Und das völlig zurecht. Nur wer den Bürgern Mitsprache … ."
9. Anschließend erfolgen Rede und Gegenrede, wobei sich die Teilnehmer jeweils auf die Argumente der Gegenseite beziehen sollen, bevor sie neue Argumente in die Diskussion einbringen.	„Ich gebe Dir recht, dass sich einige Bürger durch die Möglichkeit, direkt abzustimmen, auch mehr über Themen informieren würden. (Argument des Vorredners) Aber warum müssen sie das denn überhaupt? Es ist doch besser, wenn sich die Politiker als Experten damit beschäftigen (neues Argument) und die Bürger sich um ihre Arbeit und ihre Hobbys kümmern können. Das nennt man Arbeitsteilung."
10. Nach dem Ende der Diskussion erfolgt die Auswertung der Diskussion. Dafür können die Diskussionsteilnehmer unabhängig von ihrer Gruppenzugehörigkeit (und Beobachter in der Variante A) die Argumente nennen, die sie überzeugt haben, und welche Diskussionsbeiträge ihnen besonders gefielen oder missfielen.	„Ich fand gut, wie du das Argument gekontert hast." „Das Beispiel zu diesem Argument war nicht passend." „Dieses Argument kam zu kurz." „Ihr hättet euch ausreden lassen sollen." „Es haben sich fast alle beteiligt."
11. Zum Abschluss erfolgt nochmals eine Abstimmung. Das Ergebnis wird mit der ersten Abstimmung verglichen und es werden Ursachen für evtl. Veränderungen diskutiert.	„Ich habe meine Meinung geändert, weil mich … überzeugt hat/weil ich … nicht bedacht hatte." „Ich bin in meiner Meinung bestärkt, da keines der Argumente der Gegenseite besser war als … ."

Nach: Lothar Scholz, Methodenkiste, 7. Aufl., Bonn: bpb, 2016, S. 30 f.

METHODE

Zukunftswerkstatt

Die Zukunftswerkstatt ist eine von dem Philosophen Robert Jungk entwickelte Methode der politischen Bildung. Hier sollen Bürgerinnen und Bürger zu Wort kommen; alle Akteure gelten als Experten und sollen mit ihrem Wissen, ihren Wünschen und Ideen zu Demokratisierungsprozessen beitragen. Zukunftswerkstätten können zu vielen Themen durchgeführt werden – von technischen und sozialen Problemen bis hin zu ökologischen oder städtebaulichen Fragestellungen.

Die Methode „Zukunftswerkstatt" geht davon aus, dass die Menschen über häufig ungenutzte kreative Fähigkeiten sowie Problemlösungspotenziale verfügen. Mithilfe der Methode werden diese Ressourcen mit dem Ziel mobilisiert, Perspektiven für die individuelle und/oder gemeinsame Zukunft zu entwickeln und konkrete Schritte zur Erreichung dieser Ziele zu planen. Zukunftswerkstätten finden in Gruppen statt, denen eine Moderatorin oder ein Moderator zur Seite gestellt wird.

Es werden in der Regel drei Phasen durchlaufen: Kritikphase, Fantasie- und Utopiephase sowie Umsetzungsphase. Ergänzt werden diese oft durch eine Einstiegs- und eine Ausstiegsphase.

1. Einstiegsphase
Sie soll der Gruppe das Ankommen und Orientieren am Anfang der Zukunftswerkstatt erleichtern. Wichtig sind aktivierende Methoden, bei denen die Teilnehmerinnen und Teilnehmer selbst tätig werden, miteinander ins Gespräch kommen und langsam in das Thema einsteigen.
Geeignete Methoden: z. B. Kennlernspiele, Metaphern und Satzanfänge auf Wandzeitungen. Außerdem sollten eine Vorstellungsrunde, eine kurze Einführung in die Zukunftswerkstatt und die Klärung des Organisatorischen erfolgen.

2. Kritikphase
In der Kritikphase wird unter einer (oder mehreren) Fragestellung(en) ordentlich „Dampf abgelassen". Diese Phase dient eher dazu, Kritik zu sammeln, nicht der detaillierten Analyse der Kritik. Ziel ist es, den Kopf für Neues frei zu bekommen und die Grundlage für Assoziationen bei der kreativen Ideenentwicklung in der Fantasiephase zu legen. Alles darf gesagt, geschrieben und kritisiert werden.
Geeignete Methoden: z. B. Kritiksammlung auf Moderationskarten, Klagemauer, Kritikcollage, Kritikzeichnungen, Matrix-Bewertung: Sauerei des Monats, Jugend-TÜV.

3. Fantasie- und Utopiephase
Hier geht es darum, die Gegenwelt zur Kritik zu schaffen, Problemlösungen und neue Ideen zu entwickeln. „Wie wäre es ideal?", „Was wünsche/erträume ich mir?", „Wie könnten wir es besser machen?", sind die Fragen in dieser Phase. Alles kann erträumt werden, nichts ist unmöglich.
Geeignete Methoden: z. B. Planungssprint, Erfindungsspiel, Brainstorming, Modellbau.

4. Umsetzungsphase
Nach den Höhenflügen in der Fantasie- und Utopiephase geht's nun „auf den Boden der Tatsachen" zurück. In dieser Phase wird geschaut, welche Ideen, Wünsche weiterbearbeitet werden sollen und für die Gruppe am wichtigsten sind. Danach steht die Frage im Vordergrund, wie die Umsetzung dieser Ideen angegangen werden kann. Nach Möglichkeit sollte diese Phase mit einem Handlungsplan („Was müssen wir erledigen?" und „Wer macht was?") enden. Ziel ist es, die Teilnehmenden auch über die Zukunftswerkstatt hinaus zum aktiven Handeln zu motivieren.
Geeignete Methoden: z. B. Handlungsplan, Wandzeitungssammlung mit Zuruffrage, Mehrpunktentscheidung.

5. Ausstiegsphase („Abschiedsphase")
Mit dieser Phase endet die Zukunftswerkstatt. Es findet vor allem ein Gesamtfeedback statt.
Geeignete Methoden: z. B. Einpunktentscheidung, Beantwortung von Auswertungsfragen auf Moderationskärtchen.

Nach: Bundeszentrale für politische Bildung, Methodenkoffer, in: www.bpb.de/lernen/formate/methoden/62269/methodenkoffer-detailansicht?mid=194 (Zugriff: 12.12017)

Konferenz-Planspiel

Bei einem Konferenzspiel geht es darum, Probleme, Konflikte und mögliche Lösungsstrategien zu simulieren. Die Spielteilnehmer übernehmen dabei die Rollen der an einem Konflikt beteiligten Akteure.

1. Gemeinsame Festlegung von „Spielregeln"
- Welche Gruppen sollen an der Konferenz teilnehmen, welche keinesfalls?
- Festlegung von Redezeiten für die einzelnen Akteursgruppen,
- Absprache, ob Kritik an den militärischen und politischen Gegnern zulässig sein darf (es könnte z. B. für eine spätere dauerhafte Friedensordnung produktiv sein, wenn man Schuldfragen und gegenseitige Schmähungen nicht vorbringt),
- Festlegung, wer die Verhandlungsführung übernimmt,
- Festlegung, ob es auf der Konferenz Mehrheitsbeschlüsse geben soll oder eine Konsenslösung, mit der alle „leben können",
- zeitlicher Rahmen der Konferenz muss vereinbart werden.

2. Vorbereitung der beteiligten Akteure auf ihre Rolle in der Friedenskonferenz
Zunächst klären die Akteure in Kleingruppen ihre eigene Situation und vor allem ihre Interessen ab. Dazu bereiten sie ein Positionspapier vor, das u. a. enthalten sollte:
- Interessen (etwa territoriale Ansprüche, künftige Beteiligung an der Macht, Zugang zu Ressourcen, Zugang zu Verkehrsinfrastruktur, Flüssen u. Ä.). Diese Interessen könnten historisch, rechtlich und politisch-moralisch begründet und abgesichert werden.
- Maximal- und Minimalziele sind festzulegen, die ebenfalls begründet werden sollten.
- Interne Konflikte innerhalb der Gruppen sollten vorab geklärt und bereinigt werden, damit die Gruppen mit einer einheitlichen Position auftreten können.
- Festlegung, wer als Sprecher oder Verhandlungsführer fungieren sollte oder ob alle aus einer Gruppe zu Wort kommen sollten,
- Suche nach möglichen Bündnispartnern, mit denen man sich auf der Konferenz leicht arrangieren könnte.

3. Durchführung der Konferenz
- Alle Akteursgruppen ordnen sich den Vorgaben der „neutralen" Verhandlungsführung unter, die etwa
  - in das Problem einführt,
  - die Spielregeln verkündet, Zeitvorgaben macht,
  - allerdings nicht eigenmächtig Akteursgruppen aus der Konferenz ausschließen darf.
- Jede Gruppe erläutert und begründet ihre Position und ihren Lösungsvorschlag.
- In einer Konferenzpause stimmen sich befreundete Akteursgruppen untereinander ab, welche Bündnisse sie eingehen könnten.

4. Allgemeine Diskussion der unterschiedlichen Positionen und Lösungsvorschläge
Die Konferenzleitung entwickelt mit den einzelnen Verhandlungsführungen einen Lösungsvorschlag, der entweder dominierende und gut begründete Interessen privilegiert oder einen Ausgleich sucht, sodass – im Interesse einer dauerhaften Friedensordnung – keine Gruppe das „Gesicht verliert" und als „Verlierer" die Konferenz verlässt.

5. Feierliche Schlusserklärungen der beteiligten Akteursgruppen und der Konferenzleitung

Verhandlungen über die Beilegung des Syrien-Konfliktes unter Führung der UN in Genf am 1. Februar 2016

METHODE

Zehn Arten einen theoretischen Text zu lesen

Oft lautet die Aufgabe zum Lesen eines Klassikers der politischen Theorie: „Geben Sie den Inhalt des Textes wieder." Dies nennt man **objektive Hermeneutik**. Leider überfordert dieser ganzheitliche Ansatz den am Anfang stehenden Lernenden oft.

Um sich dem Text schrittweise zu nähern, sollte man sich das Thema des Textes vor Augen halten. Nachdem wir das Thema wissen, steht die Frage im Raum, mit welchem Ziel schrieb der Autor einen solchen Text, was bezweckte er (**intensionalistische Hermeneutik**)? Eng verwandt damit ist die Frage nach dem **kulturellen Kontext** des Autors in seiner Zeit, ohne den ein adäquates Textverständnis kaum möglich ist.

Perspektive	typische Form der Fragestellung / Aufgabenstellung
objektive Hermeneutik	Geben Sie den Inhalt des Textes wieder.
analytische Philosophie	Bestimmen Sie die Kernbegriffe und zeigen Sie deren argumentative Verknüpfung auf.
Dialektik	Ordnen Sie die Kernbegriffe des Textes in Oppositionspaare zueinander an und beschreiben Sie das Spannungsverhältnis.
intensionalistische Hermeneutik	Erschließen Sie die Schreibabsicht des Autors.
kultureller Kontext	Erläutern Sie die Aussagen im kulturellen und zeitgeschichtlichen Kontext des Autors.
philosophische Hermeneutik	Der Text befasst sich mit einer zentralen Frage, z.B.: „Warum soll es überhaupt einen Staat geben und worin liegt der Nutzen für die Menschen?" Formulieren Sie vor dem Lesen Ihre Erwartungen an den Text, indem Sie sich diese Frage selbst beantworten und konfrontieren Sie dieses Vorverständnis mit dem folgenden Textverständnis.
Dekonstruktivismus	Formulieren Sie, was nicht im Text steht. Welche Themen und Probleme werden vom Autor ausgespart?
Phänomenologie	Beschreiben Sie Ihre eigenen Gedanken und Empfindungen bei der Lektüre des Textes.
Konstruktivismus	Beschreiben Sie Ihre eigenen Erfahrungen zum Thema.
Strukturalismus	Ordnen Sie den Text einer Textart zu und schreiben Sie die Inhalte in einer anderen Textart nieder.

Auch ist es umgekehrt möglich, sich anhand des Themas des Textes vor dem Lesen eigene Gedanken zur Problemstellung zu machen, um diese dann später mit dem Textinhalt zu vergleichen (**philosophische Hermeneutik**). Nach dem Vergleich der eigenen (heutigen) Erwartungen an die vorliegende theoretische Auseinandersetzung wird man nun vereinzelt feststellen, dass einige davon nicht erfüllt wurden und der Autor sich mit diesen Problemen gar nicht befasst hat. Die Methode, sich zu fragen, was nicht im Text steht, obwohl es dahin gehören könnte, nennt man **Dekonstruktivismus**.

Nachdem man den Text zum ersten Mal gelesen hat, kann man sich auch nach der Wirkung des Textes auf einen selbst befragen (**Phänomenologie**). Zugegebenermaßen eignet sich der vorliegende Text von Thomas Hobbes dazu nicht besonders gut, da er sehr theoretisch ist. Bei einer Rede eines Politikers kann das schon ganz anders sein. Um unter die Oberfläche des Textes in seine Tiefenstruktur zu gelangen, bietet sich die **analytische Perspektive** an. Hierbei werden Kernbegriffe ermittelt und versucht diese zu definieren.

Die **Dialektik** wiederum ist eine konkrete Form der Analyse, die versucht, einen Sachverhalt aus dem Gegensatz zweier Begriffe heraus zu erklären. Hierbei werden Oppositionspaare gebildet, um deren Spannungsverhältnis fruchtbar zu machen.

Nach der intensiven Zerlegung des Textes kann auf kreative Weise der Kerngedanke des Textes durch Niederschreiben eigener Erfahrungen zum Thema Bürger und Staat weiterentwickelt werden (**Konstruktivismus**). Schließlich kann über die Auseinandersetzung mit der Textart eine produktive Vertiefung des Textverständnisses vollzogen werden (**Strukturalismus**). Oft gut geeignet für diese Zwecke sind die Formen der politischen Rede, aber auch die Fabel oder Parabel bieten sich hier für pointierte Aussagen an.

Zitate bei GFS und Hausarbeiten

Was ist ein Plagiat?

Wenn Sie eine GFS oder eine Hausarbeit (z.B. als besondere Lernleistung) erarbeiten, müssen Sie sich zuerst nach geeigneten Informationsquellen umsehen. Oftmals werden dafür das Internet und Bücher verwendet. Somit bedienen Sie sich dem Wissen von Dritten. Das ist legitim und wird sogar erwartet. Die Eigenleistung besteht also nicht darin, dass Sie Sachverhalte neu erfinden oder erforschen, sondern in der Recherchearbeit, der sinnvollen Auswahl von Quellen und einer zielführenden Aneinanderreihung von Argumenten und Fakten. Die Benutzung des sogenannten fremden geistigen Eigentums ist also erlaubt – solange Sie akribisch auf die Kennzeichnung achten, also Quellenangaben machen. Wenn Sie Zitate oder Bilder anderer Autoren nicht kennzeichnen – egal ob absichtlich oder nicht – so gilt ihre Arbeit, oder auch Teile davon, als Plagiat. In der Schule wird ein Plagiat meist mit null Punkten bewertet, an der Universität drohen schlimmere Konsequenzen. Manch ein Politiker hat dies in der Vergangenheit schmerzlich erfahren müssen – durch Aberkennung von Doktortiteln und durch Rücktritte.

> **INFO**
> Weitere aktuelle Informatinen zum Urheberrecht, auch streaming, fliesharing u. Ä. unter: www.irights.info

Es gibt grundsätzlich zwei Möglichkeiten, Zitate zu verwenden und somit ein Plagiat zu vermeiden:

1. Paraphrase (indirektes Zitat)	2. Direktes Zitat
sinngemäße Wiedergabe von fremdem Gedankengut in eigenen Worten.	eine wortwörtliche Wiedergabe der Originalquelle
Beachten Sie: - wann immer möglich paraphrasieren anstatt direkt zitieren. So zeigt man, dass man sich um Eigenleistung bemüht - paraphrasiert werden vor allem lange Gedankengänge und Abschnitte, bei denen der exakte Wortlaut des Originals weniger wichtig ist	**Beachten Sie:** - Es darf nicht mehr zitiert werden als für den Zweck notwendig, d.h. das Zitat muss eine sinnvolle Funktion erfüllen. Sie können es als Beleg ihrer These oder als Erläuterung verwenden, wenn es besonders auf die ursprüngliche Formulierung ankommt - streng genommen ist das wörtliche Zitieren nötig, sobald fünf oder mehr Worte übernommen werden. Eine Ausnahme ist das Ausdrücken von Allgemeinwissen (Beispiel: Der Bundeskanzler besitzt die Richtlinienkompetenz im Kabinett.)
So gehe ich vor: - es gibt keine besondere Hervorhebung im Text, sondern der zu paraphrasierende Inhalt wird in eigenen Worten in den Fließtext eingebunden. Am Ende der Paraphrase, spätestens am Ende des Absatzes, muss die sie durch eine Quellenangabe (Kurzbeleg) gekennzeichnet werden - es gibt verschiedene Formen von Kurzbelegen. In wissenschaftlichen Arbeiten wird meist mit der Harvard Zitierweise oder mit Fußnoten gearbeitet (siehe Beispiel „Paraphrase", S. 170) - Die ausführlich zitierte Quelle wird am Schluss der Arbeit aufgeführt - Eine sinnvolle Paraphrase nennt oftmals die Quelle: Autor XY geht deshalb davon aus, dass ...	**So gehe ich vor:** - Das Zitat wird mit doppelten Anführungszeichen hervorgehoben (siehe Beispiel „wörtliches Zitat", S. 170) - am Ende des direkten Zitates muss sofort der Kurzbeleg folgen. - Sie können ein wörtliches Zitat kürzen, wenn der Satz z.B. auch Aspekte enthält, die für ihren Beleg nicht wichtig sind. Dies kennzeichnet man mit dreieckigen Klammern und drei Punkten: - „Es bleibt festzustellen, dass [...] wörtliche Zitate sparsam zu verwenden sind." - Eigene Ergänzungen werden ebenfalls mit eckigen Klammern gekennzeichnet

In beiden Fällen darf der Sinn nicht entstellt werden. Nur ihr Fazit und die Einleitung benötigen keine Quellenangaben, weil hier ihre eigene Meinung gefragt ist.

METHODE

Beispiel

Max Mustermann

Tödliche Flucht über das Mittelmeer

Viele Flüchtlinge verlassen ihre Heimat aufgrund von Krieg, politischer Verfolgung, Hunger und Perspektivlosigkeit. Dabei setzen sie oftmals ihr Leben aufs Spiel, um für sich und ihre Familie Sicherheit und Hilfe zu finden. Nicht wenige Flüchtlinge erreichen jedoch nie europäischen Boden, sondern fallen den widrigen Fluchtbedingungen zum Opfer. So wird das Mittelmeer gelegentlich als größtes Massengrab Europas bezeichnet.

INFO
Kurzbeleg im Text mit der Harvard Methode

So könnte eine Paraphrase aussehen:

Max Mustermann beschreibt in seinem Artikel, dass Asylsuchende ihre Heimat nicht grundlos verlassen. Ursachen können einerseits wirtschaftliche Gründe wie Armut sein. Andererseits spielt auch die Politik eine Rolle: Manche Menschen sind in ihrem Heimatland aufgrund ihrer politischen Einstellung gefährdet (Mustermann 2020).

INFO
Kurzbeleg im Text durch Fußnote
Vollbeleg im Quellenverzeichnis

So könnte ein wörtliches Zitat aussehen:

Flüchtlinge verlassen ihre afrikanische Heimat oftmals mithilfe von Schleppern, die sie nicht selten mit untauglichen Booten über das Mittelmeer, dem „größte[n] Massengrab Europas"[1], schleusen.

Der Vollbeleg, also der vollständige Literaturnachweis, erfolgt erst im Quellenverzeichnis am Ende der Arbeit in alphabetischer Reihenfolge.

Mustermann, Max: Tödliche Flucht über das Mittelmeer. Online unter: <www.asyl.de> vom 01.04.2020 (Stand 04.06.2020).

Wichtig:

Informieren Sie sich im Methodencurriculum ihrer Schule oder bei Ihrer Lehrkraft genau über die Zitierweise, die von Ihnen erwartet wird.

Halten Sie die einmal gewählte Zitierweise unbedingt im gesamten Dokument durch.

---

[1] Mustermann 2020, www.asyl.de (Kurzbeleg bei Buchquellen: Mustermann 2020, S. 19)

METHODE

Der Politikzyklus

Auf den ersten Blick scheint die Politik eine ungeordnete Abfolge von Geschehnissen zu sein, an denen eine kaum übersehbare Zahl von Akteuren beteiligt ist. Ein genaueres Hinsehen ergibt aber, dass sich dahinter eine bestimmte Abfolge verbirgt.

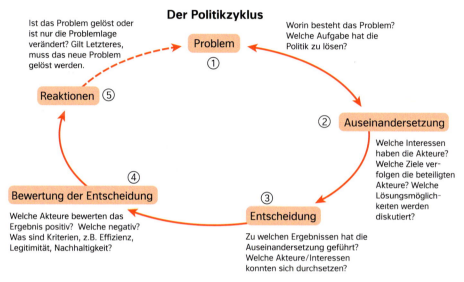

Nach: www.lehrerfortbildung-bw.de/u_gewi/gk/gym/bp2016/fb5/2_komp/2_politik/ (Abruf: 18.12.2018) © Westermann 38609EX

Die Politik folgt einem bestimmten Ablauf, den man Politikzyklus nennt. Wenn es ihr gelingt, ein Problem dauerhaft oder wenigstens für lange Zeit zu lösen, beschränkt sich der Zyklus auf einen Umlauf. Oft stellt sich jedoch nach einiger Zeit heraus, dass die gefundene Lösung Mängel aufweist oder von den Menschen nicht akzeptiert wird. Dann setzt die Politik erneut ein und bemüht sich um eine Änderung der bisherigen Lösung. Dieser Ablauf kann sich mehrfach wiederholen. Etwas überspitzt kann man in der Politik eine prinzipiell endlose Kette von Versuchen sehen, Probleme der Allgemeinheit zu lösen. Der Politikzyklus ist eine vereinfachte Modellvorstellung, die die politische Analyse erleichtern soll. Die Wirklichkeit kann unübersichtlicher sein.

Dimensionen der Politik

Die Politik lässt sich auch mithilfe der drei Dimensionen der Politik analysieren. Die Dimensionen decken die verschiedenen Seiten der Politik ab. Zu jeder Dimension gehören bestimmte Kategorien, die die Politik konkret erschließen.

Dimension	Kategorien
Polity (die formale Seite der Politik; Ordnungsrahmen für politisches Handeln)	▪ Recht (Verfassung, Gesetze) ▪ Verfahrensvorschriften ▪ Kompetenzen staatlicher Institutionen
Policy (die inhaltliche Seite der Politik; politische Ziele und Inhalte)	▪ Problem ▪ Zielvorstellungen (ggf. Programme) ▪ Lösungsvorschläge ▪ Entscheidungsinhalte
Politics (die prozesshafte Seite der Politik; politische Handlungen)	▪ Interessenartikulation ▪ Machteinsatz ▪ Konfliktstrategien ▪ Verhandlungen ▪ Bemühungen um Zustimmung

METHODE

Szenariotechnik

Die Gegenwart als Fundament der Zukunft – Zukunftsfragen – Zukunftsbilder: Szenarien

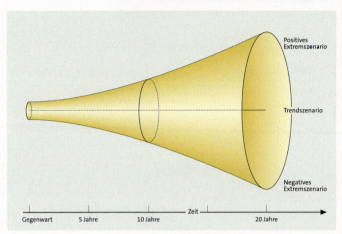

Sie haben sich in diesem Buch mit einigen wichtigen gesellschaftspolitischen Zukunftsfragen, aber auch mit grundlegenden Problemen nationaler und internationaler Politik beschäftigt. Dabei haben Sie aktuelle Probleme kennengelernt und analysiert, über Lösungsansätze diskutiert und sich – zumindest in Ansätzen – ein eigenes politisches Urteil gebildet. Ihre Kenntnisse über wichtige Entwicklungen des politischen Prozesses konnten Sie dabei vertiefen und erweitern. Ziel sollte es sein, Ihre Kompetenzen so zu entwickeln, dass Sie künftig qualifiziert und mit eigenen Zukunftsvorstellungen an der Entscheidungsfindung teilnehmen können.

In diesem Zusammenhang stellen sich einige Fragen: Wie wird es nun mit der Demokratisierung von Staaten weltweit tatsächlich weitergehen? Werden sich die Erwartungen und Hoffnungen an eine universelle Gültigkeit der Menschenrechte erfüllen? Können die westlichen Staaten beim Aufbau von Demokratie anderswo auf der Welt helfen? Hier betreten wir das Feld der Spekulation. Sicherlich gibt es heute auf diese Fragen noch keine definitiven Antworten. Trotzdem ist es gerade für eine verantwortungsvolle und nachhaltige Politik wichtig, schon in der Gegenwart ein möglichst konkretes Bild von der Zukunft zu entwerfen, um mittel- und langfristig planen zu können, rechtzeitig negative Entwicklungen zu erkennen und möglichen Fehlentwicklungen frühzeitig zu begegnen. In Politik und Wirtschaft wird hier gerne mit der Methode des **Szenarios** gearbeitet. Diese Methode empfehlen wir Ihnen auch, um einen Blick auf die zukünftige demokratische Entwicklung von Staaten zu werfen.

Szenarien entwerfen Zukunftsbilder mit denkbar bestmöglichen (positives Extremszenario, auch best-case) und denkbar schlechtesten Varianten (negatives Extremszenario, auch worst-case). Aufgabe der Szenario-Entwickler ist es, zu einem Thema Zukunftsbilder nach Ablauf einer gedachten mittleren oder längeren Frist zu entwerfen. Dazu überlegen sie, aus welchen Gründen es zu den prognostizierten positiven oder negativen Entwicklungen gekommen ist, und sie fragen, was ein angenommenes negatives Bild hätte verhindern können. Bei diesem Vorgehen lässt sich viel über zukunftsorientiertes persönliches und politisches Handeln lernen.

Ihre Aufgabe wird es nun sein, sich mit den Vorschlägen auf diesen Seiten zu beschäftigen und einen Blick auf die zukünftige demokratische Entwicklung von Staaten zu werfen, die bisher noch nicht demokratisch sind, bzw. auf Demokratien, die Gefahr laufen, ihre demokratische Legitimität und Problemlösungsfähigkeit einzubüßen.

Wichtig ist dabei, dass das Thema Sie persönlich interessiert, damit es Ihre Phantasie und Kreativität beflügelt, die bei der konkreten Ausarbeitung des Szenarios besonders wichtig sind.

Ein Szenario läuft idealtypisch in verschiedenen Phasen ab. Dabei sind folgende vier Phasen unerlässlich: 1. die Problemanalyse, 2. die Analyse möglicher Einflussfaktoren (Einflussanalyse), 3. die Entwicklung und Ausgestaltung von Szenarien (Entwicklungsprojektion) und 4. die Entwicklung von Strategien.

Für die Verbreitung der Demokratie auch in Ländern außerhalb der OECD (z. B. in den Nachfolgestaate der Sowjetunion, in Afrika und Asien), die in den letzten Jahren wieder ins Stocken geraten ist, könnte ein Szenario in etwa folgendermaßen aussehen:

1. Phase: Problembeschreibung

- Warum kommt Demokratie in unterschiedlichen Staaten/Regionen nicht voran?
- Welche Hemmnisse bestehen für die Entwicklung einer Demokratie in diesen Bereichen?
- Woran scheiterten die bisherigen Bestrebungen einer Demokratisierung?

2. Phase: Einflussanalyse

In dieser Phase heißt es, zunächst im Plenum festzustellen, welche Einflussbereiche und -faktoren bei dem erarbeiteten Problem eine Rolle spielen. Im vorliegenden Fall könnten dies u. a. sein:

- politisches und/oder wirtschaftliches System
- Einflussmächte innerhalb des Systems (sog. Vetomächte), die sozusagen als Staat im Staate fungieren
- religiöse oder kulturelle Traditionen
- keinerlei Erfahrungen mit Demokratie
- Abschottung vom freien Zugang zu Informationen

3. Phase: Entwicklungsprojektion

In dieser dritten Phase liegt es an den einzelnen Gruppen, für die einzelnen Bereiche der Einflussanalyse festzulegen, was bestenfalls (best case) und schlimmstenfalls (worst case) passieren könnte. Diese beiden Szenarien können die Gruppenmitglieder mittels grüner (best case) und roter Karten (worst case) an einer Pinnwand festhalten und so einen strukturierten Überblick über das Problem gestalten. Als Leitfragen könnten dabei z. B. dienen:

- Was wird passieren, wenn der Westen versucht, einen Demokratisierungsprozess von außen zu initiieren oder zu unterstützen?
- Wie wird die politische Führung auf die zunehmenden internationalen Verflechtungen im Rahmen der Globalisierung reagieren?
- Wie anfällig bzw. zugänglich ist das Regime für Druck von innen und außen?

4. Phase: Strategie-Entwicklung

Gestalten Sie nun in zwei Großgruppen den best case und den worst case für ein bestimmtes Land, eine bestimmte Region. Beschreiben Sie dabei auch die möglichen Wege in die jeweilige Situation und entwickeln Sie Strategien, wie das angestrebte Ziel einer weiteren Ausbreitung demokratischer Staaten weltweit erreicht werden könnte.

Wichtig ist es dabei, die Rolle der unterschiedlichen staatlichen (Politiker, Parteien, internationale Organisationen) und gesellschaftlichen Akteure (Interessenverbände, NGOs, Hilfsorganisationen, aber auch die Wirtschaft) zu beleuchten und ihre Möglichkeiten und Grenzen in diesem Prozess aufzuzeigen.

Dokumentieren Sie Ihre Arbeit abschließend in Form einer Wandzeitung, eines Plakats oder einer Filmsequenz zu dem Thema. Verwenden Sie Zeitungsmeldungen (oder andere Texte), Schlagzeilen, Fotos oder Grafiken zur Illustration. Ihrer Kreativität sind hier keine Grenzen gesetzt.

MÜNDLICHE ABITURPRÜFUNG

Vorbereitung auf die mündliche Prüfung (Abitur ab 2025)

Der genaue Ablauf der Prüfung kann sich in Nuancen von Schule zu Schule unterscheiden. Je genauer Sie über den Ablauf Bescheid wissen, desto besser können Sie sich darauf vorbereiten. Daher ist es ratsam, einige Wochen vor der Prüfung das Gespräch mit Ihrem Fachlehrer/ Ihrer Fachlehrerin zu suchen. Folgende Informationen können Ihnen aber erste Anhaltspunkte geben:

Vorbereitung auf die Prüfung

Grundsätzlich kann jedes Themenfeld Grundlage der Prüfung sein, welches im Bildungsplan Gemeinschaftskunde genannt ist und dementsprechend im Unterricht behandelt wurde. Üblicherweise bezieht sich die Aufgabenstellung auf ein spezielleres Themengebiet, nicht auf mehrere größere Themenkomplexe. Da das Fach Gemeinschaftskunde auch von der Aktualität lebt, sollten Sie in den Wochen vor der Prüfung noch mehr als üblich auf das gegenwärtige politische Geschehen achten. Überlegen Sie, welche Ereignisse inhaltliche Verbindungen zu den behandelten Themen aufweisen.

Die Prüfung besteht aus einer schriftlichen Aufgabenstellung, für die Sie eine Vorbereitungszeit erhalten. Sofort im Anschluss erfolgt das Prüfungsgespräch (Kolloquium). Ihre Aufgabe wird alle drei Anforderungsbereiche abdecken. Wiederholen Sie deshalb im Vorfeld der Prüfung die Anforderungen der verschiedenen Operatoren. Je höher der Anforderungsbereich, desto mehr wird von Ihnen verlangt und dementsprechend mehr Punkte können Sie sich erarbeiten.

Herangehensweise während der Prüfung

Die Vorbereitungszeit:
- Zunächst werden Sie circa 20 Minuten* vor Beginn der Prüfung in den Vorbereitungsraum gebeten und erhalten dort Ihre Prüfungsaufgaben.
- Halten Sie sich strikt an die Anforderungen der Aufgaben. Die schwerwiegendsten Fehler während der Vorbereitung passieren dann, wenn der Prüfling die Aufgabenstellung in der Aufregung nur hektisch überfliegt. Dies kann schnell zu einer Themaverfehlung und dementsprechenden Punktabzug führen. Die Aufgabenstellung ist so gewählt, dass sie in der vorgegebenen Zeit machbar ist, also lesen Sie sie langsam und aufmerksam durch.
- Halten Sie Ihre Ideen nur in Stichworten fest. Ganze Sätze brauchen einerseits zu viel Zeit und sind auch während der Prüfung ein Nachteil. Es wird erwartet, dass Sie nicht vom Blatt ablesen. Die Stichpunkte dienen nur als Erinnerungsstütze und helfen beim freien Sprechen.
- Zum Ende Ihrer Vorbereitungszeit werden Sie abgeholt und zum Prüfungsraum gebracht.

Das Kolloquium:
- Im Raum wird sich Ihr Prüfer (also Ihr Fachlehrer), ein Protokollant und ein Prüfungsvorsitzender befinden. Letzterer stammt im Normalfall von einer anderen Schule, ist Ihnen also unbekannt.
- Zu Beginn der Prüfung haben Sie die Gelegenheit, Ihre vorbereiteten Antworten zu präsentieren.
- Erwartet werden strukturierte, ausführliche Antworten. Meiden Sie Wiederholungen.

Weitere Aspekte
- Achten Sie am Prüfungstag auf ein gepflegtes Erscheinungsbild. Vergewissern Sie sich ganz genau, in welchem Raum und zu welcher Uhrzeit Ihre Prüfung stattfinden wird und finden Sie sich entsprechend rechtzeitig dort ein.
- Bemühen Sie sich um eine angemessene Ausdrucksweise. Aller Werbesprüche zum Trotz macht es einen besseren Eindruck, wenn Sie Ihren lokalen Dialekt in der kurzen Prüfungszeit etwas unter Kontrolle bringen.
- Da Sie während der Vorbereitungszeit Notizen machen dürfen, sollten Sie einen eigenen Stift mitbringen. Das Papier wird im Regelfall von der Schule gestellt, trotzdem sollten Sie sicherheitshalber auch selbst eines mitbringen.
- Zu guter Letzt machen Sie sich bewusst, dass jeder Prüfling mit Nervosität zu kämpfen hat. Je sicherer Sie Ihre Punkte vortragen, desto besser ist der Eindruck, den Sie bei der Prüfungskommission hinterlassen. Untergraben Sie sich nicht selbst durch Sätze wie „…ich weiß nicht genau, aber…" oder „…, aber das ist bestimmt falsch."

*Zum Zeitpunkt der Erscheinung des Buches ist noch nicht abschließend geklärt, wie lange die Vorbereitungszeit und das anschließende Kolloquium dauern werden. Üblicherweise dauert die Vorbereitungszeit zwischen 15-20 Minuten, das Prüfungsgespräch 10 Minuten. Klären Sie das mit Ihrer Lehrperson ab.

GLOSSAR

Abgeordnete
Von den Bürgerinnen und Bürgern (Volk) durch allgemeine, unmittelbare, freie, gleiche und geheime → Wahlen gewählte Repräsentanten, die in den deutschen Parlamenten mit keinerlei Aufträgen oder Weisungen (z. B. aus der → Partei oder dem Wahlkreis) gebunden werden können (Art. 38 Abs. 1 GG); dieser Freiheit der Abgeordneten steht allerdings faktisch die Fraktionsdisziplin gegenüber. Zur ungehinderten Ausübung ihres Amtes sind die Abgeordneten u. a. durch ihre Immunität und den Bezug von Diäten, die ihren Lebensunterhalt sichern, in der Lage. Die Abgeordneten einer Partei oder gleicher politischer Überzeugung schließen sich in den Parlamenten zu → Fraktionen oder Gruppen zusammen. Im Deutschen → Bundestag können Abgeordnete eine Fraktion bilden, wenn dieser mindestens fünf Prozent der Abgeordneten angehören. Der wichtigste Teil der Abgeordnetenarbeit findet nicht in den Plenarsitzungen, sondern in den Parlamentsausschüssen und Fraktionen statt.

Arbeitsteilung
Eine Arbeitsaufgabe wird in neben- und nacheinander ablaufende Teilprozesse zerlegt. Unterscheiden lassen sich insbesondere die berufliche bzw. personale, die innerbetriebliche bzw. gesellschaftlich-technische (zwischen verschiedenen Abteilungen), die zwischenbetriebliche bzw. volkswirtschaftliche (zwischen verschiedenen Unternehmen/Branchen in einem Land) und die internationale (zwischen verschiedenen Ländern) sowie ggf. die regionale Arbeitsteilung. Im Zuge zunehmender Arbeitsteilung kommt es zur → Spezialisierung und damit zur Steigerung der → Produktivität. Zugleich wachsen allerdings auch die wechselseitigen Abhängigkeiten.

Armut
Begriff, der generell die mangelnde Befriedigung von Grundbedürfnissen wie Kleidung, Nahrung, Wohnung, Gesundheit bezeichnet; unterschieden wird zwischen absoluter Armut und relativer Armut. Als absolut arm gelten nach Definition der Weltbank Menschen, die weniger als 1,90 USD pro Tag für die Befriedigung der existenziellen Lebensbedürfnisse zur Verfügung haben. Demgegenüber basiert der Begriff der relativen Armut auf der Vorstellung sozialer Ungleichheit. So gilt zum Beispiel in Deutschland als relativ arm, wer über maximal 50 % des Medianeinkommens (mittleren Einkommens) einer Bevölkerungsgruppe verfügt. Zusätzlich unterschieden wird zwischen einem Armutsrisiko, das bei weniger als 60 % des Medianeinkommens vorliegt, und einer strengen Armut (weniger als 40 %). Nach den Kriterien der → Europäischen Union ist arm, wer 60 % oder weniger des Medianeinkommens zur Verfügung hat.

Asylbewerber
→ Migranten, die einen Antrag auf Asyl nach Art. 16a GG gestellt haben, der noch in Bearbeitung ist; Voraussetzung für eine Anerkennung ist der Nachweis, persönlich von Verfolgung bedroht zu sein. Sie sind meist in Sammelunterkünften untergebracht und erhalten erst nach einem Jahr eine eingeschränkte Arbeitserlaubnis. Nach Anerkennung eines Asylantrages wird der Antragsteller zu einem Asylberechtigten.

Aufklärung, Europäische
Epoche, die Ende des 17. Jahrhunderts in England ihren Anfang nahm und im 18. Jahrhundert das geistige Leben im gesamten europäisch geprägten Raum bestimmte; wesentliches Ziel der Aufklärung war, den Menschen „aus seiner selbst verschuldeten Unmündigkeit" (Immanuel Kant) zu befreien, also vorgegebene und feste (religiöse) Denkmuster zu hinterfragen.

Außenwirtschaftliches Gleichgewicht
Eines der Ziele des → Stabilitäts- und Wachstumsgesetzes; außenwirtschaftliches Gleichgewicht meint den Ausgleich der → Leistungsbilanz, d. h., die durch das ursprüngliche Leistungsbilanzungleichgewicht entstandene Akkumulation von Verbindlichkeiten gegenüber dem Ausland muss durch Handelsbilanzüberschüsse bedient werden.

Autokratie
Nicht-demokratische Herrschaftsform. Der Oberbegriff Autokratie umfasst dabei sowohl autoritäre als auch totalitäre → Regime. Die Abgrenzung zwischen → Demokratie und Autokratie ist allerdings nicht immer ganz eindeutig zu ziehen. In einer Autokratie sind alle wesentlichen Entscheidungsbefugnisse bei einem einzigen Machtträger (einer Person oder einer Gruppe) konzentriert. Dessen Machtbefugnisse unterliegen in der Regel weder personellen noch institutionellen Einschränkungen. Der politische Wettbewerb z. B. durch um die → Macht konkurrierende → Parteien ist eingeschränkt oder ganz ausgeschaltet.

Blauhelmsoldaten
Angehörige der Friedenstruppen der → Vereinten Nationen; ihre friedenserhaltenden Maßnahmen (*Peacekeeping*) sind zumindest teilweise sehr erfolgreich verlaufen. Für die Entsendung der Blauhelmsoldaten ist die Zustimmung des UN-Sicherheitsrates und aller am Konflikt beteiligten Parteien notwendig. Von den beteiligten Truppen wird strikte Neutralität erwartet. Sie dürfen, außer zur Selbstverteidigung, keine Gewalt anwenden – es sei denn, sie verfügen über ein sogenanntes robustes Mandat. 1988 erhielten die UN-Friedenstruppen den Friedensnobelpreis.

Brexit
(Kurzform von „British exit") Der ehemalige britische Premierminister David Cameron hatte im Jahr 2013 angekündigt, nach seinen Verhandlungen mit der → Europäischen Union über Reformen spätestens 2017 ein Referendum zum Verbleib Großbritanniens in der EU abzuhalten. Am 23.6.2016 fand das „Referendum über den Verbleib des Vereinigten Königreichs in der Europäischen Union" statt, in dem 51,9 % der Briten für einen Austritt und 48,1 % für einen Verbleib in der EU votierten. Cameron trat daraufhin als Premierminister zurück. Das Referendum war zwar nicht bindend, die (neue) britische Regierung unter Theresa May sagte jedoch zu, den Wunsch nach einem EU-Austritt umzusetzen. Unter Premier Boris Johnson wurde ein Austrittsabkommen mit der EU ausgehandelt. Seit dem 01.01.2021 ist Großbritannien nicht mehr Teil der EU und hat auch den EU-Binnenmarkt und die Zollunion verlassen.

Bruttoinlandsprodukt (BIP)
Das BIP misst den Wert aller Güter und → Dienstleistungen, die in einem Jahr innerhalb der Landesgrenzen einer → Volkswirtschaft produziert werden. Das BIP enthält also, anders als das → Bruttosozialprodukt, auch die Leistungen der Ausländer, die innerhalb eines Landes arbeiten, während die Leistungen der Inländer, die im Ausland arbeiten, nicht berücksichtigt werden. Unterschieden wird üblicherweise zwischen nominalem und realem BIP. Bei der Berechnung des nominalen BIP werden alle produzierten Güter und Dienstleistungen zu laufenden Preisen, d. h. den Preisen des Erstellungsjahres, einbezogen. Eine Erhöhung des nominalen BIP kann daher nicht nur auf größere produzierte Mengen, sondern auch auf Preissteigerungen zurückgehen. Deshalb werden im realen BIP konstante Preise, d. h. die Preise eines bestimmten Basisjahres, zugrunde gelegt; die → Inflationsrate wird also herausgerechnet.

Bruttosozialprodukt (BSP)
Das BSP misst die Summe aller Güter und Dienstleistungen, die von den Inländern einer → Volkswirtschaft innerhalb eines Jahres produziert werden. Ausgehend vom → Bruttoinlandsprodukt werden dabei also die Erwerbs- und Vermögenseinkommen der Ausländer im Inland abgezogen und die Einkommen von Inländern im Ausland hinzugezählt. Das BSP wird daher auch als Bruttonationaleinkommen (BNE) bezeichnet. Zudem ist das BSP eher auf Einkommensgrößen hin orientiert, während das BIP die wirtschaftliche Leistung eines Landes von der Produktionsseite her misst. Wie beim BIP wird zwischen nominalem und realem BSP unterschieden.

Bundeskanzler
Deutscher Regierungschef; von einer Mehrheit des Deutschen → Bundestages auf Vorschlag des → Bundespräsidenten gewählter, die Richtlinien der Politik bestimmender Chef der Exekutive (→ Gewaltenteilung).

Bundespräsident
Deutsches Staatsoberhaupt; von der Mehrheit der → Bundesversammlung für fünf Jahre gewählt; eine einmalige Wiederwahl ist zulässig (Art. 54 GG). Seine Aufgaben sind die völkerrechtliche Vertretung Deutschlands und der Abschluss von Verträgen des Bundes mit dem Ausland sowie die Verkündung und Ausfertigung der Gesetze. Der Bundespräsident hat das Recht, Begnadigungen auszusprechen. Außerdem besitzt er das Vorschlagsrecht für die Wahl des → Bundeskanzlers (Art. 63 GG). Er ernennt diesen und entlässt ihn auf Ersuchen des → Bundestages.

Bundesrat
Der Bundesrat (offiziell Deutscher Bundesrat) ist die zweite Kammer des Parlaments in Deutschland. Durch ihn wirken die Bundesländer bei der Gesetzgebung und Verwaltung des Bundes und in Angelegenheiten der → Europäischen Union mit (Art. 50 GG). Ihm gehören 69 Mitglieder an, die nicht direkt von den Wahlberechtigten gewählt, sondern als Vertreter der Landesregierungen an deren Weisung gebunden sind. Die Anzahl der entsandten Mitglieder des Bundesrates variiert entsprechend dem Bevölkerungsanteil der Bundesländer zwischen drei und sechs Vertretern pro Land. Die Stimmen jedes Landes können nur geschlossen abgegeben werden (→ Gewaltenteilung).

Bundesregierung
Oberstes deutsches Exekutivorgan (→ Gewaltenteilung), an dessen Spitze der → Bundeskanzler steht, der von den Bundesministern unterstützt wird (Art. 62 GG).

Bundestag
Oberstes Parlament in Deutschland; seine Mitglieder (→ Abgeordnete) werden in allgemeinen, unmittelbaren, freien, gleichen und geheimen → Wahlen (Art. 38 GG) für vier Jahre von den deutschen Bürgern gewählt. Der Bundestag besteht aus mind. 598 Abgeordneten. Zu seinen wichtigsten Aufgaben zählen a) die Wahl (und ggf. Abwahl) des → Bundeskanzlers, b) die Kontrolle der → Bundesregierung und der ihr unterstellten Verwaltung (Ministerien), c) die Gesetzgebung des Bundes und die Feststellung des Bundeshaushalts, d) die Mitwirkung bei der Wahl des → Bundespräsidenten sowie e) der Richter am → Bundesverfassungsgericht und f) die Feststellung des Spannungs- oder Verteidigungsfalles. Eine wichtige Funktion bei der parlamentarischen Arbeit der Bundestagsabgeordneten kommt den Bundestagsausschüssen zu.

Bundesverfassungsgericht
Das Bundesverfassungsgericht ist eine Art oberster Hüter der Verfassung in Deutschland (Art. 93 GG). Es ist allen anderen Verfassungsorganen (→ Bundestag, → Bundesregierung, → Bundesrat, → Bundespräsident) gegenüber selbstständig, unabhängig und diesen gleichgeordnet. Die Kompetenzen des Bundesverfassungsgerichts erstrecken sich u. a. auf a) Verfassungsstreitigkeiten zwischen obersten Bundesorganen, b) Streitigkeiten zwischen Bund und Ländern und zwischen den Ländern, c) Verfassungsbeschwerden von Bürgern und den Gemeinden, d) die Überprüfung von Rechtsvorschriften, e) Feststellung der Verfassungswidrigkeit politischer → Parteien, f) Wahlprüfverfahren.

Chancengleichheit
Bezeichnet das Recht auf eine egalitäre Verteilung von Zugangs- und Lebenschancen; ein wesentlicher Schritt zur Verwirklichung der Chancengleichheit ist es, allen Menschen, unabhängig von ihren persönlichen Voraussetzungen, einen Zugang insbesondere zu Bildungsangeboten zu ermöglichen. Als einzelne Aspekte können die Gleichstellung der Geschlechter oder von Menschen mit und ohne Migrationshintergrund (→ Migration) genannt werden.

Demografischer Wandel
Alle Veränderungen in der Zahl und Struktur der Bevölkerung eines Landes (Alter, Geschlecht, Lebensform, Kinderzahl, Religion), die grundlegender Natur sind, d. h. über eine längere Zeit hinweg die Zusammensetzung nachhaltig und nicht nur vorübergehend ändern; dazu zählen z. B. die sinkenden Geburtenraten oder die Steigerung der Lebenserwartung in den meisten Industrieländern. In Deutschland gehört der demografische Wandel durch die steigende Zahl der Älteren gegenüber dem Anteil jüngerer Erwerbsfähiger zu den wichtigsten gesellschaftlichen Entwicklungen. Er wirkt sich vor allem auf die Arbeitswelt und die → Sozialversicherungssysteme aus, die an die veränderten Entwicklungen angepasst werden müssen. Geburtenrückgang und Alterung der → Gesellschaft lassen sich nach Berechnungen des Statistischen Bundesamtes durch Zuwanderung verlangsamen, nicht jedoch gänzlich aufhalten.

Demokratie, direkte
(Ggs.: → Demokratie, repräsentative) Direkte Demokratie (auch: plebiszitäre Demokratie) bezeichnet eine Herrschaftsform, bei der die politischen Entscheidungen unmittelbar vom Volk z. B. durch Volksabstimmung getroffen werden. Lediglich die Art ihrer Umsetzung wird der Entscheidung einer Behörde überlassen. Rein auf direkter Demokratie basierende Gesellschaftsmodelle gibt es bisher nur in der Theorie (v. a. sozialistischer Rätesysteme). Das Modell der Schweiz ist dadurch gekennzeichnet, dass neben den direktdemokratischen (Volksinitiative, Referendum) auch repräsentative Elemente (z. B. Parlamente) existieren. Grundgedanke dieser Mischform ist es, das Mehrheitsprinzip (der repräsentativen Demokratie) zugunsten einer wesentlich höheren Beteiligung von Minderheiten am Entscheidungsprozess einzuschränken. Auch in Ländern mit repräsentativer Demokratie sind in verschiedenen Verfassungen und Gesetzen (z. B. deutscher Bundesländer und Gemeindeordnungen; US-amerikanischer Bundesstaaten) direktdemokratische Elemente wie → Volksbegehren und → Volksentscheid vorgesehen.

Demokratie, repräsentative
Eine Form der Demokratie, in der vom Volk gewählte Vertreter die politischen Entscheidungen treffen, die im Namen des Volkes handeln, dabei aber nicht an dessen Auftrag oder Weisung gebunden sind.

Desintegration
(Ggs.: → Integration) Auflösung eines Ganzen in seine Teile, in der → Soziologie Auflösung sozialer Gefüge (→ Gruppen, → Staaten, → Gesellschaften), oft bewirkt durch gesellschaftliche Umbrüche oder → Modernisierungsprozesse; Desintegration kann auf verschiedenen Ebenen (auch gleichzeitig) erfolgen: ökonomisch, sozial, kulturell und politisch. Für das Individuum kann die Auflösung des Gemeinschaftszusammenhangs zur Orientierungslosigkeit führen. Mögliche Folgen sind Gewalt oder → Extremismus.

Diktatur
Staatsform, in der sich eine Person, → Gruppe, → Partei oder Regierung anmaßt, „von oben" bestimmen zu können, was dem allgemeinen Wohl der Bürger diene. Es werden zumeist autoritäre und → totalitäre Diktatur unterschieden. Letztere, zu denen vor allem der Nationalsozialismus und der Stalinismus gerechnet werden, stehen im schärfsten möglichen Gegensatz zum demokratischen Verfassungsstaat. Kennzeichen totalitärer Diktatur sind eine geschlossene → Ideologie, staatlicher Terror gegen Andersdenkende, die Kontrolle der → Massenmedien und des wirtschaftlichen Lebens sowie die Konzentration der → Macht bei einer → hierarchisch strukturierten Massenpartei.

Einwanderungsland
Bezeichnung für ein Land, in das über längere Zeit größere Gruppen anderer Staatsangehöriger einwandern, um sich dort dauerhaft niederzulassen (→ Migration).

Elite
Personenkreis, der regelmäßig prägenden bzw. steuernden Einfluss auf gesamtgesellschaftlich wichtige Entscheidungen nehmen kann.

Entwicklungsländer
→ Staaten, die im Vergleich zu den Industrieländern u. a. ein deutlich geringeres → Bruttosozialprodukt pro Kopf, geringe Arbeitsproduktivität, hohe Analphabetenquoten und einen hohen Anteil landwirtschaftlicher Erwerbstätigkeit aufweisen.

Europäische Integration
Bezeichnet die Gründung und die Erweiterung der → Europäischen Union durch neue Mitgliedstaaten ebenso wie die Vertiefung der Zusammenarbeit zwischen den Mitgliedstaaten.

Europäische Union (EU)
1993 von den 12 EG-Mitgliedern (Belgien, Dänemark, Deutschland, Frankreich, Griechenland, Großbritannien, Irland, Italien, Luxemburg, Niederlande, Portugal, Spanien) gegründete → supranationale Organisation; der Staatenverbund baut auf der Europäischen Gemeinschaft (EG) auf, deren Anfänge bis in das Jahr 1951 zurückreichen. Seit 2014 zählt die EU 28 Mitgliedstaaten (vorbehaltlich des bevorstehenden → Brexit), in 19 Ländern gilt seit 2015 der → Euro. Die EU bildet mit dem → Vertrag von Lissabon (2009) den rechtsverbindlichen Rahmen für eine → Gemeinsame Außen- und Sicherheitspolitik (GASP), die Zusammenarbeit in der Justiz und Innenpolitik (ZIJP) sowie für die Europäischen Gemeinschaften (Europäische Wirtschaftsgemeinschaft, Europäische Gemeinschaft für Kohle und Stahl, Europäische Atomgemeinschaft).
Die zentralen Organe der EU sind:
1. das Europäische Parlament,
2. der Europäische Rat (Gremium aus den Staats- bzw. Regierungschefs aller EU-Mitgliedstaaten, dem Kommissionspräsidenten, der Hohen Vertreterin für Außen- und Sicherheitspolitik sowie dem Präsidenten des Europäischen Rates),
2. der Rat der Europäischen Union, auch Ministerrat genannt (Gremium der Fachminister der Staaten),
4. die Kommission (Exekutivorgan),
5. der Gerichtshof der Europäischen Union,
6. die → Europäische Zentralbank,
7. der Rechnungshof.

Extremismus
Bezeichnet politische Einstellungen, die die → freiheitliche demokratische Grundordnung (FDGO) beseitigen wollen; Extremisten vertreten fanatische oder → fundamentalistische Haltungen, → Ideologien oder Ziele, oftmals auch mit Gewalt. Die Formen des Extremismus lassen sich in die Kategorien „rechts", „links" und „religiös" untergliedern.

Föderalismus
(lat.: foedus = Bündnis, Vertrag) Gliederung eines → Staates in mehrere gleichberechtigte, in bestimmten politischen Bereichen selbstständige Teile (Bundesländer), die – in der Bundesrepublik insbesondere durch den → Bundesrat – an der Willensbildung des Staates (des Bundes) mitwirken.

Freiheitliche Demokratische Grundordnung (FDGO)
Politische Ordnung der Bundesrepublik Deutschland, die nach der Definition des → Bundesverfassungsgerichts im SRP-Urteil von 1952 (Verbot der rechtsextremen Sozialistischen Reichspartei) „unter Ausschluss jeglicher Gewalt- und Willkürherrschaft eine rechtsstaatliche Herrschaftsordnung auf der Grundlage der Selbstbestimmung des Volkes nach dem Willen der jeweiligen Mehrheit und der Freiheit und Gleichheit darstellt". Die FDGO ist gekennzeichnet durch „die Achtung vor den im → Grundgesetz konkretisierten → Menschenrechten, [...] die Volkssouveränität, die → Gewaltenteilung, die Verantwortlichkeit der Regierung, die Gesetzmäßigkeit der Verwaltung, die Unabhängigkeit der Gerichte, das Mehrparteiensystem und die Chancengleichheit für alle politischen Parteien mit dem Recht auf verfassungsmäßige Bildung und Ausübung einer → Opposition."

Fürsorgeprinzip
An Bedürftigkeit orientierte sozialstaatliche Leistungen aus öffentlichen Haushaltsmitteln; typische Merkmale sind das Abstellen auf die Lage des Einzelnen hinsichtlich der verfügbaren Mittel (→ Individualisierung) sowie die Nachrangigkeit zur Selbsthilfe wie zu anderen Hilfsmöglichkeiten, z. B. durch die Familie (→ Subsidiaritätsprinzip).

Gemeinsame Außen- und Sicherheitspolitik (GASP)
Die GASP wurde 1993 durch den → Vertrag von Maastricht als Nachfolgerin der Europäischen Politischen Zusammenarbeit (EPZ) geschaffen, um gemäß den Leitlinien des Europäischen Rates eine gemeinsame Außen- und Sicherheitspolitik zu „erarbeiten" und zu „verwirklichen". Es gilt das Prinzip, dass Entscheidungen bis auf wenige Ausnahmen einstimmig von den Mitgliedstaaten getroffen werden. Durch den → Vertrag von Lissabon von 2009 wurde die GASP weiter gestärkt.

Gemeinsame Sicherheits- und Verteidigungspolitik (GSVP)
Militärischer Arm der → Gemeinsamen Außen- und Sicherheitspolitik der → Europäischen Union; ursprünglich unter dem Namen Europäische Sicherheits- und Verteidigungspolitik (ESVP) vom Europäischen Rat im Dezember 1999 gebilligte Übertragung der Fähigkeiten zur zivil-militärischen Konfliktprävention und Krisenbewältigung von der (ehemaligen) Westeuropäischen Union (WEU) auf die EU. Diese soll damit in die Lage versetzt werden, autonom Beschlüsse zu fassen und in Fällen, in denen die → NATO als Ganzes nicht involviert ist, eigene Militäreinsätze in Reaktion auf internationale Krisen einzuleiten und durchzuführen. Mit dem → Vertrag von Lissabon wurde die ESVP in GSVP umbenannt.

Global Compact („Globaler Pakt der Vereinten Nationen")
Kooperation von Unternehmen mit den → Vereinten Nationen mit dem Ziel, die Globalisierung ökologischer und sozialer zu gestalten; 1999 initiiert vom ehemaligen UN-Generalsekretär Kofi Annan. Zur Teilnahme müssen Unternehmen zehn Prinzipien unterschreiben, die unter den Schwerpunkten Menschenrechte, Arbeitsbedingungen, Umweltschutz und Anti-Korruption zusammengefasst wurden.

Globalisierung
Der Begriff bezeichnet eine Zunahme der Staatsgrenzen überschreitenden sozialen Beziehungen v. a. ab den 1990er-Jahren. Insbesondere werden zu den Merkmalen der G. eine starke Zunahme internationaler Wirtschafts- und Finanztransaktionen, die Ausdehnung der Kommunikationstechnologien (Internet usw.) sowie eine weltweite Ausdehnung der westlichen Kultur verstanden. Ursachen sind neben der technischen Entwicklung vor allem der Abbau von wirtschaftlichen Schranken durch die wichtigsten Industriestaaten. Eine genaue historische Abgrenzung der G. von der früheren Entwicklung z. B. des Weltmarktes ist umstritten.

Intergouvernemental
Zwischen Regierungen stattfindende Zusammenarbeit. Sie bedarf im Unterschied zur → supranationalen Integration der Einstimmigkeit unter den teilnehmenden Ländern.

Internationale Arbeitsorganisation (International Labour Organization; ILO)
Die ILO (mit Sitz in Genf) wurde 1919 mit dem Ziel gegründet, weltweite → Armut

und Arbeitslosigkeit zu bekämpfen, zu sozialem Ausgleich und sozialer Gerechtigkeit beizutragen sowie die Verbesserung der Lebens- und Arbeitsbedingungen zu unterstützen. Seit 1946 ist die ILO eine Sonderorganisation der → Vereinten Nationen mit 182 Mitgliedstaaten (2010). Alle Organe der ILO sind dem Prinzip der Dreigliedrigkeit verpflichtet, d. h. sie sind jeweils mit Vertretern der Regierungen, der Arbeitgeber und der Arbeitnehmer besetzt.

Internationaler Strafgerichtshof (International Criminal Court)
1998 beschlossener internationaler Gerichtshof (mit Sitz in Den Haag) zur strafrechtlichen Verfolgung von Völkermord, Verbrechen gegen die Menschlichkeit und Kriegsverbrechen; dies betrifft auch interne Konflikte. Das Gericht kann sich eines Falles annehmen, wenn er vom Sicherheitsrat der → Vereinten Nationen überwiesen worden ist oder wenn das Land, in dem das Verbrechen stattgefunden hat, oder das Land, dessen Staatsangehöriger verdächtigt wird, seine Jurisdiktion anerkannt hat. Künftig soll der I. auch den Vorwurf des Angriffskriegs („Aggression") verhandeln können.

Internationaler Währungsfonds (IWF)
1944 als Sonderorganisation der → Vereinten Nationen gegründet, um das Weltwirtschaftssystem nach dem Zweiten Weltkrieg neu aufzubauen. 187 →Staaten sind Mitglied des IWF (2010); ihr Stimmrecht orientiert sich an ihrem Kapitalanteil. Da die Beschlüsse im IWF mit einer Mehrheit von 85 Prozent getroffen werden, verfügen die USA und die 28 EU-Staaten de facto jeweils über eine Sperrminorität. 2011 tritt eine Reform des IWF in Kraft, nach der → Schwellenländer wie China, Indien oder Brasilien künftig mehr Einfluss erhalten. Der IWF verfolgt die Ziele, den Welthandel auszuweiten, die internationale Zusammenarbeit in der Währungspolitik zu fördern, die internationalen Finanzmärkte zu stabilisieren und kurzfristige Kredite zum Ausgleich von Zahlungsbilanzdefiziten zu vergeben. Für die Regulierung der Weltwirtschaft hat er damit eine zentrale Bedeutung. Eine globale Finanzmarktkrise, wie sie im Herbst 2008 ihren Ausgang nahm, konnte aber auch er nicht vermeiden.

Investmentbank
Spezialbank für Investmentgeschäfte. Die Geschäftstätigkeit besteht im Wesentlichen aus der Vermögensverwaltung ihrer Kunden, der Emission und dem Handel von Wertpapieren für Kunden sowie der Beratung beim Erwerb und Verkauf von Unternehmensbeteiligungen („Mergers & Acquisitions").

Kalter Krieg
Bezeichnung für die feindselige Auseinandersetzung zwischen → Staaten unterhalb der Schwelle offener kriegerischer Handlungen. Der K. bezeichnete vor allem die besondere Form der Beziehungen zwischen den USA und der UdSSR und ihren Verbündeten während des Ost-West-Konflikts zwischen 1946 und 1989. Kennzeichen waren neben der Rüstungsspirale die „psychologische Kriegsführung" sowie wirtschaftlicher und militärischer Druck und eine entsprechende Bündnispolitik.

Kapitalismus
Besonders durch Karl Marx (1818—1883) und Friedrich Engels (1820—1895) geprägter Begriff für das System der Wirtschaft, in dem wir leben. Es zeichnet sich durch Privateigentum an den Produktionsmitteln und Gewinnstreben aus, wobei Letzteres durch das Wirtschaftssystem selbst erzeugt wird (Marktsteuerung, Konkurrenz). K. geht von der Freiheit der einzelnen Wirtschaftssubjekte aus sowie von der Annahme, dass deren Austausch auf dem Markt nicht nur ihrem eigenen Gewinn, sondern letztlich dem Wohle aller diene. Marx kritisierte am K. demgegenüber besonders die „Ausbeutung der Arbeiterklasse", seine Krisenhaftigkeit sowie seine Neigung zur Verschwendung (durch Konkurse, Krisen usw.) und zur Hervorbringung von → Armut. Versuche, eine Wirtschaft statt über den Markt zentral durch den → Staat zu steuern, sind in der jüngeren Geschichte mehrfach gescheitert.

Klimawandel
In den vergangenen Jahrzehnten hat sich die Durchschnittstemperatur der Erdatmosphäre und der Meere erhöht, eine weitere Erwärmung wird erwartet. Die meisten Naturwissenschaftler führen dies auf den vom Menschen verstärkten Treibhauseffekt zurück, besonders seit Beginn der Industriellen Revolution. Das Verbrennen fossiler Energieträger und die großflächige Rodung von Wäldern reichern den Anteil von Kohlendioxid (CO_2) in der Luft an. Hinzu kommt der erhöhte Ausstoß von Methangas durch eine intensive Viehwirtschaft. Der Treibhauseffekt wird auf Wasserdampf, Kohlenstoffdioxid, Methan, Stickstoffoxid und fluorierte Verbindungen, z. B. FCKW, zurückgeführt. Verdoppelt sich der CO_2-Anteil in der Erdatmosphäre, rechnet die Klimaforschung mit einer Erhöhung der Erdmitteltemperatur um einen Wert von zwischen 1,5 bis 4,5 Grad Celsius. Folgen der globalen Erderwärmung sind schon heute erkennbar: verringerte Schneebedeckung, Gletscherschmelze, ein steigender Meeresspiegel, Überschwemmungen und Wetterveränderungen. Der K. war 1992 erstmals Gegenstand einer UN-Konferenz. Im Jahr 1997 entstand mit dem → Kyoto-Protokoll das erste völkerrechtlich verbindliche Abkommen mit konkreten Gegenmaßnahmen.

Kreditmarkt
Zusammentreffen von Angebot und Nachfrage nach kurz- und langfristigen Kreditverträgen; er umfasst den Geldmarkt (kurzfristig) und den Kapitalmarkt (langfristig).

Kyoto-Protokoll: Ein 1997 geschlossenes Abkommen der → Vereinten Nationen zum Schutz des Klimas. Es schreibt verbindliche Zielwerte für den Ausstoß von Treibhausgasen fest, die die Hauptursache der globalen Erwärmung sind.

Liberalismus
Politische Anschauung, in deren Mittelpunkt die ungehinderte Entfaltung des Einzelnen und einzelner Gruppen unter Zurückdrängen der Ansprüche des → Staates steht.

Macht
Verhältnis der Über- und Unterordnung zwischen Personen, Gruppen, Organisationen oder → Staaten, das — im Unterschied zu Herrschaft und Autorität — nicht der Anerkennung der von ihr Betroffenen bedarf. Max Weber (1864—1920) definierte M. als „die Chance, innerhalb einer sozialen Beziehung den eigenen Willen auch gegen Widerstreben durchzusetzen, gleichviel, worauf diese Chance beruht".

Marktwirtschaft
Wirtschaftssystem des Wettbewerbs, in dem die Wirtschaftsprozesse dezentral geplant und über die Preisbildung auf den Märkten gelenkt werden. Gewerbe- und Vertragsfreiheit sowie die freie Wahl des Berufs bzw. des Arbeitsplatzes sind Grundvoraussetzungen der M. (→ Kapitalismus).

Migration (lat. migratio = Wanderung)
Mit diesem Ausdruck werden verschiedene Formen der Ein- und Auswanderung zusammengefasst (Asylsuche, Arbeitsmigration, Flucht vor Krieg usw.). Das trägt der Tatsache Rechnung, dass alle diese Formen Gemeinsamkeiten aufweisen: Einen Migrationsgrund, der in fast allen Fällen irgendeine Art von Zwang beinhaltet, und soziale Probleme, die aus der Situation im Aufnahmeland folgen.

Multilateralismus
Prozess oder Zustand in der internationalen Politik, bei dem mehrere oder viele → Staaten kooperativ und prinzipiell gleichberechtigt Diplomatie betreiben und gemeinsam handeln. Dabei werden die Interessen aller Partner berücksichtigt. Oft existieren schriftliche, in Form von Verträgen vereinbarte Regelungen oder → Regime, die alle Beteiligten binden.

Multipolarität
Mehr- oder Vielpoligkeit. Sie geht davon aus, dass das internationale System nicht wie in der Bipolarität durch zwei, sondern durch mehrere oder viele → Staaten bestimmt wird, die in etwa gleich mächtig eingeschätzt werden.

Nachhaltige Entwicklung
Bezeichnung für das Prinzip, nach dem die wirtschaftliche Entwicklung so zu beeinflussen ist, dass der Umweltverbrauch zunehmend geringer wird und das ökologische System sich erholen kann.

Nationbuilding
(deutsch: Nationenbildung) ein Prozess soziopolitischer Entwicklung, der aus lose verbundenen Gemeinschaften eine gemeinsame Gesellschaft mit einem ihr entsprechenden Staat werden lässt. Dazu gehört die Etablierung gemeinsamer kultureller und oft sprachlicher Standards und die Integration immer größerer Teile der Bevölkerung in soziokulturelle und politische Einrichtungen wie z. B. das Gerichtswesen, das Schulsystem oder das Wahlrecht. Nationbuilding ist zu unterscheiden vom Statebuilding, bei dem der Aufbau staatlicher Institutionen im Mittelpunkt steht.

NGOs
Abkürzung von engl. „non-governmental organizations" → Nichtregierungsorganisationen

Nichtregierungsorganisation
Nicht staatliche Organisation, die sich für bestimmte Belange des Gemeinwohls einsetzt; das Regionale Informationszentrum der Vereinten Nationen für Westeuropa (UNRIC) bestimmt eine NGO als „nicht gewinnorientierte Organisation von Bürgern, die lokal, national oder international tätig sein kann. Auf ein bestimmtes Ziel hin ausgerichtet, versuchen NGOs, eine Vielzahl von Leistungen und humanitären Aufgaben wahrzunehmen, Bürgeranliegen bei Regierungen vorzubringen und die politische Landschaft zu beobachten. NGOs stellen Analysen und Sachverstand zur Verfügung und helfen, internationale Übereinkünfte zu beobachten und umzusetzen. Manche NGOs wurden für ganz bestimmte Aufgaben gegründet, so zum Beispiel für → Menschenrechte, Umwelt oder Gesundheit."

North Atlantic Treaty Organization (NATO)
Während des Ost-West-Konflikts war die Allianz unter Führung der USA in Europa das Gegengewicht zur militärischen Präsenz der Sowjetunion und des Warschauer Paktes. Das Militärbündnis wurde 1949 in Washington geschlossen; 1955 trat die Bundesrepublik bei. Sitz der NATO ist Brüssel. Im Jahr 2017 zählt sie 29 Mitgliedstaaten, darunter viele ehemalige Mitglieder des Warschauer Paktes. Nach dem Ende des Ost-West-Konflikts wandelte sich die Allianz von einem defensiven Verteidigungsbündnis zu einer auch global agierenden Sicherheitsorganisation. Während sich die N. in den 1990er-Jahren zunächst auf die Konfliktprävention und das Krisenmanagement auf dem Balkan konzentrierte, bestimmen heute vor allem Abwehr und Bekämpfung des transnationalen Terrorismus ihre Ausrichtung.

Neokonservatismus
Eine politische Strömung in den USA, die während des Vietnamkriegs (1965—1975) in Abgrenzung zur 68er- und zur Bürgerrechtsbewegung Martin Luther Kings (1929—1968) entstand. Das Hauptaugenmerk des N. liegt — neben den herkömmlichen konservativen Bezugspunkten Familie, Heimat, Religion und Nation — auf dem Abbau wohlfahrtsstaatlicher Elemente sowie dem Glaube, das westliche Demokratiemodell sei der Endpunkt aller politischen Entwicklung. Die Vorsilbe „Neo" verweist darauf, dass die intellektuellen Vorreiter dieser Strömung ursprünglich liberale und sogar sozialistische Überzeugungen vertreten hatten, die sich jedoch in einen umso konservativeren Politikstil verkehrten. Ein bekannter Vertreter des N. ist der ehemalige US-Präsident George W. Bush (2001—2009).

Organization for Economic Cooperation and Development (OECD)
Als Nachfolgeorganisation der Organisation für europäische wirtschaftliche Zusammenarbeit (OEEC) 1961 gegründet; Sitz: Paris; Hauptaufgaben: Sicherung der Währungsstabilität, Förderung des Welthandels, Planung und Förderung des wirtschaftlichen Wachstums in Europa und Koordination der Wirtschaftshilfe für die → Entwicklungsländer.

Organization of Petroleum Exporting Countries (OPEC)
Die Organisation Erdöl exportierender Länder; das 1960 in Bagdad entstandene Kartell versucht, die Ölförderpolitik seiner Mitgliedstaaten zu koordinieren, die Förderquoten festzulegen und so die Weltmarktpreise stabil zu halten. Mittlerweile gehören zwölf Länder zur OPEC (2010): Algerien, Angola, Ecuador, Iran, Irak, Kuwait, Libyen, Nigeria, Katar, Saudi-Arabien, die Vereinigten Arabischen Emirate und Venezuela. Ihre Mitglieder fördern etwa 40 Prozent der weltweiten Erdölproduktion und verfügen über rund drei Viertel der weltweiten Erdölreserven. Seit 1965 hat das Kartell seinen Sitz in Wien.

Regime, internationales
Bezeichnet in der internationalen Politik ein von internationalen Akteuren (z. B. → Staaten) akzeptiertes Regel- und Normensystem (einschließlich notwendiger Entscheidungsverfahren), um bestimmte Problemfelder und Spannungssituationen dauerhaft zu steuern.

Scharia
Das islamische Recht. Es basiert hauptsächlich auf dem Koran und der „Sunna", einer umfassenden Sammlung überlieferter Äußerungen und Handlungen des Propheten Mohammed (570—632) unterschiedlicher Herkunft. Ferner umfasst die S. sämtliche Vorschriften und Empfehlungen für das private und öffentliche Leben, von den religiösen Pflichten über das Familien- und Handelsrecht bis hin zur Kriegsführung.

Schiedsgerichte
Schiedsgerichte sind nicht staatliche Privatgerichte, die aus einem oder mehreren Schiedsrichtern bestehen und denen kraft einer entsprechenden Vereinbarung (Schiedsabrede) oder in Form einer Vertragsklausel (Schiedsklausel) die Entscheidung anstelle von staatlichen Gerichte übertragen worden ist. Der Schiedsspruch ist für die Parteien in der Regel rechtlich bindend und kann vor staatlichen Gerichten für vollstreckbar erklärt werden.

Schwellenländer
Länder, die aufgrund ihrer fortgeschrittenen Wirtschaftskraft, ihrem (mittleren) Volkseinkommen und ihrer infrastrukturellen Entwicklung aus dem Status von → Entwicklungsländern herausgewachsen sind und damit von der wirtschaftlichen Entwicklung her an der Schwelle zu den Industrieländern stehen. Vor allem die NIC-Länder oder NIE-Länder („newly industrialized countries" bzw. „economies") gehören hierzu.

Souveränität
Der Begriff ist ein Produkt des modernen → Staates und seiner Theorie und bezeichnet die höchste, nicht abgeleitete, umfassende und nach innen wie nach außen unbeschränkte Hoheitsgewalt — im Staatsinneren als staatliches Gewalt- und Rechtsetzungsmonopol, nach außen als „Völkerrechtsunmittelbarkeit", d. h. Hoheit über ein bestimmtes Staatsgebiet (Prinzip der Selbstregierung) und rechtliche Unabhängigkeit nach außen.

Sozialprodukt
Verkürzende Bezeichnung für die wirt-

schaftliche Leistung einer Volkswirtschaft. Im Bruttosozialprodukt ist die gesamte Wertschöpfung einer Volkswirtschaft in einer Periode zusammengefasst, einschließlich der Investitionen. Wird diese Größe um die Abschreibungen vermindert, so spricht man vom Nettosozialprodukt. Wird der gesamte von Inländern erwirtschaftete Produktionswert berechnet, so spricht man vom Inlandsprodukt. Das Nettoinlandsprodukt entspricht dabei dem Volkseinkommen.

Staat
Erstmals seit der Renaissance für den obersten Herrschaftsverband verwendeter Begriff, der seit dem 19. Jahrhundert zunehmend Eingang in den Sprachgebrauch fand. Der Begriff umfasst das Staatsvolk, das Staatsgebiet und die Staatsgewalt. Als rechtlich verfasste Gemeinschaft ist der S. mit dem Gewaltmonopol ausgestattet, um Rechtsfrieden und Sicherheit zu gewährleisten.

supranational (lat. übernational, überstaatlich)
Mit dem Adjektiv werden Organisationen, Zusammenschlüsse oder Vereinbarungen versehen, die durch völkerrechtliche Verträge begründet und deren Entscheidungen und Regelungen für die einzelnen Mitglieder (→ Staaten, Nationen) übergeordnet und verbindlich sind. So steht etwa das Recht der → Europäischen Union als s. Recht über dem der einzelnen Mitgliedstaaten; bestimmte Entscheidungen s. Institutionen der EU sind für alle EU-Staaten und die gesamte EU-Bevölkerung bindend. Im Gegensatz dazu haben z. B. Entscheidungen internationaler Organisationen nur dann bindende Wirkung, wenn sie von den Mitgliedern ausdrücklich anerkannt werden.

Taliban (dt. Koranschüler)
Islamistische Gruppierung beiderseits der afghanisch-pakistanischen Grenze. Die Bewegung ist einem radikalen sunnitischen Islam verpflichtet, den sie mit aller Gewalt durchzusetzen bereit ist. T.-Milizen beteiligten sich seit 1994 mit Unterstützung Pakistans und Saudi-Arabiens (z. T. auch der USA) am afghanischen Bürgerkrieg und beherrschten bald den größten Teil des Landes. 1996 wurde Kabul eingenommen. Die T. setzten eine fundamentalistische islamische Ordnung durch, in der besonders Frauen unter strenger Kontrolle standen. Führer der T. wurde Mullah Mohammed Omar. Die Zusammenarbeit der T. mit dem islamischen Extremisten Osama Bin Laden führte nach den Anschlägen auf das World Trade Center und das Pentagon 2001 zum militärischen Eingreifen der USA in Afghanistan; Ende der Herrschaft der T. 2001. Auch durch die Unterstützung der paschtunischen Landbevölkerung konnten die T. in der Folgezeit an Schlagkraft zurückgewinnen und seit 2003 wieder militärische und terroristische Aktionen durchführen. Sie gefährden damit den → staatlichen Wiederaufbau Afghanistans.

Vereinte Nationen (United Nations Organization; UNO)
Die UNO wurde 1945 in San Francisco gegründet, ihr Hauptsitz ist New York (daneben: Genf und Wien). 193 Staaten sind Mitglied der UNO (Stand: 2017). Laut UN-Charta bestehen ihre Hauptaufgaben in der Sicherung des Friedens und in der Beseitigung von Friedensbedrohungen, der Verständigung der Völker untereinander, der internationalen Zusammenarbeit zur Lösung wirtschaftlicher, kultureller, sozialer und humanitärer Probleme u. a. m. – dies alles auf der Grundlage der Gleichberechtigung der Staaten und der Selbstbestimmung der Völker (Art. 1). Die wichtigsten Organe der UNO sind:
1. die jährlich stattfindende Vollversammlung (jeder Mitgliedstaat hat eine Stimme) und deren Ausschüsse;
2. der Sicherheitsrat mit fünf ständigen Mitgliedern (die USA, China, Frankreich, Großbritannien und Russland, die über ein Vetorecht verfügen; Deutschland bemüht sich um Aufnahme) und zehn jeweils für zwei Jahre gewählten Mitgliedern;
3. das Generalsekretariat mit einem Generalsekretär an der Spitze (auf fünf Jahre von der Vollversammlung gewählt);
4. der Wirtschafts- und Sozialrat mit 54 Mitgliedern (jährlich werden 18 Mitglieder für drei Jahre gewählt) und den fünf regionalen Kommissionen;
5. der Internationale Gerichtshof (15 Richter, die von der Vollversammlung und dem Sicherheitsrat für neun Jahre gewählt werden).
In jüngster Zeit wurden verstärkt Forderungen laut, durch eine Reform der UNO den ärmeren → Staaten größere Einflussmöglichkeiten zu geben.

Westfälisches System
die politische Ordnung, die sich in Europa nach dem Westfälischen Frieden des Jahres 1648 entwickelt hat. Es beinhaltet drei wesentliche Prinzipien:
das Souveränitätsprinzip: Jeder → Staat ist souverän.
das Territorialprinzip: Die → Staaten haben klare territoriale Grenzen, in denen sie das Gewaltmonopol besitzen.
das Legalitätsprinzip: Die → Staaten sind untereinander gleichberechtigt, dabei ist Krieg als Mittel zur Durchsetzung der Interessen eines Staates legitim.

World Trade Organization (WTO)
1995 gegründet; Sitz: Genf; Sonderorganisation der → Vereinten Nationen mit derzeit 153 Mitgliedern (2010); neben dem → Internationalen Währungsfonds und der → Weltbank die wichtigste Institution zur Behandlung internationaler Wirtschaftsprobleme; zu den wichtigsten Aufgaben der WTO zählen die Liberalisierung des Welthandels, die Senkung von Zöllen und die Überwachung internationaler Handels- und Dienstleistungsregelungen.

Zwei-plus-vier-Vertrag
(offiziell: Vertrag über die abschließende Regelung in Bezug auf Deutschland) Der am 12.9.1990 in Moskau unterzeichnete und am 15.3.1991 in Kraft getretene Staatsvertrag zwischen den beiden deutschen Staaten und den vier Siegermächten des Zweiten Weltkrieges – USA, Sowjetunion, Frankreich und Großbritannien – stellte die endgültige innere und äußere → Souveränität des vereinten Deutschlands her. Er enthält u. a. die Festlegung der endgültigen mitteleuropäischen Grenzen und damit des Staatsgebietes des vereinten Deutschlands mit der Erklärung, dass Deutschland keine Gebietsansprüche an andere → Staaten stellt, und markiert damit das Ende der Nachkriegszeit.

STICHWORTVERZEICHNIS

A

Afghanistan 15, 19, 26f., 30, 60f., 69, 98
Afrika 16, 28, 41, 68f., 77, 87ff., 94, 99, 116, 136, 169
Agenda für den Frieden 66
Al Qaida 102f., 124f. 133, 159, 161f.
Anarchie 8f., 13f., 18, 21, 30, 40ff.
APEC (Asia-Pacific Economic Cooperation) 70
Arbeitsteilung, internationale 21, 36f., 41, 52, 55, 59, 158
Armut 12, 29, 33, 74ff., 135, 144, 166
Asien 41, 69, 169

B

Baden-Württemberg 19, 152f.
Banken 119
Bildung 12, 17, 31f., 53, 74, 94, 162
Bipolare Welt 14, 21
Blauhelme 64–67
Brasilien 39, 63, 111, 129
Brexit 15, 114
Bundesrepublik Deutschland
• Außenpolitik der 104, 111ff., 116f., 148
• Sicherheitspolitik der 112f., 117, 149
Bundeswehr 20, 29, 37, 59, 59, 98, 100ff., 121, 148ff.
Bündnisfall 58ff., 92
Bürgerkrieg 25, 29f., 35, 54, 61, 64, 66, 76ff., 83, 93

C

Charta der Vereinten Nationen 21, 65, 68f., 78, 80f., 93, 106
China 15ff., 21, 24, 39, 41, 63, 71, 82, 88f., 95f., 110, 129, 131, 134, 135, 139ff.
Club-Governance 128f.
Cyberwar 94

D

Darfur 29, 87, 99
Demokratie 43f., 52, 82, 114, 129, 161, 168f.
Diktatur 54
Diplomatie 35, 42, 82, 111, 146, 149

Drogen 33, 102

E

11. September 2001 26, 60, 62, 115, 118, 120, 148
Entwicklungsländer 75, 135f.
Entwicklungspolitik 57
Entwicklungszusammenarbeit 31, 106
Euro 106, 138, 140ff., 156
Europäische Kommission/EU-Kommission 138
Europäische Union 17, 20, 115
Europäische Zentralbank (EZB) 83

F

Failed States 92, 125
Frankreich 24, 63, 71, 78, 82, 95, 100, 105, 110, 115f., 129
Friedensbegriffe 52, 59, 94
Friedensnobelpreis 52, 126
Friedenssicherung 64, 69, 73, 95, 109
Friedenstruppen 66

G

G 7/G 8 128
G 20 20, 128
GASP 156f.
Gewaltmonopol 13, 18, 20f., 54f., 73, 82, 89, 125, 127
Gewalt, strukturelle 53
Gewaltenteilung 54
Global Governance 73, 124f., 143f.
Global Player 16f.
Globalisierung 32, 63, 72, 94, 97, 119, 124ff., 129, 149, 169
Großbritannien 15, 24f., 28, 45f., 71, 78, 82f., 95, 105, 110, 114, 122
Griechenland 63, 105, 115, 154
GSVP 156f.

H

Hegemon 41
Hexagon, zivilisatorisches 54f., 92

I

Indien 15, 24, 39, 63, 69, 88, 91, 111, 129, 131, 134, 136, 139, 143ff.

Institutionalismus 40ff., 92
Interdependenz 54, 70, 79, 111
Internationale Beziehungen, Theorien der 9, 12, 20, 41
Internationaler Strafgerichtshof 20, 89
Internationaler Währungsfonds (IWF) 56
Internet 25, 28, 37, 98, 102, 121, 157, 165
Intervention 82ff., 111, 151
Irak-Krieg 151
Iran 15, 17, 50, 60, 84f., 88, 91
IS (Islamischer Staat) 83
Islam 90, 122, 124, 134, 176
Islamismus 51
Israel 17, 24, 44ff., 47ff., 51, 56, 85f.
israelisch-palästinensischer Konflikt 44–51

J

Jemen 27, 31, 90, 99

K

Klimapolitik 12, 38, 40, 130ff., 142ff.
Klimawandel 12, 28f., 94, 97, 102, 110, 130f.
Konfliktanalyse 44
Kosovo 61, 69f., 82, 99, 106, 151
Krieg
– asymmtrischer 34ff.
– neuer 25, 35
Kriminalität 32f., 102
Krisenmanagement 61, 117
Krisenprävention 61
Kultur 9, 11, 21, 28f., 32ff., 49, 84f., 90, 93, 124, 146f., 150, 154, 161, 175ff.
Kyoto-Protokoll 138

M

Massenvernichtungswaffen 24
Medien 10, 37, 91, 128, 149
Mehrebenenpolitik 123
Menschenrechte 33, 57f., 65, 69ff., 78ff., 109, 114, 112ff., 141, 148, 168
Menschenrechtsverletzung 79, 85, 88ff., 95, 110, 151
Menschenwürde 119
Migration 33, 91, 97, 99, 136

Multilateralismus 42, 72, 108, 129, 149
Multinationale Konzerne 147
Multipolarität 89
Muslime 47, 49

N

Naher Osten 44, 49
Nahostkonflikt 44ff., 54
Nationalstaat 18, 32, 92, 109, 123f.
NATO 92f., 101, 121, 137, 145ff., 153ff., 158, 161ff.,
Nichtregierungsorganisation (NGO) 128, 131, 135, 149
Nordatlantikvertrag 59
Nordkorea 24

O

OECD 14, 169
Ordnung, westfälische 18ff.
Organisationen, internationale 13, 40, 169
Osteuropa 107
Ost-West-Konflikt 14, 42f., 60, 63, 66
out-of-area 63

P

Parlamentsvorbehalt 101
Prävention 27, 61, 114f.

R

Realismus 40f., 61
- Neo-Realismus 92, 122
Reform des UN-Sicherheitsrats 69f., 93
Resolution (des UN-Sicherheitsrats) 76, 80ff., 93
Rohstoffe 39, 94

Russland 10f., 15, 17 21, 24, 36f., 58ff., 63, 71f., 79, 82, 88, 95f., 115, 129, 154
Responsibility to protect 82ff.

S

Schwellenländer 20, 63, 128, 147
Sicherheit 10, 62, 70, 76, 87, 91f., 94, 104f., 107f., 112ff., 117, 120ff., 126, 130, 132, 134f., 137, 145, 147ff., 152f., 156f., 176
Sicherheitsbegriff, erweiterter 32ff., 94
Sicherheitsdilemma 14, 21, 40f., 43, 71
Sicherheitspolitik 33, 36, 57, 94
Souveränität 18f., 21, 42, 70, 72, 82ff., 95, 112f., 129, 148
Sowjetunion 14, 16, 21, 60, 68, 169
Staatszerfall 19, 127
supranational 13, 19ff., 187, 12
Syrienkonflikt 124f.

T

Terrorismus, transnationaler 20
Terrorismusbekämpfung 98, 122f.
Treibhauseffekt 166f.
Transnationale Unternehmen (TNU) 127

U

UN → Vereinte Nationen
UN-Blauhelme 64f., 69f., 136, 138f.
UN-Charta 21, 65, 70f., 80, 82f., 95, 108
UN-Generalversammlung 42, 69f., 79, 82, 93, 107
UN-Millenniumsziele 75
UN-Sicherheitsrat 15, 59, 65ff., 72, 78, 82f., 87, 95, 108ff., 148, 159

Unipolarität 14f.
USA 13, 18, 24, 34, 40f., 43f., 49f., 52ff., 58ff., 64ff., 67, 74ff., 83ff., 89f., 97, 100ff., 107, 109, 111, 115, 117, 120ff., 126, 129, 131ff., 138f. 141, 145f., 148, 153, 157f., 161f., 166, 168f., 171f., 177, 181

V

Vereinte Nationen 8, 16f., 56, 60, 79, 91ff., 93, 107, 112f., 124, 129
Völkermord 68f., 82f., 86ff., 151
Völkerrecht 21, 32, 35, 42, 47, 78f., 89, 93, 98, 112, 126, 148

W

Weltbank 33
Welthandelsorganisation (WTO) 20, 41f., 115, 129, 158
Weltfrieden 21, 65, 68, 81, 93, 112
Weltordnungsmodelle 14f., 21
Welthandel 114
Weltregierung 21, 71, 122, 124
Westfälisches System 18f.
Wirtschaftskrise 133, 154

Z

Zivilmacht 112ff., 116, 148
Zivilgesellschaft 20, 57, 89, 93

BILDQUELLENVERZEICHNIS

|akg-images GmbH, Berlin: British Library 40.1. |Amnesty International Deutschland e.V., Berlin: 90.1. |Baaske Cartoons, Müllheim: Behrendt, Fritz 44.1; Mester, Gerhard 29.1, 45.2. |Bergmoser + Höller Verlag AG, Aachen: 18.1. |Brot für die Welt, Berlin: Brot für die Welt 91.1. |Bulls Pressedienst GmbH, Frankfurt am Main: © Browne/Distr. King Features Syndicate, Inc./Distr. Bulls 52.1. |Bundeswehr, Berlin: Bundeswehr / Torsten Kraatz 97.1. |Domke, Franz-Josef, Hannover: 123.1. |fotolia.com, New York: 159.1; Tanja Bagusat 117.1. |Fridays for Future Deutschland - Kooperations-AG, Rendsburg: Fridays for Future 143.1. |Getty Images, München: AFP/KYUNG-HOON, KIM 126.1; Bob Krist 57.1. |Greser & Lenz, Aschaffenburg: 164.1. |Haitzinger, Horst, München: 24.2. |Hanel, Walter, Bergisch Gladbach: 110.1. |Hüter, Michael, Bochum: Quelle: Germanwatch 72.1. |Imago, Berlin: imago/robertharding 28.1; ITAR-TASS 37.1; Xinhua 94.2. |iStockphoto.com, Calgary: Baggett, Anthony 132.1, 140.1; IP Galanternik D.U. Titel; yaruta Titel. |Janson, Jürgen, Landau: 98.1. |Jungeblodt, Christian, Berlin: Jungeblodt, Christian 88.1. |Karto-Grafik Heidolph, Dachau: 43.1, 49.2, 61.1, 67.1, 103.1, 132.2, 141.1. |Kassing, Reinhild, Kassel: 8.1, 9.1. |Langner & Partner Werbeagentur GmbH, Hemmingen: 11.1, 14.1, 53.2, 60.1, 154.1, 154.2, 154.3, 154.4, 155.1, 155.2, 158.1, 165.1. |Picture-Alliance GmbH, Frankfurt/M.: 6.2, 12.2, 69.1; Akasha, Khaled 76.2; Alkharboutli, Anas 76.1; AP Photo/ Macdougall, John 94.1; AP Photo/Logghe, Yves 25.1; AP/Adam Rountree 125.1; Ayene, Mulugeta 9.2; Babbar, Sachelle 38.1; blickwinkel/Blinkcatcher/ 65.1; Brakemeier, Tim/Reuterswärd, Carl Fredrik: Non Violence, VG Bild-Kunst, Bonn 2021 22.2; Burston, Oliver 145.1; Chiasson, Paul 126.2; Czerwinski, Bas 85.2; Di Nolfi, Salvatore 82.1; dieKLEINERT.de/Koufogiorgos, Kostas 148.1; dieKLEINERT.de/Schwarwel 80.1; DN/TT/Palmqvist, Mickan 12.3; dpa-infografik 16.1, 45.1, 46.1, 48.1, 49.1, 50.1, 64.1, 76.3, 78.2, 83.1, 85.1, 89.1, 89.2, 96.2, 113.1; dpa-Infografik 134.1; dpa-infografik 135.1, 137.1, 144.1, 155.3; dpa-infografik 2218 68.1; dpa-infografik GmbH 24.1, 26.1, 34.1; dpa/dpaweb/epa/Hollander, Jim 47.1; dpa/Glenn Greenwald/Laura Poitras 10.1; dpa/Hoppe, Sven 114.2; dpa/Kumm, Wolfgang 114.1; dpa/Wagner, Ingo 54.1; EPA/Maysun 124.1; Erl, Martin 58.1; Eventpress Stauffenberg 100.3, 120.1; Galuschka, Horst 121.2; Jensen, Rainer 100.1; Jimin, Chen 17.1; Kappeler, Michael 96.1, 100.4, 101.2; Karmann, Daniel 121.1; Keles, Yunus 78.1; Keystone 63.1; Kumm, Wolfgang 121.3; Lamparski, John 9.3; Liuxiu 142.2; Mednick, Sam 30.1; newscom/Hill, Debbie 56.1; Pedersen, Britta 100.2; picture alliance / dpa 141.2; picture alliance / ZUMAPRESS.com 39.1; REGIS DUVIGNAU 12.1; robertharding 47.2; Schwenkenbecher, Jürgen 68.2; Seeneen, Mohammed 139.1; Stache, Soeren 101.1; Steinach, Sascha 84.1; UN Photo/J.-M. Ferre 161.1; UPI 28.2; von Jutrczenka, Bernd 70.1; Vorwerk, Marc/SULUPRESS.DE 125.2; West, Jim 140.2. |Reporter ohne Grenzen, Berlin: 90.2. |Richter-Publizistik (www.crp-infotec.de), Bonn: Richter Publizistik 33.1. |Sakurai, Heiko, Köln: 36.1, 66.1. |Schopf, Oliver, Wien: 70.2; Schopf, Oliver 102.1. |Schwarwel, Leipzig: www.gluecklicher-montag.de 44.2. |Shutterstock.com, New York: 360b 116.1; artjazz 19.1; Goertz, Timon 128.1; Lesia, T. 133.1, 142.1. |stock.adobe.com, Dublin: Ankor light 124.2; delkoo Titel; mojolo 6.1; sldesign1 50.2; Tarik GOK 131.1, 138.1; Zhao jiankang 16.2. |Stuttmann, Klaus, Berlin: 62.1, 67.2, 135.2. |tessa.hamburg, Hamburg: 22.1. |The Fund For Peace, Washington, D.C.: www.fundforpeace.org 31.1. |toonpool.com, Berlin, Castrop-Rauxel: Koufogiorgos, Kostas 44.4; Mendzel 44.3; Pena-Pai 79.1; Schwarwel/toonpool.com 118.1. |ullstein bild, Berlin: JOKER/Allgöwer 130.1; P/F/H 53.1. |United Nations/Department of Global Communications, New York, NY: https://www.un.org/sustainabledevelopment/ The content of this publication has not been approved by the United Nations and does not reflect the views of the United Nations or its officials or Member States. 73.1. |© Bundeszentrale für politische Bildung/www.bpb.de, Bonn: Bundeszentrale für politische Bildung, www.bpb.de 107.1.

Wir arbeiten sehr sorgfältig daran, für alle verwendeten Abbildungen die Rechteinhaberinnen und Rechteinhaber zu ermitteln. Sollte uns dies im Einzelfall nicht vollständig gelungen sein, werden berechtigte Ansprüche selbstverständlich im Rahmen der üblichen Vereinbarungen abgegolten.